Magno Bissoli Siqueira

Samba e identidade nacional
das origens à Era Vargas

editora
unesp

© 2012 Editora Unesp

Fundação Editora da Unesp (FEU)
Praça da Sé, 108
01001-900 – São Paulo – SP
Tel.: (0xx11) 3242-7171
Fax: (0xx11) 3242-7172
www.editoraunesp.com.br
www.livrariaunesp.com.br
feu@editora.unesp.br

CIP – Brasil. Catalogação na fonte
Sindicato Nacional dos Editores de Livros, RJ

S628s

Siqueira, Magno Bissoli
    Samba e identidade nacional: das origens à era Vargas / Magno Bissoli Siqueira. – 1.ed. – São Paulo: Editora Unesp, 2012.

    ISBN 978-85-393-0251-2

    1. Samba – História e crítica. 2. Música popular – Aspectos sociais – Brasil. 3. Música e sociedade – Brasil. 4. Música popular – Brasil – História e crítica. 5. Características nacionais.

12-4325.   CDD: 782.421630981
                                            CDU: 78.067.26(81)

Editora afiliada:

Sumário

Introdução 1

Capítulo I – O samba na historiografia 15
A palavra "samba" 17
Um discurso sobre samba 24
O gênero musical samba 26
Popular e folclore 34
A lacuna bibliográfica 41
Batuque e samba 44
Negação do papel criador do negro 49

Capítulo II – A perenidade do samba como forma africana no Brasil 61
A matriz de origem africana 61
O samba perene na música religiosa negra 72
Os métodos técnicos e teóricos 86
A letra da música: poesia e mensagem 89

Capítulo III – O samba derivado 95
O negro como problema 99
A erudição dos negros 100
O espetáculo do samba 105
As derivações 109

Capítulo IV – Estrutura das relações sociais no samba 137
    O processo de industrialização e o Estado 139
    Reflexos da Abolição 141
    Passagem do samba derivado por diferentes camadas sociais 144
    Raça e classe social 155
    Estrutura social, o negro e o samba 157
    Difração das classes sociais no samba 159
    Branqueamento do samba 166

Capítulo V – A mercantilização do samba 173
    A evolução das "máquinas de falar" e seu mercado 174
    O rádio 181
    Os produtores de samba 188
    Os comercializadores de samba 196
    Os direitos autorais 197
    Do samba de terreiro ao samba-mercadoria 198
    Ciclo produtivo do samba, ciclo reprodutivo do capital 199

Capítulo VI – Instrumento de política de conciliação 211
    Identidade 211
    O governo Vargas, ideologia e mecanismos de difusão da sua doutrina 215
    A imprensa, o cinema e o rádio 217
    O samba derivado e sua relação com a identidade nacional 226
    Consolidação do samba derivado 242

Conclusão 245

Referências consultadas 257

Introdução

Poucos países reúnem no corpo de sua sociedade tantos e tão diferentes elementos culturais quanto o Brasil. Consequentemente, a gama de artistas e intelectuais que se inspiram nesses elementos é compatível com a grandeza e as especificidades de nossas raízes, quer nas suas origens, quer as aqui plantadas como resultado desse encontro cultural.

Entretanto, esse processo não ocorre sem confrontações, jogos de interesses. As explicações teóricas sobre fenômenos sociais com participação popular nem sempre primam pela imparcialidade ou pela inclusão daqueles populares nos créditos de suas atuações. Exceções óbvias nos momentos em que se quer lembrar àquelas categorias do resultado de sua ação.

Portanto, não será demais destacar, uma vez ainda, a importância do estudo da identidade brasileira, seus múltiplos aspectos e convergências, de quando em quando trazidos ao debate por diferentes ideólogos e pesquisadores.

Recentemente, o tema tem sido chamado à agenda pela discussão da multiculturalidade e suas implicações, particularmente as novas leituras que o estudo da identidade brasileira vem exigindo das Ciências Humanas, tanto históricas quanto sociológicas.

Uma releitura do processo formativo da cultura do Brasil industrial deve pôr em foco, de modo persistente, aspectos da vida social que levem a complementar as interessantes observações trazidas pela análise econômica e política desse processo nos últimos trinta anos.

Pode-se dizer que há uma teoria econômica explicativa do Brasil, que se complementa com uma teoria política do Brasil da industrialização. No entanto, as novas aproximações metodológicas do fenômeno social, com a percepção do problema da multiculturalidade, têm posto em relevo uma demanda por novas explicações, mais ricas, mais complexas, dos laços formativos de nossa culturalidade recente.

Um dos pontos cruciais desse processo explicativo é a percepção do ambiente urbano como construção de um cotidiano cultural, em que se mesclam buscas e recusas, lutas e aceitações, para criar o novo, sempre surpreendente e que parece escapar, portanto, a determinações prévias.

Observa-se, na literatura especializada, uma busca de instrumentos metodológicos que permitam aflorar esse novo caminho interpretativo e quer-se julgar que esse esforço de reflexão e pesquisa possa se inserir nesse contexto e ser útil ao mesmo.

A abordagem nasceu de uma questão que vem sendo objeto de meditação há alguns anos, qual seja, a importância das transformações sofridas na formação da identidade brasileira, no contexto de rápida urbanização, com encontro de diferentes culturas. Estas são submetidas, porém, a um matrizamento de certa forma já orientado pelo Estado e por forças sociais outras, coadjuvantes anteriores ao processo de industrialização.

Uma observação empírica da instalação do samba como forma musical cada vez mais estilizada, "purificada", na ambiência urbana permitiu detectar uma "época de ouro" do samba na década de 1930. Essa "época de ouro" coincidiria com o encontro entre radiodifusão, fonógrafo e mercado de espetáculos, nos maiores centros urbanos do país, particularmente o Rio de Janeiro.

A transformação, portanto, do meio cultural onde o samba se expande num mercado capitalista, fazendo do samba mercadoria, implicou contraparte na identificação dessa forma musical, com as necessidades novas de criação de espetáculos e de lazer coletivo. Isso correspondeu a uma convergência de necessidades sociais e desejos individuais. Uma linha de explicação será aqui apresentada.

Dessa reflexão nasceu o grupo de interrogações que orientou a construção deste trabalho, atento ao sentido do projeto da administração varguista, o seu aprender e ensinar como novo modelo político e com os aspectos espontâneos das convergências culturais na construção do novo ambiente urbano.

A preocupação em elaborar um modelo de identidade nacional por parte daquele poder público encontraria, no desenvolvimento da urbanização do Brasil, elemento favorável.

Com a nova configuração social que se delineava, novas formas de ação tornavam-se necessárias no processo de construção do Estado nacional, inspirado nos modelos europeus, dentre elas a elaboração de uma identidade nacional.

Essa identidade, construída a partir da esfera cultural, teve como matéria-prima a cultura popular de origem étnica negra, mais precisamente o samba. Este, até então de um setor – na visão da elite – perigoso, primitivo e representante da barbárie, passa a ser cooptado pela cultura oficial, tornando-se símbolo de uma brasilidade e identificador do elemento nacional a serviço dos interesses do Estado.

São importantes premissas das hipóteses estabelecidas:

(1) que o samba é caracterizado por sua configuração rítmica e esta advém de uma matriz africana, legada através da música religiosa daqueles povos;

(2) que a partir dessa matriz o samba fatiou-se em derivações, representando, algumas delas, determinados segmentos da sociedade;

(3) que, nesse processo, desenvolveu-se a profissionalização no campo da música popular, voltada para o mercado da comunicação de massa e entretenimento, em expansão.

Essas premissas foram elaboradas no processo da pesquisa e irão pontuar em vários momentos o presente relato. Elas também servem de base para o questionamento das hipóteses:

(a) que o período conhecido como "época de ouro" do samba compreende a convergência da expansão do mercado fonográfico, de indústria de espetáculos e da radiofonia, permitindo, por meios espontâneos, a formação de novos mitos e novas heroicidades compatíveis com o ideário industrial de uma sociedade de massas;

(b) que o processo de industrialização, dando consistência à intensa urbanização que ocorria no Brasil, criou as precondições para uma renovação da identidade nacional, montada desta feita sob paradigmas da sociedade industrial e da cultura de massas;

(c) que a ambiência internacional de crise do capital industrial e de manipulação da sociedade de massas, por meio do Estado, forneceu ao contexto brasileiro meios para a reprodução, em base local, dos referidos processos manipulatórios;

(d) que o varguismo, como núcleo da política do Estado, utilizou-se da expressão popular urbana do samba para, por meio deste, construir uma identidade nacional.

Há, portanto, uma transformação na expressão canto-dança-música dos negros, que aqui se denominou samba perene, nas condições da urbanização e da industrialização do país. Essa transformação facilita a assunção do samba como elemento de comercialização, o que permite sua metamorfose subsequente em samba-derivado, capaz de ser adotado como traço essencial de uma cultura nacional, mitificada para servir aos objetivos do Estado, no pós-1930. Essa tese central será esgrimida ao longo deste trabalho, através da tentativa de confirmação das hipóteses citadas.

Assumida pelo samba a feição de maioridade, é hipótese adotada que ele haja se capacitado (como se verifica, por exemplo, com Carmen Miranda e o Bando da Lua) a ser instrumento de exportação e de elaboração de estratégias de boa vizinhança, como se verificou no caso da Segunda Guerra Mundial. Essa hipótese será tratada em suas implicações no capítulo VI.

A quase inexistência de uma história cultural do Brasil que tenha considerado sua característica plural e a importância, no seu conjunto, da contribuição das culturas de origem não europeia tem como consequência a impossibilidade de uma ampla compreensão do problema da nossa identidade cultural. Dados fundamentais do processo histórico são omitidos ou descartados. Há uma versão unilateral, a partir de uma visão eurocêntrica. Carece-se, pois, de uma versão da história do Brasil que seja representativa dos seus construtores culturais. Uma versão que encare a realidade desde a escravidão e a dominação dos diferentes grupos aqui existentes. Como enfrentar essa ausência?

Todavia pode-se dizer que a identidade cultural foi quase sempre compreendida como um fato político, uma determinação ideológica das elites governantes.

Um importante elemento de reflexão prende-se à busca que foi efetuada no samba durante aquela etapa da industrialização, permitindo ao mesmo "fatiar-se" numa série de formas musicais interdependentes e expressivas de diferentes ideários socioeconômicos do ambiente urbano. Essa potencialidade representativa constituiu-se elemento vital no jogo de relações que envolvem o samba com a identidade nacional.

Tratar-se-á, assim, do papel desempenhado por um tipo de samba na representação das demandas do novo ambiente urbano em formação, no período de 1930 a 1945.

A convergência dos interesses do Estado na afirmação de uma identidade moderna para o Brasil, o desenvolvimento da radiodifusão, o "encolhimento" do ambiente cultural mundial, a industrialização brasileira em ambiente de crise internacional, foram elementos convergentes que parecem haver cooperado no sentido de construírem juntos novos mitos e uma nova identidade nacional.

Estruturalmente, este livro tem quatro momentos, colocados o primeiro no capítulo I, o segundo nos capítulos II e III, um terceiro nos capítulos IV e V e o último no capítulo VI.

No capítulo I, elaborou-se um diálogo bibliográfico com diferentes abordagens do samba, nem sempre tratado por historiadores.

Pôde-se observar pela literatura existente ser essa forma musical cada vez mais estudada dentre aquelas da criação popular. Mas a concepção estreita do caráter popular e do folclore nascida na época pré-romântica acabou por limitar a compreensão da riqueza de suas manifestações. Os "especialistas" de então tampouco consideraram o samba digno de estudo sob o ponto de vista cultural ou de sua importância como fenômeno histórico, optando por inseri-lo nas manifestações folclóricas, típicas de povos "atrasados". Outras vezes discutiu-se a origem etimológica do termo.

Talvez não se interessassem pelo tema, mas provavelmente não admitiriam que aquele povo pudesse fazer algo de *motu proprio*. Poder-se-ia dizer que as condições engendradas em torno do racismo foram o pano de fundo para que se cristalizasse o samba na obscurescência do passado folclórico, tornando-o matéria-prima para a cultura letrada.

Nos capítulos II e III, elaborou-se uma parte musicológica.

No capítulo II, propôs-se colocar o problema do samba e definir previamente suas características originais, entendendo que, fora as indefinições da nomenclatura pelos estudiosos, ele, o samba, é parte de um conjunto de manifestações, ou o conjunto em si, do qual uma parte tornou-se gênero musical. Mas tem uma perenidade que ultrapassa os limites do que é dado, ou seja, maior do que a informação que se apresentou até o momento.

Estabelece-se a partir daí a categoria de samba perene.

Constatar-se-á que as expressões do povo negro apresentavam notável diferença de princípio em relação às oficiais, fossem da Igreja ou das elites. Aqueles ofereciam uma visão do mundo, do homem e das relações humanas diferente, construindo um mundo e uma vida paralelos, nos quais viviam em ocasiões determinadas.

No capítulo III, serão apresentadas algumas variações do samba perene, que se denominou *samba derivado*, por serem recorrência ao samba perene em suas características rítmicas.

O momento inicial é aquele em que no Rio de Janeiro, os baianos[1] associados a grupos de migrantes negros de outras regiões do país exerceram as suas manifestações culturais em grande coletivo.

O senso de oportunidade de um membro do grupo, o compositor Donga, individualizou a criação coletiva em benefício próprio, registrando-a em seu nome. Trata-se do polêmico samba *Pelo telefone*.

Ambos os capítulos estarão ilustrados com exemplos musicais retirados das centenas resultantes do trabalho de pesquisa. Por tratar-se de um trabalho no campo histórico, no qual a musicologia é coadjuvante, procurou-se inserir apenas exemplos necessários às argumentações, evitando-se que o texto perdesse a fluência. É importante ressaltar que as citações inseridas no texto foram transcritas usando-se o português atual e não como aparecem nas edições originais.

Nos capítulos IV e V, o terceiro momento da argumentação, tratou-se das questões ligadas à estrutura das camadas sociais no samba e sua relação com o mercado. Como aqueles grupos sociais se encontravam, se relacionavam; como faziam uma cultura que passava ou não pelo mercado. Viu-se que o modo de vida do negro permitiu em dado momento, no ambiente comercial, que seu produto fosse vendável para lazer do branco.

Por exemplo, na praça, local onde a necessidade da festa periódica no final de semana permitia ao negro passear, batucar, cantar, ouvir estórias, beber e viver.

Foram inseridas informações técnicas sobre o processo fonográfico, que como se justifica aqui, estenderam-se por não serem próprias das Ciências Humanas e, espera-se, suas indicações possam ser úteis.

No quarto e último momento, o capítulo VI, fez-se prévia abordagem da identidade nacional, da ideologia dos intelectuais de Vargas e como o samba serviu de mediador para a cooptação da grande força produtiva nacional.

Aquele foi um período em que, no âmbito internacional, criaram-se as culturas nacionais. Rádio e disco foram aliados nessa construção. Nos Estados Unidos e países europeus, aquele foi o momento em que afloraram

---

1 Introduzindo a categoria de samba perene, a argumentação deste livro isenta-se de discutir a origem baiana ou carioca do samba. Ambos tornaram-se derivados daquele. Entretanto, cabe lembrar que o maxixe e outras derivações do samba perene se desenvolveram no Rio de Janeiro antes do forte movimento, estabelecido pelas "tias baianas". Como se verá, o samba gerado no seio desse grupo na década de 1910 é geneticamente similar ao maxixe, datado de três décadas antes.

identidades musicais e esportivas, como elementos de identidade nacional. O próprio Vargas mencionara o "culto nacional dos desportos"[2] como um dos ideais da cultura, da educação mental, moral e higiênica. Foi a época dos campeonatos mundiais, jogos olímpicos. Esses os elementos de manipulação ocorridos, de forma geral, no mundo.

Compulsar esse universo de informações exigiu procedimentos metodológicos e estratégias distintas, que foram elaborados buscando atender às questões levantadas durante as reflexões iniciais.

Um primeiro problema refere-se às fontes. Fazendo uso das palavras de Roberto Moura, "como retomar os contornos desse lado obscurecido da cidade, em geral esquecido pelo jornalismo, pela literatura e principalmente pela história nacional?".[3]

Na humilde condição em que se encontra o autor deste trabalho, deseja-se aqui reparar as palavras do ilustre jornalista, pois o lado obscurecido não foi esquecido, mas omitido. A história não esquece e, portanto, não merece ser culpada pelos interesses daqueles que a escrevem. Entretanto, as fontes mantêm-se obscurecidas. Buscá-las e interpretá-las é trabalho do historiador.

A historiografia brasileira, por exemplo, apresenta quantidade considerável de publicações que discorre sobre a prática cultural dos escravos africanos. E outros tantos elementos, cujas práticas levaram ao desenvolvimento de uma cultura popular brasileira. Não obstante, em geral, encontram-se expressões que afirmam se tratar de uma contribuição negra à formação dessa cultura, originalmente europeia.

Observações empíricas mostram, entretanto, que outra interpretação pode ser dada a esse fenômeno, através de uma análise da estrutura rítmico-musical das manifestações religiosas e culturais dos negros no Brasil e de uma comparação com o gênero musical que se popularizou no país e no mundo com o nome de samba.

A partir da análise musicológica, procurar-se-á a observação e a descrição da natureza daquelas manifestações. Buscar-se-á entre elas e o samba possíveis pontos de continuidade e de ruptura em seu desenvolvimento histórico.

Com esse intuito, historiar-se-á uma teoria evolutiva do samba, pois, apesar das publicações a respeito, o samba "só não conseguiu fazer com

---

2 Vargas, *As diretrizes da nova política do Brasil*, p.354.
3 Moura, *Tia Ciata e a pequena África no Rio de Janeiro*, p.58.

que seus inúmeros historiadores chegassem a um consenso quanto às suas origens, ao seu nascimento, ao seu desenvolvimento"[4].

Partindo da premissa de que a cultura religiosa dos negros no Brasil caracteriza-se pela transmissão oral, e, dentre as demais daquela etnia, é talvez a que se preservou com mais integridade a partir de suas raízes africanas, será realizada uma análise da estrutura rítmica da música utilizada nos cultos. As gravações foram obtidas em bancas de jornais e em casas que vendem exclusivamente objetos ligados aos cultos das religiões de origem negra.

Foram visitadas quatro casas desses produtos e foram adquiridos os materiais indicados pelos responsáveis. Foi adquirido também exemplar da revista *Planeta* sobre os cultos afro-brasileiros, com fita cassete, expandindo a origem dos materiais. As amostras têm muita semelhança entre si e a escolha do material analisado deu-se pelo fato de que, ao ser adquirido em banca de jornal, há um reconhecimento oficial de que o seu conteúdo corresponde ao que o define como tal. De qualquer forma, os resultados não teriam relevante diferença. A partir do resultado das análises, serão estabelecidos postulados elencados após cada amostra.

Em seguida, serão apresentados materiais da música brasileira em partituras e gravações, para semelhante procedimento de análise. Embora se tenha estabelecido o momento histórico da gravação de *Pelo telefone* como ponto de partida do início do samba como gênero popular, nas análises do capítulo III será inserido pequeno adendo com comentários sobre gravações que se denominaram samba e são anteriores a *Pelo telefone*.

Desde já se registra aqui que a discussão sobre qual foi o primeiro samba composto ou gravado no Brasil é de caráter secundário sob o prisma das derivações. Isso porque os sambas, desde o lundu, o jongo, a capoeira e todos os demais até o samba moderno, tendem a identificar os membros dos grupos afro-brasileiros. Aqueles derivados do samba não desapareceram. Apenas deixaram de servir como forma musical e tomaram-se outra forma de se acompanhar as melodias. Podem surgir a qualquer momento em obras de compositores contemporâneos. Entretanto, nada mudará o fato de serem "obra do negro". Essa importante pista será explorada no texto.

Importante lembrar que o samba perene, verdadeiro caldeirão cultural, continuamente se permite novas derivações, a exemplo do movimento Mangue Beat de Chico Science.

---

4 *História do samba*, p.5.

A análise musicológica deverá se estender, portanto, às gravações originais desde o início do século XX, comparando e estabelecendo, ou não, relações com o material obtido pela análise da música religiosa negra.

Uma tentativa para recuperar a história daquela cultura é feita através dos sons deixados pelos seus. Uma contradição, pois ao mesmo tempo que a cultura negra – única que detinha as condições de se produzir em larga escala – servia à nascente indústria fonográfica, esta era propriedade de uma classe que viria a lhe negar seu papel na formação da cultura brasileira. Ela mesma deixava documentada aquela cultura ao comercializá-la, para que mais tarde se pudesse retirar o véu que ela própria jogou sobre a música dos negros. É o que se tenta aqui.[5]

Uma observação mais atenta a esse fato concluirá que a música rítmica marcou o século XX. No contexto de uma nascente tecnologia que gerou a indústria do disco e os meios de comunicação em massa, como o rádio, dentro do sistema vigente que necessitava produzir e vender. Os que puderam contribuir com grande quantidade de músicas foram justamente os afro-descendentes com o jazz nos Estados Unidos, o samba no Brasil, a salsa, o mambo e outros ritmos na América Central. Há elementos comuns aqui para se analisar.

Com relação à metodologia musicológica, cumpre ponderar que a mesma é linguagem corrente em países do Primeiro Mundo e, havendo diferentes escolas e genéticas musicológicas, observa-se que um ato manifesto dos elementos criadores na história da música é sempre o de fazer uma escolha diante dessa diversidade. Razão pela qual, na humilde condição de professor e estudioso, julga-se por bem seguir-lhes a indicação. Além da acepção de abrangência de "senso comum", as diferentes linguagens musicais implicam indisfarçáveis opções que definem, portanto, distintos métodos.

Por exemplo: uma concepção filia a interpretação musicológica a mecanismos diferenciativos elaborados no curso da própria História da Música, o que tem por consequência o abandono da pretensa superioridade de uma musicologia ocidental. Tem-se opção de conceitos relativistas, que tomam em perspectiva a importância social e histórica das culturas que elaboram a sua própria música.

---

[5] Fenômeno similar "de apropriação indébita" da cultura do Outro se deu também nos EUA, com a suposta dualidade entre *rock'n'roll* x *rhythm and blues*. Hoje existem interessantes "confissões" dos músicos e intérpretes brancos, das décadas de 1950 a 1970, que pedem "desculpas" por sua ação naquela época.

Certamente, um estudo do samba em suas relações políticas e nas visões mais ou menos míticas que podem ter curso na sociedade deve considerar uma tentativa específica técnica de estrutura musical do mesmo. Isso no contexto dos diferentes momentos de sua criação, recriação, orientação deliberada ou não etc.

Precisa considerar igualmente recursos para distinguir e delimitar as diferentes formas rítmicas, analisar e reconhecer tanto o gênero como a índole de sua estrutura, a fim de conhecer a função de acentuação que a eles corresponda.

A ideia de compasso da música ocidental não pode certamente explicar a rítmica africana, mas há nesta uma espécie de lógica temporal com acentuação que se desloca para outros pontos nesse espaço temporal. Por essa razão, a pulsação existe, pode ser sentida, mas os acentos estão fora do tempo, no contratempo, dentro de figuras melódicas e de acompanhamento sincopadas. Portanto, para um trabalho acadêmico explicativo, o uso da terminologia e de conceitos de compasso e síncopa se justifica. Entretanto, abrem-se perspectivas para novos conceitos a partir do conhecimento cultural daqueles povos e, quando estes estiverem disponíveis, os anteriores poderão ser alterados. Buscar-se-á dar consequência a tal procedimento neste livro.

A teoria útil ao processo de reflexão deve decorrer do método historiológico, coadjuvado pelo método musicológico. Uma base teórica foi constituída inicialmente para o projeto deste estudo, através da seleção de um grupo de teorias, explicações e postulados da atual abordagem cultural do autor. Essa linha de interpretação será, portanto, apresentada como resultado das referidas opções.

A tese de Mikhail Bakhtin possibilitou uma abordagem da questão na perspectiva de uma cultura oficial e de uma cultura popular. Esta tem um lugar histórico e categórico caráter não oficial, o que permite supor a existência de vínculos permanentes e consagrados dos princípios do samba na vida cotidiana de grande parte da população. Intentar-se-á também a avaliação da cultura popular, especificamente do samba, de seu valor como concepção do mundo. Buscar-se-á entender seu valor estético e a revelação de seu sentido como elemento de uma cultura ímpar, diante do autoritarismo do Estado e do racismo típico daquela época (não o atual).

Nesse sentido, o caráter particular do samba como representante de uma etnia excluída se dirige contra a visão do estrato superior, contra a construção daquele mundo. Mas aquele mundo encontraria a maneira de absorver-lhe o poder criativo, sem oferecer, contudo, qualquer saída para os expropriados. Essa ideia será amplamente utilizada ao longo deste trabalho.

Estudar o samba como fenômeno da vida social observando-se a conexão com as condições históricas que o criam como um fenômeno histórico, primeiro como elemento dos negros para si próprios e depois como elaboração mercantil no mundo dos brancos.

A teoria explicativa implicada por uma linha de interpretação da cultura brasileira que aproveita os ensinamentos de Mário de Andrade e da experiência do Modernismo, de Graça Aranha, Renato Almeida, Oswald de Andrade, Arnaldo Contier, Renato Ortiz e outros foi combinada com as problematizações de Joel Rufino, Muniz Sodré, Wilson Barbosa e outros.

As formulações de Muniz Sodré, Joel dos Santos e Wilson Barbosa trazem um modelo de análise das diferenças culturais e do desenvolvimento histórico da consciência social das etnias não europeias na consciência social brasileira.

Para Wilson Barbosa, o postulado inicial, a raça, é um acidente, uma categoria secundária para os fenômenos sociais dentro do materialismo histórico, que se interessa pela herança social e não pela biológica. A consciência social é construída historicamente e a psicologia social é uma de suas etapas, caracterizada pelo amálgama coletivo de ideias e costumes. Posteriormente tem-se a ideologia social, que se caracteriza pela separação de concepções em corpos doutrinários distintos.[6]

A integração do indivíduo num Estado pode ocorrer por um determinado tipo de consciência, uma cultura, a qual fará a representação individual do sujeito e submeterá essa representação que o indivíduo faz de si e de seu grupo para efeito de integração do mesmo.

A tese de Arnaldo Contier[7] demonstra uma preocupação com a música no contexto histórico da construção do discurso nacionalista, sua utilização como meio disciplinador da multidão, além de apontar dentro de uma relação entre linguagem e ideologia, para a associação automática provocada nos ouvintes, de uma série de imagens gerada pela combinação de ritmos e tonalidades. Para ele, um conceito de música brasileira se deu pela busca do novo, em que Villa-Lobos e Mário de Andrade seriam os redescobridores do Brasil e, fundamentalmente, afirma que

---

[6] Barbosa, Materialismo histórico e questão racial. (Debatedor), n.12, p.21-27.
[7] Contier, *Brasil novo:* música, nação e modernidade – os anos 20 e 30.

o nacionalismo modernista brasileiro caracterizou-se como uma busca da incorporação do popular e do nacional no campo da música artística, quanto ao plano ideológico e na manutenção de certos traços linguísticos do Romantismo, do Classicismo e do Impressionismo.[8]

No que concerne aos aspectos do samba como manifestação musical de uma etnia específica, foi utilizada a obra de Roberto Moura, que traz importantes dados sobre o reduto cultural dos negros no Rio de Janeiro e sobre o processo de formação do que se configurou como um estilo genuinamente de origem negra.[9]

Assim, faz-se um esforço para integrar os diferentes elementos comuns dessas concepções a fim de utilizá-las de forma útil como uma metodologia do tipo explicativa.

O samba, talvez por sua simplicidade formal, ao ser criado no ambiente urbano como um componente resultante do encontro de diferentes musicalidades, ofereceu-se como meio mais fácil de permitir, primeiro ao setor de trabalhadores urbanos e depois ao conjunto da população da cidade, uma forma de expressão coletiva. Nela podiam convergir as diferentes expressões corporais, musicais e lúdicas. Como elemento de encontro das massas trabalhadoras, ele efetiva o encontro de diferentes experiências musicais no ambiente do "terreiro", da "gafieira" etc., permitindo a sua gradual assimilação pelos meios de radiodifusão e pelo mercado fonográfico. Intenta-se associar essa observação com o caráter necessariamente mercantil dessa difusão sustentada do samba.

Como é conhecido, esse processo de reconhecimento resultou também na incorporação de um novo samba, com novos autores, novo ideário, novas representações sociais etc., que puderam posteriormente ser trabalhados e moldados em *"mass media"*. Essa questão será abordada no texto, para explicitar a forma como o samba foi apropriado pela cultura oficial.

Abstraído de sua temática inicial, o samba poderia então avançar como forma musical de todos, eminentemente urbana e capaz, portanto, de expressar uma identidade nacional contraposta a outras metropolitanas. Por isso, intentar-se-á inserir uma interpretação do lugar desse novo samba na política do Estado.

---

8 Ibid., p.45.
9 Moura, op. cit.

O ideário da urbanização utilizou-se de diferentes formas musicais, verificando-se no período ser o samba a expressão máxima da "ginga", o contraposto nacional do *"swing"* jazzístico. O lugar do novo samba, o samba derivado, vê-se assim associado a necessidades do Estado.

Capítulo I
O samba na historiografia

A abordagem do tema e sua explicação histórica neste estudo buscaram incluir uma revisão historiográfica dos autores que se dedicaram de alguma forma à problemática da constituição do samba na cidade do Rio de Janeiro, questão nem sempre tratada por historiadores. Se não foi aprofundado um diálogo com o que se poderia considerar relevante nos trabalhos de pesquisadores, folcloristas e musicólogos, foi para se ater ao necessário na comprovação das hipóteses apresentadas, neste já complexo mundo da cultura popular.

É o caso, por exemplo, da polêmica sobre o samba *Pelo telefone*, que surge em inúmeros analistas como uma questão autoral, ou por ter sido ou não o primeiro samba gravado como gênero musical. O tema interessou pelo fato de esse samba ter sido produto resultante de uma camada específica da população, o primeiro a fazer grande sucesso. Foi, consequentemente, um produto mercadológico.

Aqui interessa principalmente a compreensão do problema da origem do samba, seu significado nos diferentes ambientes em que ele existiu e seu papel dentro dos grupos sociais que o têm utilizado nas suas práticas e tradições culturais, o que ocorreu em diferentes momentos históricos. Apesar de mundialmente conhecido como "a música do Brasil" e contando com algumas publicações a seu respeito, o samba "só não conseguiu fazer com que seus inúmeros historiadores chegassem a um consenso quanto às suas origens, ao seu nascimento, ao seu desenvolvimento".[1] Ou, como observou Lúcio Rangel em 1962 sobre Mário de Andrade e o samba carioca,

---

1 *História do samba*, p.5.

é melancólica a bibliografia especializada da nossa música popular! Não há sequer, uma monografia sobre determinado gênero [...] enquanto o *jazz* norte-americano encontra quem o estude em seus aspectos mais variados, contando, hoje, com uma bibliografia das mais vastas, de pelo menos duzentos volumes, enquanto o *jazz*, como o nosso samba, música urbana, é devassado e interpretado, sendo, por isso cada vez mais divulgado, nossos folcloristas de gabinete ficam na acadêmica discussão – o samba é folclórico, é popularesco ou popular? [...] Positivamente, Mário de Andrade não quis fazer o estudo definitivo sobre a mais popular música do Brasil.[2]

Mas não foi apenas Mário de Andrade que deixou de se aprofundar no estudo desse gênero, de suas origens, seu desenvolvimento e sua representatividade no processo histórico da cultura e música popular brasileiras. Esse desinteresse se deve, talvez, ao samba estar vinculado às práticas culturais do negro. Este, o negro, é um dos – se não o maior – grandes problemas para a consolidação do Brasil como Estado, desde seu processo de formação, em fins do século XIX e mesmo, mais precisamente, desde o pós-Abolição. Em particular, no contexto da década de 1930, quando a intelectualidade brasileira estabeleceu paradigmas para a análise de nossa história.

No que tange à bibliografia sobre a história da música brasileira, as publicações encontradas infelizmente não colaboram de forma relevante para a discussão. Não dialogam com as diferentes fontes, deixando importantes questões sem respostas satisfatórias. Sofrem forte viés ideológico, são parciais e sem explicações sob o ponto de vista da multiculturalidade. Sem esse debate, torna-se difícil entender a história cultural, visto que o povo do Brasil é constituído por imigrantes de inúmeros países.

Portanto, a questão da origem do samba torna-se um dos pilares da construção deste trabalho. Como se verá, é a partir da expropriação do samba, ou de seu "desenegrecimento" ideológico, que ele pode tornar-se o representante de uma brasilidade construída com objetivos de unificação nacional. Ou seja, de forma paradoxal, o negro, ao mesmo tempo que fornece ao Estado os elementos culturais que lhe dão condições de congregar interesses para a construção da identidade nacional, é espoliado da paternidade de tais elementos culturais. Talvez isso foi, e continua sendo, um dos espelhos

---

2 Rangel, *Sambistas e chorões*, p.31-33.

de nossos graves conflitos sociais. Aqui, a diversidade étnica que construiu o país só pode ser administrada com a aceitação pelo Estado das suas particularidades. E, consequentemente, com a devida concessão de seus direitos de expressão.

Um primeiro problema se colocou dessa forma, na busca de uma direção ao que se pode denominar teoria evolutiva do samba. Ele foi localizar indícios que levassem a uma rota segura, para cuja obtenção primeiramente recorreu-se à historiografia.

No campo da História, o samba surge dentro da história da cultura, na área de História Social e, muitas vezes, como um capítulo nas histórias da música popular brasileira.

Mais recentemente, a perspectiva de sua importância no campo das Ciências Humanas tem-lhe despertado interesse acadêmico, proporcionando monografias, teses, além de crescente espaço nas publicações. Isso demonstra a preocupação com as questões pertinentes às suas relações com a política e a construção da identidade em nosso país. Elas não são descabidas, mas sim relevantes para a compreensão da história cultural do Brasil.

A questão imediata que se apresenta é: afinal, o que é o samba?

A palavra "samba"

O termo "samba" para designar a "mais forte expressão da música popular brasileira, ou a maior forma de expressão musical do povo brasileiro", como afirma Muniz Jr,[3] surge na literatura histórica, antropológica e sociológica, com mais de um significado.

A primeira referência à palavra "samba" na imprensa brasileira é creditada a Frei Miguel do Sacramento Lopes Gama, publicada na edição n. 6, de 03/02/1838, do jornal satírico *O Carapuceiro*, editado em Recife entre 1832 e 1842. Frei Lopes Gama se refere a "samba d'almocreves", como uma forma para classificar aquilo como coisa própria da zona rural, da periferia, em contraponto ao que se cultivava nos salões provincianos. Nestes se tocavam polcas, valsas, operetas, a música da Corte. Almocreves era o serviçal que se ocupava em cuidar de mulas e burros.

---

3 Muniz Jr., *Do batuque à escola de samba*, p.22. Nessa obra encontram-se inúmeras fontes e referências bibliográficas.

Apelidado de Padre Carapuceiro, Frei Lopes publicava curiosos versos, dos quais o *Dicionário do folclore brasileiro* de Luiz da Câmara Cascudo cita:

> Aqui pelo nosso mato,
> Qu'estava então mui tatamba,
> Não se sabia outra cousa
> Senão a Dança do Samba.[4]

Dança que era popular nos canaviais pernambucanos e havia sido trazida da África pelos negros, mas que na cidade não era tão tolerada quanto nos engenhos. Em 29 de novembro de 1848, o artigo 82 do Código de Posturas Municipais de Belém proibia os batuques e até mesmo a reunião de dois ou mais escravos nas casas de venda,[5] caracterizando uma perseguição que levou à proibição da própria dança.

Na edição de 18 de setembro de 1884 do *Diário de Belém* eram pedidas providências à polícia para "proibir esses 'sambas noturnos', obrigados a tambores e pandeiros e gritos em agudíssimos, com *slanzio*, que se realizam ali pela rua da Pedreira, travessa da Piedade e da Princesa".[6]

Na busca da origem e do significado da palavra "samba" verifica-se que muitas das fontes são comuns a vários autores, o que levou a uma seleção das principais referências que podem colaborar para a compreensão desse fenômeno sócio-histórico-cultural.

Antonio Joaquim de Macedo Soares, nos "Estudos lexicográficos do dialeto brasileiro", entende que

> SAMBA é um verbo conguês da 2ª conjugação, que significa "adorar, invocar, implorar, queixar-se, rezar". Quem reza queixa-se de seus males, invoca a divindade a quem adora, e pede remédio e consolação. *Samba* é, pois, rezar. No angolense ou bundo, igualmente, rezar é *cusamba*: na conjugação o verbo perde a sílaba inicial do presente do infinito; de sorte que, além deste tempo e modo, em todos os outros termos bundo é *samba*, e assim é também o substantivo "adoração, reza", samba, *mussambo*. Dançar é no bundo *cuquina*; no congo *quinina*. Como, pois, *samba* é dança? É sem

---

4 Cascudo, *Dicionário do folclore brasileiro*, p.690.
5 Código de Posturas Municipais de Belém apud Salles, Cachaça, pena e maracá, *Brasil Açucareiro*, n.2, p.50.
6 *Diário de Belém* apud Salles, p.50.

dúvida; mas uma dança religiosa, como é o *candomblé*, uma cerimônia do culto, dança em honra e louvor da divindade, homenagem semelhante à de David, o rei-profeta, salmeando e dançando em frente do tabernáculo, dança como a dos sacerdotes de todas as religiões primitivas, uma função hierática.

No Brasil não é outra coisa, tomada a palavra na sua popular e genuína acepção; é a dança sagrada dos feiticeiros, dos curandeiros, dos rezadores de quebrantos e olhados, dos dispensadores da fortuna. [...] O *samba* é a dança ritual, a dança da reza; a profana, o baile, o mero divertimento, é o *batuque*, o *lundu*, o *jongo*, o *xiba*, ao som da *puíta*, e da *zabumba*, e do *ricungo* e do tamboril de pandeiro.[7]

Dentre as obras de referência específicas, a *Enciclopédia da música brasileira erudita folclórica popular* traz *samba* como provável procedente do quimbundo *semba* (umbigada) que designa dança de roda, sendo os mais conhecidos os sambas da Bahia, do Rio de Janeiro e de São Paulo. No folclore, seria

1) Dança popular e música de compasso binário e ritmo sincopado reveladores de sua ligação original com os ritmos batucados acompanhados por palmas dos bailes folclóricos denominados sambas. 2) Gênero de canção popular de ritmo basicamente 2/4 e andamento variado, surgido a partir do início do século XIX como aproveitamento consciente das possibilidades dos estribilhos cantados ao som de palmas e ritmo batucado, e aos quais seriam acrescentados uma ou mais partes ou estâncias de versos declamatórios. 3) *Samba de breque.* 4) *Samba-canção.* 5) *Samba carnavalesco.* 6) *Samba-choro.* 7) *Samba-enredo.* 8) *Samba exaltação.* 9) *Samba de gafieira.* 10) *Samba de partido-alto.* 11) *Samba de quadra.* 12) *Sambalada.* 13) *Sambalanço.* 14) *Sambolero.*[8]

Interessante observar dessa citação a informação que, desde o início do século XIX, as palavras "samba" e "batuque" designam qualquer tipo de baile popular, como arrasta-pé, bate-chinela, cateretê, fandango, fobó, forró, forrobodó, fungangá, pagode, xiba, zambê etc.

Em outra obra de referência, o *Dicionário do folclore brasileiro*, encontra-se semelhança como significado de baile popular urbano e rural, mas vale a pena transcrever o que segue:

---

[7] Soares, Estudos lexicográficos do dialeto brasileiro, *Revista do Instituto Geográfico Brasileiro*, v.177, p.45-46.
[8] Marcondes (org.), *Enciclopédia da música brasileira erudita folclórica popular*, p.683-685.

[...] Determinou o verbo sambar, dançar e sambista, quem canta ou dança o samba. Provém de *semba*, umbigada em Luanda. Alfredo de Sarmento (Os Sertões D'África, "Apontamentos de viagem", Lisboa, 1880) informa: "Em Luanda e em vários outros presídios e distritos, o batuque difere [...] consiste também o batuque num círculo formado pelos dançadores, indo para o meio um preto ou uma preta, que, depois de executar vários passos, vai dar uma umbigada (a que chamam *semba*) na pessoa que escolhe entre as da roda, a qual vai para o meio do círculo substituí-lo". Batuque é denominação genérica para o baile africano e o Rei D. Manuel proibia sua função nas primeiras décadas do século XVI. Com a designação de Samba não conheço dança africana nem registro algum de viajante, durante o século XIX. Danças com umbigadas vieram para a América Latina com outros nomes, lundu, lariate, calenda, batuque (batuque comum, batuque paulista, goiano, cateretê) etc. [...] Samba é nome angolês, que teve sua ampliação e vulgarização no Brasil, consagrando-se no segundo lustro do século XIX. Não tenho referências anteriores. O samba tem alguma comunicação com o Zamba do Peru, Chile, Argentina etc.? Os tratadistas desses países negam qualquer contágio. O Zamba ou a Zamacueca, coreográfica e musicalmente, nada têm com o bravio samba. Zamacueca é irmã gêmea do lundu, que também era dançado sem umbigadas [...] Mas a semântica não rejeitaria aproximação entre zamba, zambê (dançado em Natal, roda, percussão, cantos) e samba.[9]

Renato Mendonça, em *A influência africana no português do Brasil*, descreve o samba como a "dança dos negros", como "termo bem vivo no sentido de composição musical", e conclui acerca da etimologia: "pensamos ser termo africano. Há os derivados *sambar* e *sambista*".[10]

Mário de Andrade, em artigo sobre o Samba Paulista, observou que na terminologia dos negros "a palavra 'samba' designa todas as danças da noite, cada uma delas em particular e também o grupo associado pra dançar sambas".[11]

Por outro lado, Jacques Raymundo, em *O negro brasileiro*, atribui dúvidas quanto à origem africana do termo, dizendo que

---

9 Câmara Cascudo, *Dicionário do folclore brasileiro*, p.689-690.
10 Mendonça, *A influência africana no português do Brasil*, p.133
11 Andrade, O samba rural paulista, *Revista do Arquivo Municipal*, p.43.

> *Samba* é um bailado ou dança popular. No Rio Gr. do Sul, segundo Teschauer (NOVO DIC. NAC. 817), emprega-se "também para significar um rolo, uma briga". Teodoro Sampaio (TUPI NA GEOGR. NAC.) atribui-lhe origem tupi, corr. de çama ou çamba, seguindo a Bapt. Caetano, o que é aceito por muitos; outros e enxergam origem africana, do conguês samba, oração (Vetralla, IDIOMA DO CONGO, 81; Seidel-Struyf, LANGUE CONGOLAISE, 114), ou ainda do quimb. *ku-semba*, orar, alegando-se que durante as orações os negros procediam a danças. Não parece bastante que se justifique a filiação negra; assim como em Pernambuco os negros adotaram o termo *maracatu*, tomado aos brasilíndios, assim poderiam ter adotado o *samba*; nenhuma notícia segura há que prove que o *samba* é nacionalmente africano, nem entre os bantus, nem entre guinéo-sudaneses. Afigura-se, com maiores razões, que o bailado é originàriamente americano; ao norte da Argentina (Santiao del Estero, Jujuy, Catamarca, La Rioja; vd. Raf. Cano, DEL TIEMPO DE ÑAUPA, 299 Bs. As. 1930) há um bailado semelhante, ao qual se chama zamba, e a cuja influência do compasso excitante se afirma que o general Antônio Taboada alcançou em La Rioja, em 1867, uma vitória decisiva contra as fôrças do caudilho Felipe Varela. O hispano-argentino *zamba*, termo americano parece que é gêmeo do brasileiro *samba* [...][12]

Outro autor que se enevreda pela linha da dúvida quanto à origem etimológica africana é Baptista Siqueira. Este encontrou nos documentos *Catecismo da doutrina cristã na língua brasílica na nação kiriri* e *Grammatica da Lingua Brasílica da Naçam Kiriri*, escritos por jesuítas, o que o autoriza a "informar, com certeza absoluta, que o termo *samba*, significando local onde as pessoas do povo se reuniam para festejar algum evento social, foi esclarecido, ainda no século XVII".[13]

Em *Origem do termo samba*, Baptista Siqueira escreve que *sâmbá* equivale a *jabuti*, vernáculo tupi, registrado no *Catecismo kiriri*, e que na *Arte da grammatica*, *sambé* equivale a *paga*, traduzido como "minha vez (tira) nos folguedos populares".

Entende aquele autor, com base na expressão "samba de almocreve", do citado jornal pernambucano *O Carapuceiro*, que

---

12 Raymundo, *O negro brasileiro e outros escritos*, p.49-50.
13 Siqueira, *Origem do termo samba*, p.19. Nascido em Pernambuco, o musicólogo Baptista Siqueira escreveu obras musicais baseadas nas lendas indígenas e textos sobre a influência indígena na música do Nordeste.

o samba, como local de danças populares, já estava virtualmente consagrado, na região das secas, no período que vai do fim do século XVIII ao início do seguinte. [...] ele vivia latente na atmosfera popular no ciclo dos violeiros, não resta a menor dúvida. E mais: no princípio do século XIX, onde havia o almocreve pernambucano, aí havia a possibilidade de um samba para exibição de mestiças descontraídas. [...] Não há, pois, maneira de negar que o samba teve origem no sertão do Nordeste. Quem desejar rebater essa tese terá que descobrir autêntico documento onde se possa comprovar procedência diferente.[14]

Tese que pretende convencer que "a manifestação dançante, em pleno desenvolvimento, procedia do sertão, da área dos vaqueiros, sendo praticada intensamente, pelo almocreve de Pernambuco, no ano de 1838".[15]

Essa obra de Siqueira, que contém expressões de desdém pela cultura do negro, pretende negar a relação entre "umbigada" e o samba, pois continua:

Comprova-se que nada tem a umbigada com o samba atual. [...] tanto as umbigadas quanto as palmas, nas danças populares, jamais influíram na designação genérica das diversões. É negativa, pois, a conclusão dos que acharam que o termo *samba* vem de umbigada.[16]

Diplomado em Ciências Jurídicas e Sociais pela Faculdade de Direito da Bahia em 1936, Edson Carneiro, autor especializado em temas afro-brasileiros, estudou diferentes danças que utilizam a umbigada[17] – que pode ser efetiva ou simulada. Via de regra, a umbigada efetiva foi utilizada enquanto o samba foi dança de escravos. Posteriormente, ao passar para os outros grupos étnicos, foi substituída por gestos equivalentes. Sobre o termo, o autor escreve que

em geral, *samba* aplica-se à dança. Macedo Soares anotou exemplos de emprego da palavra, no sentido de dança, na Corte e no Ceará, no século passado, e muitas das variedades locais de *batuque* foram ou são chamadas

---
14 Ibid., p.50-51.
15 Ibid., p.51.
16 Ibid., p.54-55.
17 Carneiro, *Samba de umbigada*, p.33.

de *samba*, às vezes como alternativa, como o coco de Alagoas, às vezes exclusivamente.

O samba de roda, transplantado da Bahia, comunicou os seus ritmos e o seu nome (*samba*) à canção popularesca vigente no Rio de Janeiro e à dança social que lhe corresponde, mas também manteve a sua individualidade no *partido alto* e no *samba*, danças de umbigada das escolas de samba.[18]

Para Henrique Alves, a

afirmação de que o samba tem origem americana e implicações do tupi cai por terra e não convence de maneira alguma, dada a falta de consistência de influências indígenas no teor da música e da dança, cuja característica é eminentemente africana [...] contra a definição de Jacques Raimundo, o folclorista Aires da Mata Machado Filho demonstra a nitidez negra do samba, quando em suas pesquisas de campo, ao transcrever a definição mencionada, acompanha com esta observação: "Entretanto a presença de *semba* no dialeto sanjoanense acaba de convencer da procedência afro-negra. É de notar que, ainda hoje, os negros corrigem para *semba* se alguém lhes fala em samba. Confirmando o ambundo *ku-semba*, isso parece convincente do que o apontamento étimo tupi e a insinuada procedência do termo argentino *zamba*.[19]

Esse autor acredita que

O termo veio com os negros africanos para receber o batismo dos trópicos, moldando nova feição, vestindo novas roupagens, adquirindo tonalidade e conteúdo, dimensão e lirismo, caracterizando a designação marcante do século passado, quando negros em círculo batiam o ritmo batuque, umbigada ou semba, utilizando mãos, objetos de percussão e, segundo Debret, era marcado por dois tempos precipitados e um lento, sendo absorvido, e o samba tornou-se uma palavra generalizada para marcar a alma do povo brasileiro.[20]

Oneyda Alvarenga, citada por Muniz Jr., lembra que

---

18 Ibid., p.6.
19 Alves, *Sua excelência o samba*, p.16.
20 Ibid., p.12.

[...] além da Espanha ter recebido escravos negros desde o século XV, no século XVII Portugal e consequentemente o Brasil estiveram sob o domínio espanhol. Justamente nesse século, em que as danças considerada mais tipicamente espanholas não tinham ainda nascido, abundam na Espanha as danças reconhecidas como negras pelos folcloristas espanhóis ou que trazem no nome a sua origem africana. Existiu no Brasil uma dança negra, o Sarambeque, da qual a referência mais antiga entre nós data do século XVIII. Indicando por lá também como negro, o *Zarambeque* foi popularíssimo na Espanha no século XVII e se executava comumente ligado à *Chacona*, dança considerada a gênese das que pertencem ao tipo do Fandango e a que Simon Aguado, Cervantes, Quevedo e Lope de Veja chamaram mulata americana [...][21]

Em ensaio escrito para o Centro de Estudos Afro-Orientais da Bahia, Ralph Waddey diz que

O conceito de "samba" é tão vasto e profundo na música e na vida brasileira que praticamente desafia definição. É um gênero (assim musical como coreográfico), um acontecimento e um grupo de pessoas. Como gênero, frequentemente não se distingue de outros, a não ser pela região e pelos nomes que aí recebe, como os "cocos" do sertão da Bahia e de outras áreas mais ao Norte.[22]

Um discurso sobre samba

Dentre os distintos significados expostos no *Dicionário bantu do Brasil*, de Nei Lopes, tem-se o samba com duas variantes, sendo a primeira "Nome genérico de várias danças populares brasileiras" e a segunda como a "música que acompanha cada uma dessas danças". Segue o autor:

Do quioco *samba*, cabriolar, brincar, divertir-se como cabrito; ou do quicongo *samba*, espécie de dança em que um dançarino bate contra o peito do outro [...] No umbundo, *semba* é a "dança caracterizada pelo apartamen-

---

[21] Alvarenga, *Música Popular Brasileira*, apud Muniz Jr., op. cit., p.35.
[22] Waddey, Samba de viola e viola de samba no recôncavo baiano, *Ensaios/Pesquisas*, n.6.

to dos dois dançarinos que se encontram no meio da arena["] – "da raiz *semba*, separar, que também originou o multilinguístico *disemba*. pl. *masemba*, umbigada["]. Vê-se então, que o choque de um dançarino contra o outro e o consequente apartamento é nada mais que a umbigada que ainda hoje caracteriza o samba, em suas formas mais antigas. Assim podemos apontar como étimo remoto o termo multilinguístico *semba*, cuja raiz é a mesma do quicongo e do quioco *samba*. Num segundo, é "Do quimbundo *samba*, cesta" e, finalmente, "em antigos terreiros bantus, sacerdotisa com as mesmas funções da equéde dos terreiros nagôs; Em terreiros bantus atuais, filha-de-santo, iaô; Em alguns terreiros de umbanda, auxiliar de mãe-de-santo ou da mãe-pequena – Do quimbundo *samba*, pessoa que vive na intimidade de alguém ou faz parte de sua família; cortesã, dama da corte.[23]

Convém incluir entre essas fontes o trecho de artigo escrito por Ari Vasconcellos para a *O Cruzeiro*, no qual resume:

> Várias têm sido as explicações surgidas para explicar a origem da palavra samba. Houve mesmo quem a buscasse no idioma tupi, como o fez Teodoro Sampaio. Samba seria "cadeia feita de mãos dadas por pessoas em folguedo; dança de roda". A essa interpretação, defendida, aliás, por Sílvio Romero, contrapõem-se aquelas que, com mais coerência, buscaram a explicação da palavra em dialetos africanos. Estes em geral dizem, com Artur Ramos, que samba provém de "semba", umbigada. Consultamos sobre o assunto o prof. Mozart Araújo, autoridade em música afro-brasileira e que declarou-nos preferir aceitar *samba* como vindo de *samba* mesmo, ou seja, de palavra idêntica que em dialeto africano significa "prestar culto à divindade através da dança" (Serra Frazão). Esta versão parece-nos também a mais plausível, pois o samba, em sua origem, está ligado ao culto dos terreiros.[24]

Pelo exposto, não parece, entretanto, gratuita a aproximação entre zamba da América espanhola e o nosso samba. Quando se examinam tra-

---

23 Lopes, *Dicionário bantu do Brasil*, p.229-230. (As aspas não fecham no original. – N. E.)
24 Vasconcelos, O samba nasceu na Praça Onze, *O Cruzeiro*, Rio de Janeiro, 15 fev. 1958, ano XXX, n.18, p.6.

balhos sobre as línguas africanas e principalmente o bantu,[25] percebe-se a grande dificuldade da pronúncia de palavras africanas enfrentada pelos europeus e vice-versa, pois a letra "n" que se encontra com frequência, associada às diferenças de pronúncia principalmente entre o espanhol e o português, pode levar a resultados totalmente inesperados.

Nina Rodrigues, ao relacionar vocabulário das línguas africanas faladas no Brasil, deixa claro que

> quanto ao modo por que buscamos figurar na fonologia da língua portuguesa os sons das palavras africanas, confessamos que em muitos casos o nosso ouvido não terá apanhado convenientemente os sons emitidos pelos negros e nesses e em muitos outros estamos certos de não tê-los devidamente figurado.[26]

Valendo-se de ouvir a forma de falar de povos africanos que vieram para o Brasil e da dificuldade em se documentar graficamente os termos de forma definitiva, é de se crer que a palavra "samba" de fato deriva de *zambo*, expressão que "alguns ouviram dizer" sobre a música que veio com os africanos nos navios negreiros, também chamada por outros de "batuque",[27] mas que, em se tratando de um problema da linguística, deixa-se para os especialistas da área um dia solucionarem.

Para a compreensão desse fenômeno importa, portanto, que a expressão resulta de uma corruptela de idioma africano, concluindo-se que, dentre seus significados, temos a expressão "samba" como gênero musical.

O gênero musical samba

Tratar do samba como gênero musical implica primeiramente compreender os limites que os teóricos imprimiram à sua explicação dentro de conceitos sobre a área em que se estuda, pois o encontramos nos estudos de folclore e de música popular.

---

[25] A esse respeito, ver Johnston, *A Comparative Study of the Bantu and Semi Bantu Languages*.
[26] Rodrigues, *Os africanos no Brasil*, p.142.
[27] *História do samba*, n.1, p.6.

Genericamente falando, o samba tem sido incluído nos estudos sobre a cultura brasileira, como parte do seu folclore, contribuição do negro. Nesse aspecto, surge como uma dança, que tem a música em segundo plano. Ao se constituir em música urbana e popular, acabou por se fragmentar a partir de uma matriz, configurando-se em subgêneros como o samba-canção, o samba-exaltação, o samba-enredo, entre outros, como se verá.

O historiador da música brasileira José Ramos Tinhorão entende que a música folclórica, de autor desconhecido e transmitida oralmente, se opõe à música popular, composta por autores conhecidos e divulgados "por meios gráficos, como partituras, ou através da gravação de discos, fitas, filmes ou videoteipes".[28] Em sua análise, estabelece que "nos primeiros duzentos anos da colonização portuguesa no Brasil, a existência de música popular se tornava impossível desde logo, porque não existia povo: os indígenas, primitivos donos da terra [...]".[29]

Já o filólogo e estudioso da música popular brasileira, Cruz Cordeiro, formalizando os termos para elaborar um estudo que pretende demonstrar ser a música popular um fenômeno do século XX, entende que "folcmúsica", do anglo-saxão *folk music*, é a música do povo, a qual faz parte do *folk lore*, o "saber do povo". E "música popular", de *popular music*, "significa a folcmúsica ou não que se popularizou, quer dizer, foi aceita pelo povo, coletivamente num país ou região".[30] Ainda dentro da questão,

> a folcmúsica pode ser, também, música popular, por se ter popularizado na coletividade, visto que nem todas as folcmúsicas se popularizam, permanecendo desusadas, antiquadas ou restritas a regiões, sem popularidade nas demais regiões ou resto dum povo ou país. [...] Mas a música popular, em qualquer caso, apenas é a que se popularizou, a que foi acolhida pelo povo, seja ou não típica ou tradicional dele.[31]

Partindo desses pressupostos, Cordeiro apresenta o samba-maxixe e o choro com samba-batucada como música de transição e o samba como música popular.

---

28 Tinhorão, *Pequena história da música popular*, p.5.
29 Ibid.
30 Cordeiro, Folcmúsica e Música Popular Brasileira, *Revista da Música Popular*, p.6.
31 Ibid.

Diz ele que o maxixe, música instrumental "sem caráter de folcmúsica", com a "sincopação" do que já então se chamava samba, de origem afro-brasileira, ritmado e cantado como música de dança levou ao samba-maxixe, pois como o próprio testemunha, "tal como nos lembramos de ter ouvido e ver dançar em nossa própria juventude. *Pelo telefone* foi, ainda, um samba-maxixe ou amaxixado".[32]

O choro com samba-batucada teria, por sua vez, surgido da união do instrumental típico do choro (violão, cavaquinho, flauta) de "afro-negros e mulatos", "com a *batucada* do *samba* de *morro*, também afro-negro e mestiço brasileiro" (surdo, cuíca e tamborim) e como tal se consagrava, "sobretudo pelo Carnaval, festa do povo por excelência".

> As tendências das músicas do Carnaval de 1931 se dirigiam, em particular, para os chamados "ritmos batucados". É o que se pode chamar de "samba de rua" ou de "chôro de rua", que diferem muito, nesse ponto, dos sambas comuns, como os executados nos salões pelas orquestras de dança e com os chôros habituais.[33]
>
> Quando a folcmúsica do samba batucado veio dos morros e dos bairros pro centro da cidade tornou-se música popular através de compositores populares, que foram os primeiros no gênero, e aparecidos, pouco mais ou menos, pela época.[34]

Dentre esses compositores, Cordeiro dá especial tratamento a Ary Barroso, a quem credita a fixação do "samba brasileiro" como música popular, um misto do samba-batucado do Rio de Janeiro com o samba "chulado" de Salvador, em uma "cadência da música de dança e popular internacional". É, ainda segundo Cordeiro, Ary Barroso quem "pensa, com razão, que a forma típica da música popular é o samba".[35]

Na interpretação de José Ramos Tinhorão, o samba e a marcha "surgiram da necessidade de um ritmo para a desordem do carnaval".[36]

A explicação do autor parte do súbito adensamento da população do Rio de Janeiro, da diversidade social gerada por esse adensamento e do pro-

---
32 Ibid., p.7.
33 Ibid.
34 Ibid., p.8.
35 Ibid.
36 Tinhorão, *Pequena história da música popular*, p.115.

blema da participação das novas camadas na festa, "estruturada em um esquema rígido". Esquema que às vésperas da Primeira Guerra Mundial dividia-se em "pobres na Praça Onze", "remediados na Avenida Central" e "ricos nos corsos dos carros e grandes clubes".

Até então não havia um "ritmo capaz de conferir-lhe um denominador comum musical", quando na casa de "Tia Ciata, uma das baianas pioneiras dos velhos ranchos da Saúde, um grupo de compositores semianalfabetos elaborou um arranjo musical com temas urbanos e sertanejos que, ao ser lançado para o carnaval de 1917, acabou se constituindo no grande achado musical do samba carioca".[37]

Trata-se de *Pelo telefone*, de Ernesto Santos, o Donga, cuja particularidade tornou-se deixar de ser anônimo.[38]

Uma descrição um pouco mais técnica do samba como gênero musical, feita pelo folclorista Renato Almeida, encontra-se em artigo escrito para *O Cruzeiro*, em 1958, por Ary Vasconcelos.

> O samba é sempre cantado e as melodias têm um desenvolvimento pequeno. O ritmo sincopado é muito marcado dentro da forma semicolcheia, colcheia, semicolcheia em dois por quatro, mas varia muito, com uma riqueza maior ou menor conforme os instrumentos de percussão, ou objetos improvisados em instrumentos e a habilidade de seus tocadores. O modo é como em quase toda a nossa música folclórica, maior; o compasso binário. Terminação na tônica ou mediante ou na dominante. Os graus descendentes. Aliás, todas essas características são comuns à nossa folcmúsica, sem serem específicos de samba. O andamento variável, tornando-se mais vivo quando o samba esquenta. Outras vezes, porém, se mantém constante e monótono em *allegreto*, forma mais corrente.[39]

Na segunda edição de seu *Compêndio de história da música brasileira*, Renato Almeida trata o gênero como

> dança internacional. Nasceu no Rio de Janeiro, tirando seus elementos básicos do samba rural e fundindo-se com os de outras danças nacionais e estrangeiras. O samba urbano é de salão, par unido, cantado a 2/4, tempo

---
37 Ibid., p.116-9.
38 Ibid., p.119.
39 Vasconcelos, op. cit., p.4-12.

> moderado e acompanhamento sincopado. Em geral, tem uma introdução, estrofe e refrão, mas esse paradigma é modificado. Nos morros, aparece só com uma parte, que serve de estrofe, e, quando entoada em coro, faz às vezes de refrão. O samba das chamadas escolas de samba, que fazem cortejos carnavalescos, fornece todo o grande manancial dessa música. Inicialmente triste, com notas amorosas sentimentais e melancólicas, passou, com a sua grande voga, a endossar todos os motivos, crônica de fatos, crítica, sátira e mesmos assuntos patrióticos e cívicos [...] A melodia é pobre, de estrutura descendente e numa só tonalidade, não modulando nunca. O samba é hoje a expressão mais divulgada da música brasileira.[40]

Renato Almeida não determina quais foram os exemplos musicais nos quais se pautou para as afirmações quanto à tonalidade maior e a terminação na tônica que se lê no artigo de Vasconcelos, nem os que categoriza como de melodia pobre na citação transcrita acima.

Na Bahia, por exemplo, de onde se diz ter vindo o samba que se tornou carioca, Ralph Waddey observou que no

> samba de viola de Santo Amaro e imediações (e em Salvador no estilo santo-amarense), tanto os violeiros como os cantadores gostam ocasionalmente de mudar de tonalidade, seja para acomodar os âmbitos de vozes de diferentes cantadores, seja para usufruir a satisfação estética que uma mudança de tonalidade proporciona. A mudança não somente altera a altura real da música, como também cada tonalidade tem implicações próprias de ritmo, andamento e textura. A afinação mais apreciada em Santo Amaro, chamada "natural", tem a relação de intervalos da afinação do violão moderno, sem a sua corda mais grave, a sexta.[41]

Estudando as relações entre os tons e a terminologia, Waddey aponta que

> nesta teoria musical popular, tonalidade não é apenas a identificação de uma tônica e suas relações harmônicas. Indica também a posição ao longo da regra da viola onde o acorde é formado. "Ré maior grande" compõe-se apenas nas quatro ordens mais graves e toca-se usando um padrão que percorre a quarta e a quinta ordens. "Ré maior pequeno", demonstrado no

---
40 Almeida, *Compêndio de história da música brasileira*, p.25-26.
41 Waddey, op. cit, p.7.

exemplo 2, é talvez o mais comum de todos os "tons" da viola para samba. "Ré maior sustenido" não é um acorde maior com a fundamental de Ré sustenido, como seria na teoria musical convencional europeia. É, sim, um acorde cuja fundamental é Ré, mas formado numa posição mais adiante na regra da viola; vale dizer, o acorde soa mais agudo [...] "Ré maior sustenido bemol" é Ré maior numa quarta posição, ainda mais aguda, ou seja, mais embaixo.

A tonalidade e as posições onde as "partes" se formam têm implicações de ritmo e andamento bem-definidas, no sentido de que cada uma é tocada de determinada maneira ou conforme certo padrão. Cada tonalidade ou posição, pois, é virtualmente um toque [...] Complementa a maneira de formar os acordes na mão esquerda o tratamento rítmico da mão direita ("marcação") específico de cada um. O resultado é que cada tom se identifica não somente através da sua altura em relação a outros tons, como também pela maneira distinta de ser executado [...] "Toque", por conseguinte, é uma forma de composição para o repertório da viola: é a célula através da qual o violeiro individual introduz o seu próprio material no sistema musical, e a sua própria música numa execução.[42]

Ainda a respeito das escalas, Arthur Ramos esclarece que, sem ter elementos para identificar certas características da música dos candomblés, faz referência ao estudo de Krehbiel, que na música negra da América achou "uma percentagem grande de escala pentatônica, mas a linha melódica tinha variantes de acordo com as tribos de origem".[43]

Entretanto, estudo de Maryla Duse Campos Lopes sobre a música tradicional negro-africana, nela encontrou evidências do uso de escala diatônica. Embora não tenha encontrado escalas cromáticas combinadas por um único instrumento, a autora afirma que o cromatismo pode ser observado "na prática de uma comunidade" quando admitidos vários instrumentos e "estilos vocais".

É interessante aqui inserir que

A altura de cada nota na escala vocal pode ser colocada somente como um núcleo, e não como uma exatidão matemática.

---

42 Ibid., p.8-9
43 Ramos, *O negro brasileiro*, p.166. O estudo referido é de Krehbiel, *Afro-American Folksongs*.

Para cada comunidade homogênea musicalmente, é preciso arranjar uma espécie de sistema tonal principal ou entonação justa.[44]

A julgar pela existência das obras de Arthur Ramos, Edison Carneiro e Manuel Querino à época, causa estranheza a ausência, nos textos de Renato Almeida, de referências ao samba da Bahia. Entretanto, também em sua *História da música brasileira*, de 1942, Almeida se exime de citar os exemplos, concluindo que

> O *samba* carioca – dança de salão – nada tem que ver com o samba de roda e a identidade de nome é mais uma dessas generalizações de nomenclatura tão comuns entre nós. Trata-se de uma dança de par unido, cantada, a 2/4, com acompanhamento sincopado. Alguns em três partes – uma introdução instrumental, a parte coral (refrão) e a solista (estrofe). Outros aparecem, contudo, sem estrofe e refrão, mas em três partes – e creio que foi Noel Rosa o primeiro a usar essa forma. Já por último, estão se fazendo sambas com uma introdução e uma estrofe apenas, o que mostra que a própria morfologia do *samba* ainda não se definiu. Os *sambas-de-morro* das Escolas apresentam-se com uma parte apenas, que serve de refrão, pois, entoada a primeira vez pelo mestre de harmonia, é retomada pelo coro. O verso (que se apresenta como estrofe) é tirado de improviso, embora em rigor não haja improviso senão excepcionalmente.[45]

Pelo verificado nas músicas gravadas desde fins da década de 1920 e no decorrer dos anos 1930, compostas pelo grupo de sambistas do Estácio, e particularmente Alcebíades Barcelos, o Bide, a partir de *A malandragem*, os sambas compõem-se de duas partes, com introdução e final instrumentais. Quando há o coro, este em geral canta a primeira parte com o solista ou na segunda vez, pois geralmente é repetida, configurando-se a música na forma: introdução, AABA, coda.[46]

Não é possível determinar o que levou nosso folclorista a interpretar a primeira parte cantada pelo coro como refrão, mas, como diz no artigo de Ari Vasconcelos, o ritmo é sincopado e com a presença constante da fi-

---

44 Lopes, Informações básicas sobre música tradicional negro-africana, *Revista Brasileira de Música*, p.118-9.
45 Almeida, *História da música brasileira*, p.191-192.
46 Onde "A" significa a primeira parte, "B" a segunda parte e "coda" a parte final.

gura semicolcheia, colcheia, semicolcheia. Mas a riqueza mencionada por Renato Almeida não se deve a uma conformidade "dos instrumentos de percussão" e à "habilidade de seus tocadores"; é, sim, inerente ao próprio gênero.

Apesar de já notório nos estudos da música brasileira, convém registrar as considerações feitas por Luiz Heitor sobre a caracterização da síncopa na música brasileira, a Acquarone, em sua *História da música brasileira*. "É estar integrada à melodia e no primeiro tempo dos compassos binários. Fundamentalmente se apresenta como colcheia entre semicolcheias, ou em forma de antecipação".[47]

Sobre o fato de ser cantado, diz que "na música mais diretamente popular, o canto alternado entre solista e coro é constante. Quase sempre a parte do solista é improvisada".[48]

O autor registra ainda que

> a denominação de samba para a música popular nasceu em 1916. Antes disso, tal nome existia somente para indicar uma certa dança de negros. Seu ritmo, porém, já andava nas cantigas tradicionais do povo, conhecidas pelos nomes de polcas-tangos e das quais a crônica registra exemplos bem expressivos [...]
>
> Brilhou então na constelação dos sambistas que surgiam o nome admirado de Sinhô, o verdadeiro fixador do novo gênero, inesquecível pela sua incomparável inspiração, que produzia obras-primas explorando os palpitantes assuntos políticos do seu tempo [...]
>
> Forma de diversão ao alcance fácil dos menos afortunados, dos mais modestos, o samba teria, forçosamente, que acompanhar o homem aos pontos onde a moradia barata o aglomerava, isto é, aos subúrbios distantes ou aos morros. E ali, sob o impulso de uma tendência natural que impele os homens às reuniões sociais, à organização de sociedades recreativas – surgiram as primeiras agremiações para explorar o samba como o melhor e mais fácil elemento de diversão da gente pobre. E nos versos das composições que iam nascendo, deixavam entrever as tragédias domésticas dos que encontravam alegria em divulgar nos sambas as suas tristezas.[49]

---

47 Acquarone, *História da música brasileira*, p.273.
48 Ibid., p.270.
49 Ibid., p.291-292.

Popular e folclore

É notório que, com o advento das organizações sociais em cidades, estas necessitavam prover seus cidadãos de atrativos para a diversão e historicamente a música está presente na vida do homem desde tempos imemoriais.

Embora não seja objeto deste trabalho definir os conceitos de folclore e popular, é necessário compreender que, ao se determinar como folclórica ou popular uma manifestação de uma determinada camada social, esta é excluída do contexto geral, e, dessa forma, marginalizada. Assim, torna-se possível que um outro segmento da sociedade aproprie-se dessa manifestação, tornando-a sua.

A discussão acerca do que é folclore e, portanto, sobre a inclusão, nos estudos acerca deste, do "samba" dos negros, deve ser avaliada à luz de dois aspectos distintos: o de seu conteúdo como disciplina autônoma dentro das humanidades e o de um viés ideológico relacionado com a filosofia positivista de Augusto Comte e a teoria evolucionista de Darwin e Spencer.

Nesse caso, tomando-se a posição como um problema histórico, coloca-se o folclore como uma necessidade da filosofia do século XIX essencialmente reacionária que associava o desenvolvimento à imagem do crescimento biológico estruturada sobre a organização da família. Ela visava a garantia de estabilidades que as sociedades capitalistas do Ocidente precisavam, ao afirmar-se a consumação da última etapa da evolução. Ou seja, a positiva, na qual predominaria a explicação racional das coisas. Disso resultou a tentativa de unificar e sistematizar os conhecimentos dentro do que veio a receber o nome de folclore, englobando elementos como valores, técnicas e formas de conduta incompatíveis com o estado de cultura geral. Fenômenos esses explicados pela diferença de estágio evolutivo do progresso em uma dada sociedade em comparação com a sociedade modelar.

As camadas que não acompanhavam esse desenvolvimento, conservando suas antigas formas de ser, pensar e agir (tradicionais), passaram a fazer parte do "povo", cujas manifestações culturais deveriam ser estudadas pelo folclore, definido como "saber popular". Buscava-se, também, dar ao "povo", uma educação convencional e evitar desse modo a instabilidade e a revolta contra a ordem da sociedade, obtendo um relativo estado de segurança.[50]

---

50 Ver Fernandes, *O folclore em questão*.

Assim colocada, a questão sugere mais a interpretação que, tornado "popular", o samba transformou-se em produto de consumo de uma sociedade burguesa e, portanto, deixou de ser folclórico e de pertencer a um outro segmento social, que de fato dele foi expropriado.

Pelo exposto, estabelece-se, assim, que uma vez que *popular* e *folk* designam "do povo", tenha o samba vindo do folclore – como querem os folcloristas – ou da música popular – como querem os que defendem a brasilidade da música dos negros africanos –, faz-se mister aceitar que se originou de fato da manifestação de uma específica camada do povo.

A reinterpretação constante das músicas e danças populares de origem negra ocorre, segundo Arthur Ramos, pela história da música no Brasil ser

> ainda tão pequena e não se fixaram formas definitivas no seu *folk-song* e *folk-dance*. É por isso que assistimos, nos dias de hoje, a uma curiosa *reinterpretação* das suas danças populares de origem negra. Certas palavras perdem a sua antiga significação, como o *batuque*, primitivamente uma dança de roda, de onde se destaca um dançarino que executa a sua coreografia individual, e hoje exprimindo de preferência determinada forma rítmica da dança de negros. Neste sentido, o *batuque* deixa de ser sinônimo de *samba* (isto é, *samba* primitivo) para caracterizar formas rítmicas já aproveitadas por alguns dos nossos compositores. Assim, *batuque* recobra o seu significado onomatopaico-rítmico, de *bater, batuque, batucada* – ação de "bater", de percutir em tambores, caixas, fragmentos de madeira, tamborins e até chapéus de palheta, como também de executar passos "sapateados" na dança[...][51]

Ramos acredita que existiram três épocas ou etapas em que a dança "negro-brasileira" delineou uma tendência à fixação de uma forma geral. Numa primeira fase, a dança de roda na forma genérica *batuque* ou *samba*; na segunda, o surgimento do *maxixe*, que aproveitou o elemento negro dos *batuques*, incorporando-o e, a terceira fase, que realiza um amplo aglomerado, é a

> fase do *samba* (com a nova significação), forma de dança ainda indefinida, mas de uma extraordinária riqueza de elementos musicais, melódicos e

---

[51] Ramos, *O folclore negro no Brasil: demopsicologia e psicanálise*, p.144-5.

rítmicos, e elementos coreográficos, onde entreveem o negro africano e o negro de todas as Américas e danças europeias adaptadas.[52]

Folclórico ou popular, concorda o compositor e jornalista Almirante[53] que

> o ritmo do samba, a bem dizer, existe no Brasil desde que por aqui se inventaram as polcas-lundus. Quando a partir de 1916, depois do aparecimento de *Pelo telefone*, as músicas passaram à nova denominação de "samba", os autores ainda tinham dúvidas sobre quais as que deveriam ser batizadas daquela maneira. A princípio, o que mudou foi somente a denominação. Só mais tarde, as músicas foram tomando o feitio que as enquadravam de maneira mais positiva dentro do novo nome. Se o nome "samba" não tivesse sido adotado em 1916 para designar um gênero de música, o "É bom parar..." talvez fosse classificado como polca; o "Ai que saudades da Amélia", como tango; e assim por diante.[54]

Em *Na roda de samba* de Francisco Guimarães, obra citada por quase todos os autores que abordaram o tema, encontramos que "segundo os nossos tataravós, o samba é oriundo da Bahia", e que data dos fins do primeiro império, quando até então só existia o jongo, o batuque e o cateretê.[55]

Da Bahia para Sergipe e depois para o Rio, o samba primitivo seria o

> "Raiado" (som e sotaque sertanejos), seguido pelo "já melhorado samba Corrido" (cidade de Salvador), até chegar ao "Chulado" (carioca), que é o "samba rimado" e "civilizado, o samba desenvolvido, cheio de melodia, exprimindo uma mágoa, um queixume, uma prece, uma invocação, uma expressão de ternura, uma verdadeira canção de amor, uma sátira, uma perfídia, um desafio, um desabafo, ou mesmo um hino!". Samba de "Caninha, Donga, Prazeres, João da Bahiana, Lamartine, Almirante, Pixinguinha, Vidraça, Patrício Teixeira, Salvador Correia e muitos outros", que é e será a alegria dos pobres, o alívio das mágoas dos sofredores", que outrora

---

52 Ibid., p.147-148.
53 Pseudônimo de Henrique Foréis Domingues. Cantor, pesquisador, compositor, radialista, nasceu em 19/02/1908 e morreu em 22/12/1968 no Rio de Janeiro. A ele, Sérgio Cabral dedicou o livro *No tempo de Almirante*.
54 Almirante, *Revista do Rádio*, n.12, Rio de Janeiro, p.10-11.
55 Guimarães, *Na roda do samba*, p.23.

repudiado, debochado, ridicularizado, depois de civilizado passou por metamorfose e "é hoje uma das melhores indústrias pelos lucros que proporciona aos autores e editores".[56]

Nasce o samba

lá no alto do morro no coração amoroso de um homem rude, cuja musa embrutecida não encontra tropeços para cantar as suas alegrias e as suas mágoas em versos mal-alinhavados, que traduzem o sentir de um poeta que não sabe o que é a metrificação nem tem relações com o dicionário.
    Ele é o poeta e o musicista.[57]

Henrique Alves lembra que

O samba perde-se nas raízes da cultura africana, chegando ao Brasil e recebendo o batismo a caracterizá-lo como um ritmo, dança, melodia, coreografia nitidamente e eminentemente carioca com suas variações e tendências em outros estados. Sua história é uma evocação de um passado integrado na própria história do Brasil. Para retratá-lo ou recompô-lo, torna-se necessário penetrar as mais variadas veredas, tirando-lhe as influências ou distorções para apresentá-lo como um ritmo ou dança essencialmente samba e como manifestação urbana.[58]

Influências que Lúcio Rangel vê necessárias, pois acredita que

de origem africana, o samba, também chamado primitivamente *baiano*, sofreu, desde sua implantação no Brasil, múltiplas transformações. A música dos brancos, música religiosa, a ópera e a opereta (a primeira trazendo a contribuição italiana, a segunda, a marca vienense), mais as cançonetas francesas (no princípio do século em grande voga entre nós), a valsa, a polca, o *schottisch*, a mazurca, a quadrilha, todos esses elementos, e ainda muitos outros, fizeram o amálgama que é o samba dos nossos dias, o samba carioca.
    Depois de uma época em que o tanguinho brasileiro era nome e disfarce para autêntica música nossa, o choro, depois do maxixe, fundindo toda

---

56 Ibid., p.27-28.
57 Ibid., p.30.
58 Alves, op. cit, p.7.

a beleza e musicalidade de um ao buliçoso e brejeirice do outro, surgiu o samba.

"O samba é um só."[59]

Orestes Barbosa escreveu *Samba, sua história, seus poetas, seus músicos e seus cantores*, livro que Lúcio Rangel classifica como "delicioso", de um "cronista cintilante, que reúne em suas páginas as impressões do autor, naquele estilo vivo e sincopado, muito pessoal, mas livro sem nenhum valor, digamos, científico, razão pela qual nem foi citado por Mário de Andrade".[60] Ali, reconhece Orestes que

> o samba, que não é batucada, nem choro, nem lundu, nem cateretê, nem rumba (que é antilhana e vive também no Rio Grande do Sul), surge característico no carnaval, ao lado das marchas, que são sambas com uma ligeira modificação. [...]
> O samba nasce no morro.
> Na crista da terra enfeitada pelas árvores, e onde há a poesia daqueles casinholos – pedaços de tábuas retas, um teto de zinco orquestral nas noites de chuva, uma bananeira, um gato, a luz saindo pelas frinchas e, lá dentro, um violão e um amor.
> No morro vive um lirismo exclusivo, uma filosofia estranha, como que olhando a claridade do urbanismo que, afinal, olha para cima, atraído pelas melodias, e sobe, então, para buscá-las e trazê-las aos salões.[61]

Em *Nascimento e vida do samba*, Hildegardes Vianna, afirma que o

> Samba tem quase que a mesma idade do Brasil. Sempre foi samba dependendo da maneira de ser dançado e do jeito de quem dança. Daí ser samba o *tambor de crioula*, do Maranhão, o *samba de roda da Bahia*, o *batuque* de São Paulo, o *bambelô* do Rio Grande do Norte, o *virado* de Alagoas, o *samba do morro*, e esse lundu que chamam agora de *samba duro*. É samba, não importa a forma por que é cantado, da variação que lhe queiram dar, sempre com aquele ritmo que só ele tem. Samba é dança nacional, é canto nacional. Está no norte, no sul, no leste, no oeste. Conforme o local ou de

---

[59] Rangel, op. cit., p.54-55.
[60] Ibid., p.32.
[61] Barbosa, *Samba sua história, seus poetas, seus músicos e seus cantores*, p.23 e 31.

acordo com o tempo, reveste-se de roupagens diversas" e que "Batuque é uma expressão genérica, dada pelos portugueses para qualquer dança africana [...] O samba nasceu do batuque".[62]

Embora seja recorrente a expressão samba de morro, Heitor dos Prazeres, em entrevista a Muniz Sodré em 1966, dizia que, naquela época,

> a música era feita nos bairros, ainda não havia favelas, nem os chamados *compositores de morro*. O morro da Favela era habitado só por gente que trabalhava no leito das estradas de ferro. O samba original não tinha, portanto, nenhuma ligação com os morros.[63]

Da mesma opinião, Lúcio Rangel afirma que

> Os amantes de classificações mais ou menos arbitrárias falam de samba de morro, como o da primeira fase, samba da cidade, segunda etapa, esquecendo-se de que a subida ao morro, das populações da cidade, por motivos única e exclusivamente econômicos, só se deu depois do aparecimento oficial do primeiro samba, com partitura impressa e gravado em disco fonográfico comercial: o famoso *Pelo telefone*, nascido na residência da famosa Tia Ciata, na Praça Onze, em 1917, samba da cidade.[64]

Hildegardes relata que

> antes do século XIX, não há qualquer referência a samba. Mas fosse como fosse, o samba tem vida longa no Brasil, trazido pelos negros, levado às malocas pelos escravos fugidos, numa difusão prodigiosa que alcançaria mais tarde os próprios salões aristocráticos.[65]

E conclui que "O samba nasceu na Bahia, mas se criou no Rio de Janeiro. Foi levado pelos baianos que para lá se mudaram em fins do século XIX".[66]

---

62 Vianna, Nascimento e vida do samba, *Revista Brasileira de Folclore*, p.49.
63 Sodré, *Samba: o dono do corpo*, p.69. (O depoimento original foi dado à revista *Manchete*, 8 out. 1966, p.60.)
64 Rangel, op. cit., p.55.
65 Vianna, op. cit., p.50.
66 Ibid., p.53.

Partidário do mesmo ponto de vista, Fernando Faro, em entrevista concedida ao autor em 13 de junho de 2000, diz que o samba

> veio da Bahia. Veio do Samba de Roda, veio pro Rio com as Tias. A Tia Ciata, Tia Bibiana, Tia Perciliana, veio com as Tias. E começaram a fazer nas suas casas. A fazer o miudinho, o partido-alto [...]. Das casas destas Tias, nas casas, diante das casas, dos blocos, ranchos e tudo, vinham e ficavam ali pra serem abençoados e desfilarem. Foi assim com o Hilário, que fez o primeiro rancho, baiano, baiano não, pernambucano que morou na Bahia e veio pro Rio e fez o Ás de Ouro, Reis de Ouro, não lembro direito, só sei que era da família ouro. Como diz o Elton Medeiros, era tudo aurino. Mas ele fez já com estrutura de escola de samba. Quer dizer. Ao invés de mestre-sala tinha o baliza, tinha a ala das borboletas ao invés de ala das baianas, mas a coisa já vinha esquematizada como escola de samba.
>
> O samba ganhou [...]. A partir daí conquistou a cidade, conquistou a Penha principalmente. A Penha foi invadida pelas negras baianas, Tias baianas e pelos baianos. Por exemplo, Heitor dos Prazeres dizia que se um samba não fizesse sucesso na Penha, não aconteceria nada com ele no carnaval.
>
> Então a Penha foi um caldeirão do samba. Havia também nesses anos, nesses primeiros anos, uma proibição, uma coisa muito severa da polícia, contra os músicos, sambistas. Olhava a mão. Você toca violão? Tá preso.[67]

Vitória que Orestes Barbosa antevia, quando informa que

> certa vez, na reportagem que forma este volume, tive ocasião de ouvir técnicos e consultar estatísticas nas quais o samba vai vencendo sozinho, guerreado pelos Kozarin, Gluckmann, Buthmann e outros judeus que tudo fazem para entravar o surto do que é do Brasil.
>
> E a vitória plena chegará.
>
> E, enquanto ela não chega, vamos coligindo estas notas exaltando o samba e enfrentando o focinho torcido da turma dos velhos e velhacos daqui e de além.[68]

---

[67] Na data da entrevista, Fernando Faro era diretor e produtor dos programas *Ensaio* e *MPB Especial* da RTC e, além de trabalhar havia 42 anos na televisão, produziu discos e dirigiu shows de grandes estrelas da música.

[68] Barbosa, op. cit., p.97. Observe-se a literatura antissemita e antinegra daquela época. A primeira edição é de 1933.

Outras obras sobre a música popular brasileira constantes da bibliografia deste trabalho, que pudessem fornecer fontes ou fatos sobre a origem ou o processo de formação do samba, foram verificadas, sem, no entanto, trazer informações que difiram das já descritas, ou mesmo que sejam dignas de nota. Veja-se a luxuosa publicação da Funarte *MPB, a história de um século* e *Música popular brasileña* de Oneyda Alvarenga, entre outros.

A lacuna bibliográfica

Em relação ao tema, vale observar que é de lastimável pobreza a bibliografia pesquisada, na qual os poucos títulos se dividem entre os que aparentemente são interpretações semelhantes escritas com base em fontes idênticas e os que insistem na análise de *Pelo telefone*, sem trazer dados novos ou análises relevantes quanto aos aspectos musicais que definitivamente caracterizam e determinam o samba. Com isso, já outrora concordava Lúcio Rangel, para quem

> Muitos dos nossos musicólogos e folcloristas, quando falam do samba carioca, música que, queiram ou não, é a mais difundida e a mais bela do Brasil, perdem-se numa desconcertante série de afirmativas não se sabe onde encontradas, tirando delas conclusões as mais estapafúrdias.[69]

O que se pode perceber é que, de um lado, há trabalhos jornalísticos, crônicas, entrevistas e, de outro, uma literatura letrada que se preocupa em de alguma forma descaracterizar a autenticidade ou origem afro-negra do samba, transformando-o em resultado de amálgama com formas musicais ou danças europeias.

Talvez houvesse desinteresse pelo tema, por pouco se falar dele, ou mesmo porque havia uma visão de tal forma negativa[70] daquela comunidade, que não se conseguia valorizar algo que ela fizesse de *motu proprio*.

---

[69] Rangel, op. cit., p.54.
[70] Segundo Wilson do Nascimento Barbosa, "O negro no Brasil, ao desenvolver-se como negação do que antes era (homem africano), desenvolveu uma cultura por negação, a 'cultura negra', ou afro-brasileira; desenvolveu uma comunidade por negação, a comunidade dos homens sem propriedade, sem família, sem comando sobre seu trabalho: a comunidade de escravos. Esta comunidade de não possuidores é uma história de cidadania negada, de direitos – ainda que individuais! – amputados.

Exceções são encontradas em Muniz Sodré, ou nas monografias e pesquisas publicadas pela Funarte, caso de Maria Thereza Mello Soares e outros indicados na bibliografia. Segundo essa autora,

> Dizer que o samba nasceu na Bahia é afirmação consagrada pela tradição popular e por um samba de sucesso. Mas de lá emigraram para o Rio de Janeiro o samba jongo, o samba de roda, o samba de terreiro, o batuque, enfim, modalidades de samba com melodia ora dolente, ora agitada, música negra que era canto animando a dança e louvando a fé.[71]

Entende Maria Thereza que o samba primitivo sofreu alterações no seu contexto e evolutivamente afastou-se de suas raízes, caracterizando assim o "samba carioca".[72]

Torna-se elucidativo, em vista de toda a celeuma e discordância sobre o que é e de onde vem o samba, ouvir o que tem a dizer alguns de seus principais personagens.

Centro da polêmica sobre a origem do samba e de *Pelo telefone*, o compositor Donga, em entrevista a Muniz Sodré para a revista *Manchete*, em 1966, dizia que o samba não surgiu com ele. "Ele já existia na Bahia, muito tempo antes de eu nascer, mas foi aqui no Rio que se estilizou."[73]

> Quando eu nasci, em 05/04/1891, na Rua Teodoro da Silva (Aldeia Campista), minha mãe, Amélia dos Santos, natural da Bahia, já era conhecida como uma das pessoas que haviam introduzido o samba no Rio. Meu pai, Pedro Joaquim Maria, tocava bombardino. Era o tempo do samba verdadeiro, o samba do partido-alto, com mote e glosas improvisadas [...] Com andamento lento, depois foi sendo alterado para formas mais corri-

---

Os não possuidores não foram apenas privados de sua liberdade física ou mental, não foram apenas compelidos a trabalhar para outrem em troca de castigos. Foi-lhes negada a reconstrução e a vivência de suas culturas, o culto de seus ancestrais, e até mesmo a posse de símbolos materiais de cultura. O resultado dessas violências é aquilo que se chama 'sincretismo religioso'. Há evidentemente, uma perda, por via de transformação negativa, nesse 'sincretismo'. Daí podermos falar em desenvolvimento de uma cultura pela via da negação". Barbosa, Ginga ecosmovisão. In: Barbosa; Santos (orgs.), *Atrás do muro da noite (Dinâmica das culturas afro-brasileiras)*, p.33.
71 Soares, *São Ismael do Estácio – o sambista que foi rei*, p.88.
72 Ver Soares, O samba carioca. In:____., *São Ismael do Estácio*, p.88-96.
73 Sodré, Donga: aquele que gravou o primeiro samba, *Manchete*, p.101.

das. Então começou a ser cantado o *samba raiado*. Formava-se uma roda. Roda de respeito, com as baianas de balangandãs, os calcanhares ralados a caco de telha – não se conhecia a pedra-pomes.

No centro, as pessoas sapateavam com acompanhamento de flautas, cavaquinho, violão, pandeiro, além de prato e faca (substituídos mais tarde pelo reco-reco). Dançava um de cada vez, com entusiasmo, fazendo samba nos pés.[74]

Donga entende que o samba "se impôs com a sua característica essencial, que é o ritmo sincopado, distinguindo-se de parentes mais próximos como a marcha".[75]

E surpreendentemente, o próprio Renato Almeida, na já citada entrevista a Ary Vasconcelos, aponta "definitivamente a origem africana do samba". Diz Almeida:

> Possui o samba essa complexidade e força rítmica que são incomparáveis na música negra e isso mais a qualidade rítmica basta para caracterizar sua origem africana, considerando ociosas as discussões etimológicas e históricas quanto à construção da música e a coreografia, baseada esta no movimento sincopado, não pode deixar dúvida a propósito. É um erro muito nosso desviar para o debate histórico assuntos de folclore, querendo suprir com aquela suplementação o nosso desconhecimento de morfologia e da dinâmica dos fatos folclóricos.[76]

Note-se que mesmo reconhecendo a origem negra, a tendência a desviar para o folclore é presente, visivelmente buscando separar um tipo de manifestação de outra.

Naquela entrevista, lê-se em destaque que "no princípio o samba era dança e não gênero musical. As evoluções geralmente improvisadas, principalmente da porta-bandeira, é que tinha esse nome. Só mais tarde é que essas danças receberam música própria: o samba". E encontramos ainda as declarações de João da Baiana: "O samba veio da Bahia e nós aqui lapidamos". Caninha: "Quem trouxe o samba para o Rio foi a Tia Dadá, da Pedra

---

74 Ibid.
75 Ibid., p.102.
76 Vasconcelos, op. cit., p.4-8.

do Sal". Genial Pixinguinha: "O samba nos veio dos africanos, dos tempos da escravidão".[77]

O samba é dança, música tocada, cantada, reza...

Batuque e samba

É frequente entre os autores a busca de uma explicação para os termos "batuque" e "samba".

Na *Enciclopédia da música brasileira*, batuque é definido como

> Dança considerada originária de Angola e do Congo (África). Sinônimo de batucada, é talvez a dança brasileira de mais antiga referência, tendo sido assinalada no Brasil e em Portugal já no século XVIII. É realizada em roda, da qual participam não apenas os dançarinos, mas também os músicos e os espectadores.[...] Apresenta como elemento específico a umbigada – que o dançarino ou os dançarinos-solistas dão nos figurantes da roda escolhidos para substituí-los.[78]

Arthur Ramos, que também considera "samba" como termo originário de *semba* e inicialmente sinônimo de "batuque", observa que

> *Batuque* e o *samba* tornaram-se dois termos generalizados para designar a dança profana dos negros, no Brasil. Mas, em outros pontos, tomavam designações regionais, por influência desta ou daquela tribo negra, que forneceu um maior contingente de escravos a esses pontos.[79]

E acrescenta que "o *samba* é um nome também generalizado, como o batuque, com que se confunde [...]".[80]

Entretanto, o mesmo autor designa que, tendo sido uma dança de roda, o batuque deixa de ser sinônimo de samba primitivo,

> para caracterizar formas rítmicas já aproveitadas por alguns dos nossos compositores. Assim, batuque recobra o seu significado onomatopaico-

---
77 Ibid.
78 Marcondes, op. cit., p.89.
79 Ramos, op. cit., p.136.
80 Ibid., p.139.

-rítmico, de bater, batuque, batucada – ação de "bater", de percutir em tambores, caixas, fragmentos de madeira, tamborins e até chapéus de palheta, como também de executar passos "sapateados" na dança. Ao invés do batuque, cujo significado se vê reduzido, o *samba* amplia-se e generaliza-se. Perde o aspecto primitivo, sinônimo de *batuque*, para se tornar um termo genérico de dança popular brasileira.[81]

Vicente Salles diz que

Batuque foi a designação que sempre se usou no Maranhão e no Pará para as práticas feiticistas dos negros, via de regra associadas à dança. Até hoje em Belém, batuque é sinônimo de religião africana e o termo "babaçuê", vulgar nas décadas de 30-40 e amplamente difundido fora da religião, não teve, ao que parece, fundamento histórico, nem subsiste em nossos dias, obliterado pela mais moderna designação de umbanda. Estudos mais acurados demonstram que o batuque, herança do negro, se distingue da pajelança indígena.[82]

Os cientistas germânicos Spix e Martius, por volta de 1820, falando dos mestiços do Pará e do espírito folgazão dos negros, anotaram o batuque desenfreado e o lascivo lundu como suas danças [...]. [E] Frei Francisco de Nossa Senhora dos Prazeres [...] também diz que os escravos no Maranhão tinham uma dança denominada batuque, "porque nela usam uma espécie de tambor, que tem esse nome". Como se vê, no Pará e no Maranhão, há referências muito antigas ao batuque como dança.[83]

Ainda sobre essa questão, Acquarone comenta que batuque e samba

chegam a confundir-se muitas vezes, sendo difícil estabelecer-se, em certas regiões, diferenças essenciais. Confundem-se também os pesquisadores da etimologia de ambos os termos, no afã de definir-lhes o significado justo.[84]

Mas note-se que, por estarem relacionados com a dança, batuque e samba se confundem, se interligam. O que se percebe é que o homem das

---

81 Ibid., p.144-145.
82 Salles, op. cit., p.50.
83 Ibid.
84 Acquarone, op. cit., p.125-126.

letras, em nosso caso o europeu ou seu descendente, acumula em sua racionalidade a necessidade de separar para análise o inseparável na cultura de outro. E busca explicações racionais onde elas são subjetivas. Veja-se que

> os cronistas portugueses reuniam, sob o rótulo único de *batuque*, pelo menos três formas de danças nativas de Angola e do Congo. Estas, que passaram ao Brasil com a mesma designação genérica, distinguem-se umas das outras na sua movimentação, como dança de umbigada, dança de pares e dança de roda.[85]

Em *Religião negra*, Edison Carneiro afirma que "O *batuque* africano, geral no Brasil, chama-se, na Bahia, *samba*, tendo ainda as denominações de *samba batido* (Cidade da Bahia), *corta-jaca* (Cidade da Bahia e zona centro-leste do Estado), *corrido* (Mar Grande) etc.".[86] Mas em 1933 os negros falavam indiferentemente "samba" ou "batuque".[87]

E em *Negros bantus*, Carneiro observa que, no batuque,

> A orquestra era a mesma das "rodas" de capoeira – pandeiro, ganzá, berimbau. Note-se, ainda, que eram os negros de Angola os azes do batuque, sendo que, como se vê acima, um dos melhores batuqueiros da terra tinha o apelido de Angolinha [...]
> Parece-me o batuque apenas uma variação da capoeira.
> Tanto que todos os atuais capoeiristas da Bahia sabem jogar e jogam o batuque, embora, já hoje, a luta seja, para eles, um jogo acessório, de valor secundário, simples complemento da capoeira.[88]

Entretanto, o próprio Edison Carneiro, em 1961, escrevia em *Samba de umbigada* que, no conjunto, as danças populares do Brasil se derivavam do batuque africano e eram englobadas sob esse nome genérico, até fins do século XIX, quando passaram a ser conhecidas como samba. Batuque na

> acepção mais lata no Brasil, aplica-se ao conjunto de sons produzidos por instrumentos de percussão, em especial se considerados desarmônicos ou

---

85 Carneiro, *Samba de umbigada*, p.65
86 Carneiro, *Religiões negras*, p.201.
87 Andrade, op. cit., p.43.
88 Carneiro, *Negros bantus*, p.165.

ensurdecedores. Também em sentido lato, a toda e qualquer dança ao som de atabaques dá-se depreciativamente o nome de *batuque*. Especificamente, *batuque* designa um jogo de destreza na Bahia, uma dança de umbigada de São Paulo – que se filia ao *batuque* africano – e dois tipos de cultos de origem africana correntes na região amazônica e no Rio Grande do Sul.[89]

Nesse trabalho, Edison Carneiro divide a área em que ocorrem formas de *batuque* relacionadas ao samba no Brasil em três zonas: a zona do coco – Ceará, Rio Grande do Norte, Paraíba, Pernambuco e Alagoas; a zona do samba – Maranhão, Bahia, Guanabara e São Paulo, talvez Piauí e Minas Gerais; e a zona do jongo – Rio de Janeiro e São Paulo, talvez Minas Gerais e Goiás.[90]

E Roberto Moura explica que

batuque era o nome genérico que o português dava às danças africanas que conhecera ainda no continente africano, que na Bahia tomam a forma de uma dança-luta que ocorria aos domingos e dias de festas na praça da Graça e do Barbalho, apesar da constante vigilância policial.[91]

Samba é, pois, um nome próprio africano (bantu), portanto, de dentro (da cultura) para fora, enquanto "batuque", que significa "alvoroço", "barulho", é, por sua vez, uma tradução de "candomblé", que em bantu tem o mesmo significado. Trata-se de um insulto à religião praticada pelo outro, logo, é um nome de fora para dentro.

Pode-se explicar a existência de diferentes nomenclaturas que encontramos para as manifestações culturais das etnias africanas no Brasil, por questões ideológicas; pela incompreensão dos pesquisadores em relação à natureza daquelas; como pela necessidade de racionalização da subjetividade musical a eles inerentes. De um lado, vê-se Mário de Andrade observando, em seu artigo sobre o samba rural paulista, que "Em 1933 os negros falavam indiferentemente 'samba' ou 'batuque'".[92] E de outro, no mesmo ano, o compositor Caninha, em seu samba *Batucada*, escrito em coautoria com Visconde de Pycohiba, dizendo em versos:

---

89 Carneiro. *Samba de umbigada*, p.5.
90 Ibid., p.15.
91 Moura, *Tia Ciata e a pequena África no Rio de Janeiro*, p.25.
92 Andrade, op. cit., p.43.

> Samba do morro
> Não é samba
> É batucada
> É batucada, é batucada
> Cá na cidade
> A história é diferente
> Só tira samba
> Malandro que tem patente
> Nossas morenas
> Vão pro samba bonitinhas
> Vão de sandália
> E saiote de preguinhas[93]

Esse samba faz alusão a uma diferenciação entre samba e batucada na sua contemporaneidade, por razões que extrapolam sua característica genuinamente do negro carioca e seus parceiros de infortúnio econômico, arrastados para os morros, para as favelas. Enquanto os profissionais do rádio compõem sambas-canção devidamente registrados, nos morros a batucada continuava a ser a expressão autêntica das raízes negras do batuque africano.

Outro dado digno de nota é que os estudos sobre o negro no Brasil ora visavam ideologicamente minimizar sua presença na formação social e cultural do Brasil, ora ostentaram uma lamentável inexistência de dados diretos.

No primeiro caso, o problema reside, como observa Renato Ortiz, no fato de que os estudiosos da cultura popular em geral se referem aos trabalhos dos folcloristas. Estes, no entanto, deixam uma "insatisfação que se esconde por trás da disparidade dos dados sobre as manifestações populares, que dizem pouco sobre a realidade das classes populares, e muito sobre a ideologia daqueles que os coletaram".[94] No segundo caso, para as primeiras lacunas, o suplemento natural seriam as estatísticas aduaneiras e a história do tráfico. As primeiras foram inutilizadas graças ao "Aviso do Ministro da Fazenda Ruy Barbosa, 1890", que mandou queimar "todos os papéis, livros e documentos existentes nas repartições do Ministério da Fa-

---

[93] Disco Columbia n. 22194, lançado em 1933, com Moreira da Silva e o grupo Gente do Morro, dirigido por Benedito Lacerda.
[94] Ortiz, *Cultura popular*, p.1.

zenda, relativos ao elemento servil, matrícula dos escravos, dos ingênuos, filhos livres de mulher escrava e libertos sexagenários [...]".[95]

Negação do papel criador do negro

As classes populares, maioria absoluta da população, mesmo na mudança da ordem política são mantidas fora da vida política nacional e da história oficial. E esse fato explica o porquê das dificuldades em se coletar documentação para reconstituir um período histórico com uma abordagem multicultural e o porquê das manobras para a negação de sua importância na formação da cultura brasileira e no projeto de construção nacional.

Como se verá, essa negação se dá pela forte rejeição à origem negra de gêneros musicais, por exemplo, o maxixe. Este que, para penetrar na sociedade, tomou emprestado os nomes de tango, tango-brasileiro, tango-carnavalesco...

O negro veio ao Brasil para ser escravo e, portanto, dentro da óptica cultural da elite, oriunda do colonizador, não poderia participar do processo de formação da cultura brasileira. Decorre daí a razão por que, para essa elite, tornou-se ideologicamente necessário ocultar as evidências e estabelecer uma história na qual sua participação no processo cultural fosse negada, segregando-a ao folclore,[96] algo secundário e marginal, localizado fora do ambiente das cidades, mera remanescência.

A partir do momento em que a música e a dança dos negros passam a integrar a cultura urbana, torna-se necessário diminuir sua presença, ou reduzi-la ao mínimo, suficientemente diluída em seu contato com a "cultura superior", deixada pelo colonizador no passado. Da cultura africana, naquilo que restou, teria um caráter apenas folclórico.

Surgem então elaboradas teorias de um amálgama cultural, concepções que procuram determinar que, de fato, há uma música europeia que recebe algumas contribuições rítmicas da cultura negra no Brasil. O jongo, o lundu, o maxixe, o samba e outros gêneros teriam surgido a partir daquela, ou seja, que esses gêneros não são originariamente negros, mas europeus, com certa influência da música ou da dança dos negros.

---

95 Apud Carneiro, *Antologia do negro brasileiro*, p.68.
96 A questão do ponto de vista do folclore já foi descrita neste capítulo.

Fato notório para musicólogos, músicos e pela publicação de várias partituras no Brasil desde o século XIX, assim como em extensa bibliografia sobre arte e cultura africanas, é a presença sistemática do que a terminologia internacional determinou como síncopa.[97] Esta entendida como o termo técnico que define uma das principais características tradicionais do samba. Dificilmente um texto sobre o samba desde a década de 1960 deixa de conter em sua bibliografia a *Carta do samba*, aprovada pelo I Congresso Nacional do Samba que reza logo em sua primeira linha: "Música, o samba caracteriza-se pelo constante emprego da síncopa".[98]

Causa no mínimo certo desconforto, quando historicamente busca-se compreender a formação de um coletivo nacional, e nele não se explica a negação do papel criador da civilização africana, particularmente no processo de formação histórica de nossa cultura.

A insistência nessa negação conecta-se com históricos ideais de nacionalidade, tendo potenciais colaboradores de tal mito em alguns de nossos mais iminentes estudiosos.

É o caso, por exemplo, de Mário de Andrade, que na "Introdução" à obra do folclorista Luciano Gallet, entende que este

> descobre uma das interrogações interessantes da música americana: a origem da síncopa. O alegro central do *Eu vi amor pequenino*, ele conta, fez-me vislumbrar um problema a esclarecer. A nossa síncopa, vinda, não do africano, mas do seis-por-oito, alegro, deformado por influência do ritmo africano, existente então:

> Luciano Gallet me tirava do segredo um problema que eu vinha estudando e pro qual ainda colho documentos até hoje, sem tempo de os firmar em doutrina.

---

97 Carlos Sandroni analisa casos de estudos da síncopa e suas consequências conceituais dentro de um mundo limitado pela necessidade da compreensão racional formal. Ver Sandroni, *Feitiço decente*, p.19 ss.

98 Documento aprovado pelo I Congresso Nacional do Samba. Realizado de 28 de novembro a 2 de dezembro de 1962, esse congresso foi uma iniciativa do MEC, durante a Campanha de Defesa do Folclore Brasileiro.

A observação dele é finíssima e bem plausível, muito embora, por mim, eu já estava mais propenso a acreditar que a nossa síncopa já nos veio feita da Europa, e, por incidir elementos rítmicos ameríndios e africanos, se ter propagado com verdadeira obsessão pelas Américas.[99]

Vejamos outro exemplo. Em três artigos publicados na *Gazeta Musical*, Jean-Paul Sarrautte, ao buscar discernir qual o contributo do elemento português para o "samba" do Brasil, a "morna" de Cabo Verde e o "mandó" de Goa, insiste que

> apesar da importância da síncopa e da percussão que sublinha a influência negra, o essencial do samba foi fornecido pela música europeia e, portanto, pela música portuguesa, porque esta, até a independência, era o que se executava no Brasil, com uma preponderância quase absoluta.[100]

Apoia-se o autor em citação obtida de Oneyda Alvarenga, edição de 1950, na qual se lê:

> visto que as duas outras raças que mais concorreram para a formação do homem brasileiro sofreram o predomínio e a influência do homem branco, é natural que coubesse ao português a parte preponderante na constituição de nossa música. De fato, não só herdamos formas e peculiaridades estruturais da música portuguesa [...] recebemos da Europa a própria base da nossa música.[101]

Bases das quais Sarrautte considera a primeira e mais importante "o sistema harmônico e o sistema tonal", aos quais os negros se adaptaram, e secundariamente a introdução dos instrumentos musicais europeus, pois

> Enquanto o ameríndio e o negro se serviam principalmente de instrumentos de percussão destinados a produzir ruídos ritmados, os portugueses trouxeram com eles os instrumentos que nos são familiares: o

---

99 Andrade, Introdução. In: Gallet, *Estudos de folclore*, p.19.
100 Sarrautte, Três formas de influência portuguesa na música popular do ultramar: o samba, a morna e o mandó, *Gazeta Musical e de todas as artes*, p.133. Como poderia ser o que "se executava no Brasil", quando em 1800 cerca de 80% da população era negra?
101 Ibid.

violino, o violoncelo, a flauta, o clarinete, para não citar outros além dos instrumentos clássicos [...].[102]

E após um exame sobre a possibilidade de a síncopa ter sua origem na deturpação de ritmo português pelo negro, faz empréstimo das palavras de Mário de Andrade para atestar que "encontramos na música portuguesa tudo quanto está na base da música popular brasileira", entendendo Sarrautte que, aqui, "base" significa "alicerce", "origem", "europeias", elementos quase esquecidos pela música popular do Brasil.[103]

Sarrautte traz, na primeira página de seu artigo, uma foto com a seguinte legenda: "Tocadores de Samba [...] instrumentos de percussão ou instrumentos destinados a produzir ruídos ritmados".

O que se verifica nesse artigo, é que, mesmo nos anos 1960 do século XX, há uma reversão intencional da importância dos papéis, pois o autor faz uso de uma bibliografia de 1934 a 1950, enquanto publicações com outra interpretação baseada em dados não enviesados por ideologias raciais já existiam à época. Há aqui uma desconsideração visível de que são justamente as características rítmicas do samba que o tornam o que ele verdadeiramente é, como já amplamente exposto, uma vez que é o ritmo que impulsiona o corpo ao movimento e que essa riqueza rítmica foi o que determinou o seu grande sucesso, tanto nacional quanto internacional.

Visão que outros estudiosos, anteriores e europeus como Sarraute, já demonstraram ser equivocada, como, por exemplo, Gisèle Brelet, que, em 1949, entendia a música negra africana como possuidora de uma

> estrutura rítmica sutil e erudita, e não é de nenhum modo inferior à estrutura musical da fuga ou da sinfonia [...] Escutemos os negros da África, esses mestres do ritmo, esses músicos dotados no domínio rítmico duma força de invenção igual e no fundo semelhante à que se exprime nas formas mais refinadas e mais eruditas da nossa música ocidental.[104]

Vale notar que a Rhodia S.A. publicou, em 1988, um livro específico sobre instrumentos brasileiros, concluindo que

---

102 Ibid., 133-134.
103 Ibid., p.134.
104 Brelet, *Le temps musical*, apud Sodré, *Samba o dono do corpo*, p.21.

um balanço, por baixo, do que se ouve nos discos e shows, aponta para uma lista de quase cinquenta instrumentos. Apenas na percussão do samba – e não há gênero mais brasileiro do que ele – é notável a gama de instrumentos que se usa para marcar o ritmo. De pronto, pode-se classificar esses instrumentos de primitivos. Ao se tomar conhecimento das técnicas de sua execução, torna-se evidente que de primitivos eles não têm nada. Qualquer pessoa é capaz de fazer soar um pandeiro, um ganzá ou um reco-reco. Tocá-lo de forma apropriada, como se verá nas páginas do livro, são outros quinhentos – outras quinhentas horas de estudo e dedicação.[105]

Quanto ao problema dos sistemas harmônico e tonal do samba, já tratado na seção "O gênero musical samba" deste capítulo, vale retomar a análise de Ralph Waddey, segundo a qual o fato de a música da África e da Grécia apresentarem temas com escalas modais indicaria que assim Pitágoras determinou fisicamente a escala diatônica, base do sistema tonal, que de fato é a escala natural. Quanto a isso, é interessante se pautar pelo fato de hoje ser uma hipótese relevante a origem africana de povos da Grécia.

É também sabido que instrumentos como a flauta, o violão e alguns de seus derivados, além de não serem típicos de Portugal, têm sua origem no continente africano. Ademais, a desclassificação dos instrumentos de percussão, descritos pelo autor como sendo "para produzir ruídos rítmicos", é de causar indignação. Lembraria que, mesmo na música sinfônica, esses instrumentos passaram a ser um grande diferencial desde o início do século XX, ficando perfeitamente caracterizado seu uso nas obras de Stravinsky, Bartok e Villa-Lobos, só para citar alguns exemplos.

Arthur Ramos, argumentando sobre as músicas dos negros, atribui a Luciano Gallet a afirmação de que

> As melodias têm pequeno desenvolvimento [...] Nas linhas melódicas, os ritmos são ou quadrados comuns ou síncopados às vezes. Quando entreveem instrumentos de percussão no acompanhamento, então o ritmo adquire enorme variedade e riqueza. Partindo em geral do ritmo: colcheia, pausa de semicolcheia, semicolcheia, acentuada e ligada à semínima que repousa em um instrumento mais sonoro e grave, sobrepõe-se uma série de combinações de outros instrumentos menores, e de timbres diversos,

---

[105] *Instrumentos musicais brasileiros*, p.10.

que, de mistura com o bate-mão (palmas) e as vozes, produzem um conjunto movimentado e rico.

Nesta polirritmia, surge também a fantasia do improviso, de maneira que o comentário é muitas vezes imprevisto, resultando uma variedade grande de acentuações diversas, que valorizam e transformam os valores da linha melódica.[106]

A óptica de uma pobreza melódica é bastante explorada em diversos textos sobre o tema, muitos como recorrência. É o caso de Acquarone, que, com base na obra de Villa-Lobos, afirma que os primitivos cantos africanos

> melodicamente mais pobres, foram substituídos ou adaptados às formas europeias. É quase impossível encontrar, hoje, no Brasil, cânticos de autêntica procedência africana. O *crioulo*, negro brasileiro, é o agente dessas transformações, nas quais se perde a tradição africana e as melodias portuguesas são modificadas por movimentos rítmicos desconhecidos no continente negro.[107]

Esse tipo de afirmação, dirigida a uma diminuição da cultura do outro, é destituída de embasamento, de exemplos, de dados, que segundo se pode supor, nem foram procurados. Ademais, como exposto, é o ritmo que dá ao corpo os impulsos ao movimento, à dança, características que primeiramente fizeram do samba um sucesso nacional e internacional, transformando-o na música do Brasil.

A título de exemplificação, no primeiro caso pode-se citar o depoimento de Ismael Silva a Pedro Block para a revista *Manchete*, em 1964, sobre as primeiras escolas de samba: "Você sabe, Pedro Block, que antigamente os grupos saíam com umas cinquenta pessoas. De repente a gente ia ver e eram quinhentas. É que o pessoal ia se incorporando na passagem".[108] Tal declaração deixa evidente que, ao passar pelas ruas, os blocos de instrumentos de percussão atraíam as pessoas a dançar e participar da festa.

Para o segundo caso, veja-se comentário feito por Carmen Miranda aos músicos do Bando da Lua, ao sair do palco após o sucesso da estreia na revista musical *Streets of Paris* em Boston, nos Estados Unidos, em 29 de maio

---

106 Ramos, *O folclore negro do Brasil*, p.157.
107 Acquarone, op. cit., p.118.
108 Pedro Bloch entrevista Ismael Silva, *Manchete*, 20 jun. 1964, p.88-91.

de 1939: "Não estou entendendo nada. Como é que esses gringos gostam de uma coisa que não entendem?".[109]

Ou seja, sem entender o significado das letras, o público admirava a música, o ritmo, a melodia. E embora os estudiosos de outrora minimizassem o valor das melodias populares, assim como um proceder ideológico busca obscurecer a origem rítmica desse gênero, negando aos afro-descendentes o seu papel na formação da cultura, pode-se supor que o mesmo tenha ocorrido com o conjunto melódico. Ademais, nada indica que os primeiros sambas, quer na sua própria forma ou gênero musical, quer na forma ou gênero musical de seus "irmãos" mais velhos – lundu, jongo, coco, maxixe etc. –, fossem cantados com melodias de outra cultura que não a de seus criadores afro-descendentes.

Note-se que mesmo o próprio Arthur Ramos em *O folclore negro do Brasil* chamava a atenção para o estudo dessa música, pois entendia que

> A música negra primitiva é de dificílima colheita. Acantonada nos terreiros fetichistas, que guardam as tradições puras, a música religiosa ainda existente vai desaparecendo e é já com imensa dificuldade que colhemos fragmentos [...] Um estudo musicológico dessa música mágico-religiosa deveria ser feito pelos competentes no assunto, com a descriminação das características musicais das várias tribos importadas e a música atualmente ainda existente nos terreiros fetichistas do Brasil.[110]

Pode-se observar nessas afirmações que, de fato, a música religiosa estava acantonada, tentando sobreviver às perseguições empreendidas pela polícia. Se os terreiros guardam as tradições, eles guardam principalmente a música, pois esta é que dá o caráter a essa manifestação religiosa que, portanto, não vai desaparecendo. Saindo dos terreiros, ela se transforma não exatamente com o contato com outras músicas, mas sim utiliza nomes dados aos gêneros de então para expressar-se – caso do maxixe, que determinada corrente entende que descende da mistura da polca com o lundu, visando uma europeização. Se o próprio Ramos entende que não está apto a realizar um trabalho musicológico como o de Krehbiel,[111] como pode então afirmar que as músicas dos terreiros não guardam mais as ca-

---

109 Miranda apud Cabral, *No tempo de Almirante*, p.145.
110 Ramos, *O folclore negro do Brasil*, p.156.
111 A esse respeito, ver seção "O gênero musical samba" deste capítulo.

...primitivas? Para isso, por um lado, seria necessário profundo ...to musical e, por outro, pergunta-se: teriam perdido o quê e a quê uma vez que não se teriam registros anteriores?

...ariando muitas das afirmações sobre as melodias africanas, vê-se ...o nas *Crônicas domingueiras* de Tollenare, que

> Os negros têm também algumas melodias bonitas; a sua música os transporta a ponto de lhes ocasionar uma embriaguez delirante, e, entretanto, frequentemente não dispõem de outro instrumento além de uma cabaça cheia de calhaus.[112]

Outro exemplo é o artigo "Música popular brasileira", de Fernando de Castro Pires de Lima, para a *Revista Brasileira de Folclore*, uma apologia à *História da música brasileira* de Renato Almeida e à influência ou predominância portuguesa na música popular brasileira. Estaria assentada sobre a psicologia do índio, do lusitano e do negro, mas tem sua

> nota dominante, atingindo a sua maior beleza com a saudade lusíada. Essa influência decisiva deve-se a Portugal. Foram os portugueses que modelaram a alma brasileira e lhe deram as suas características raciais. A música popular brasileira é um fato indiscutível, mas a nascente maior e mais fecunda veio da terra portuguesa.[113]

Justificando-se pela óptica de Renato Almeida, determina uma superioridade cultural lusa, advinda da "própria ascendência normal de colonizador".

> O negro, raça inferior, pretendeu e conseguiu imitar o branco e, desde logo, em toda a magia negra se infundiram os traços dos costumes e da religião dos brancos, de modo irregular, absurdo, contraditório, mas efetivo e real. [...] Toda a estrutura da música, nós a recebemos de Portugal. Nem poderia ser de outro modo, já que de lá nos vieram a religião, a língua, a instrução, os costumes, sem contar a maior dosagem de sangue.[114]

---

112 Tollenare apud Querino, *Artistas baianos*, p.122.
113 Lima, Música popular brasileira, *Revista Brasileira de Folclore*, p.76.
114 Ibid. O trecho está entre aspas no original, sem que, entretanto, o autor cite as páginas.

Torna-se desnecessário discutir o caráter ideológico-racial de tais afirmações.

Em conferência realizada na embaixada norte-americana do Brasil e publicada na revista *Movimento* em 1928, Renato Almeida, embora reconheça qualidades rítmicas na música do africano, é categórico ao afirmar que

> Nem o *rag-time*, nem o maxixe, nem o tango são negros. Em cada um deles se sente o caráter *yankee*, brasileiro e argentino, com toda clareza. [...] Não temos música negra, mas música nossa, com acentuada influência dos negros da América, cujo canto já difere, por sua vez, do originário dos seus avós.[115]

Interessante notar que, em geral, a bibliografia que desclassifica ou nega importância à cultura no negro, está justamente concentrada no período que se inicia nos fins dos anos 1920, e dela retiram informações os novos musicólogos e jornalistas, também ideários de uma cultura nacional que não deseja vínculos estreitos com a cultura do negro.

Veja-se o caso de Jota Efegê,[116] que se mostra indignado com Campos Birnfeld. Efegê, cita o artigo "Anatomia do maxixe",[117] no qual Birnfeld afirma que este é a "expressão máxima da música popular brasileira" e que "as notas voluptuosas dessa dança provocadora de sensações espasmódicas, e que faz cócegas até no calcanhar, são também africanas".

O artigo transtorna Jota Efegê, que pretende invalidar a definição de Birnfeld, com base nas informações de "tratadistas", descrevendo, em 1974, que o "maxixe" resulta da

> fusão de diversos elementos em que se juntaram nítidas influências. Exatamente como está dito por Luciano Gallet nos *Exercícios Brasileiros*: "Da polca europeia veio a polca brasileira; desta o tango; e deste o maxixe" [...]. Bastariam essas sólidas explanações para contraditar, ou mesmo invalidar certas definições, como, por exemplo, a descrita acima.[118]

---
115 Almeida, A música americana, *Movimento*, p.11.
116 João Ferreira Gomes. Jornalista, crônico, pesquisador, historiador, musicólogo. Nasceu em 27/12/1902 e faleceu em 25/05/1987, no Rio de Janeiro.
117 Birnfeld, Anatomia do maxixe, *O Cruzeiro*, 8 fev. 1930.
118 Efegê, *Maxixe a dança excomungada*, p.41.

Apenas um extremado caráter ideológico pode explicar tamanha indignação do autor quanto à determinação de que o tão nacional "maxixe" fosse africano, lembrando que a argumentação utilizada provém da obra de Gallet, escrita em 1928... E importa que, admitindo ou não, um simples estudo musicológico confirmará as afirmações de Birnfeld.

Mariza Lira, outra estudiosa em geral presente na bibliografia sobre o tema, em artigo na *Revista C.B.M.*, traz a ideia de que

> O maxixe é pura manifestação dos trópicos, é uma estilização brasileira com aproveitamento do batuque dos negros. Surgiu no Brasil nos fins do século XIX (1870-1880).
>
> O *Samba*, de origem angolense de Loanda, já adulterado na Bahia e sertão sergipano tornou-se *samba raiado*. Voltando à Bahia adquiriu influências novas até na melodia que se europeizou, tornando-se *samba corrido*.[119]

Tem-se aqui novamente a ideia da europeização do nosso samba, retirando deste e do maxixe a sua real paternidade.

Muitos são os exemplos que poderiam ser aqui relacionados, demonstrando a negação ao negro do seu papel como agente culturalmente criador no Brasil, mas a considerar-se os acima, crê-se ter demonstrado a comprovação dessa assertiva.

Como se sabe, a psicologia instituída trabalhou durante toda a história do Brasil, a introjeção ao próprio negro de que ser negro não era digno. Dessa maneira, havia este de se misturar e diluir seu sangue, sua cor com os do homem branco, buscando melhorar a sua raça. Da mesma forma, fez-se com a cultura africana trazida ao Brasil, que assim como o negro, e mesmo através dela, resistiu e sobreviveu. Nesse processo, há, como demonstrado, uma inegável insistência em que o negro assimilou a cultura do europeu e a tornou mestiça e brasileira com predominância deste último e que qualitativamente sua contribuição é inferior. Afinal, os escravos eram considerados mercadoria e, portanto, desprovidos de cultura e humanidade.

Para a primeira hipótese, entende-se que tendo o europeu como seu opressor e responsável por sua submissão a condições desumanas, já largamente descritas pela historiografia, o negro africano não assimilaria a cultura do branco, até mesmo porque este lhe havia tirado seu bem maior,

---
119 Lira, A evolução da música do povo brasileiro, *Revista C.B.M.*, p.216

a liberdade. Pode-se perceber o que pensava o escravo sobre o seu senhor, por exemplo, através deste samba recolhido por Edison Carneiro:

> Toca fogo na cana... – No canaviá!
> Quero vê laborá...
> – No canaviá!
> Ólh'a cana madura... – No canaviá!
> Ella é verde, é madura...
> – No canaviá!
> Para fazê raspadura...
> – No canaviá!
> O moinho pegou fôgo...
> – No canaviá!
> Queimou o melado...
> – No canaviá!

Como o próprio Carneiro nos ensina,

> Além do que este samba nos diz da satisfação do negro pela desgraça do senhor (o negro quer ver o fogo *laborar* no canavial e rejubila o prejuízo da queima do melado) – ódio de cor, exatamente! –, ainda temos aqui a vida material dando lugar ao aparecimento de formas intelectuais, nas culturas dominadas.[120]

Para a segunda hipótese, veja-se:

> Há um alto grau de percepção sensível das alturas musicais por parte dos instrumentistas africanos, que não pode ser olhada como arbitrária ou primitiva. Além disso, um músico de um grupo tribal ou linguístico é encontrado e testado independentemente, para demonstrar o mesmo grau de apuração na escolha, tornando-se possível postular a existência de valores válidos e objetivos da escala, obtidos, entretanto, subjetivamente.[121]

Como já se disse, as melodias africanas não ficaram registradas em partituras, com algumas raras exceções de transcrições tardias de lundus

---

120 Carneiro, *Negros bantus*, p.140-141.
121 Lopes, Informações básicas sobre música tradicional negro-africana, op. cit., p.117-118.

e jongos no século XIX.[122] Isto se deu por diversas razões, das quais se destacam o fato de sua cultura pautar-se pela transmissão do conhecimento através da oralidade. Mesmo que assim o desejassem, por sua própria condição de escravo ou mesmo de recém-libertos, não teriam acesso aos meios para tal. Mesmo que houvesse qualquer interesse em ter-se preservado as canções dos escravos, sua complexidade rítmica seria deturpada na adequação ao padrão europeu. O próprio Mário de Andrade declarara a dificuldade em colher aquele material.

Recorrendo-se à história literária brasileira, é possível encontrar outras formas de negar ao negro seu papel na formação cultural do Brasil. Fez-se dela a realidade degradante, sem categoria de arte, sem lenda heroica, não sendo recomendável tampouco incluí-lo como tema. Barreiras sociais, psíquicas e estéticas de difícil transposição se puseram à incorporação do negro também na literatura. Resistências "que o processo encontrava, não apenas no público, mas no próprio escritor".[123]

---

[122] Ver, por exemplo, Pedreira, *Lundus e modinhas antigas século XIX*.
[123] Candido, *Formação da Literatura Brasileira (momentos decisivos)*, p.275-6.

Capítulo II
A perenidade do samba como forma africana no Brasil

A matriz de origem africana

A falta dos dados sobre o tráfico negreiro – queimados, como já foi dito, por ordem do então ministro da Fazenda Ruy Barbosa –, ainda que prejudique o conhecimento das diferenças quantitativas entre as nações para cá trazidas, não impede que se conheça alguns aspectos sobre os negros transportados para o Brasil.[1]

Edison Carneiro, por exemplo, destaca que

> Os negros bantos, chegados ao Brasil, procediam, principalmente, de Angola, do Congo, de Benguela, de Cabinda, de Mossamedes, na África Ocidental, e de Moçambique e do Quelimane, na Contra-Costa. O tráfico os fez dar com os costados no Maranhão, em Pernambuco e no Rio de Janeiro, donde se espalharam para as Alagoas, para as Minas Gerais, para o estado do Rio, para São Paulo, para o litoral do Pará.
>
> Não havia, naturalmente, método algum a seguir na localização desses negros. Assim, muito negro gêge, muito negro nagô, muito negro haussá, confundia a sua *nação* com o porto de origem, passou por negro banto. Daí, os restos de religiões gêge-nagôs e malês do Recife e do Rio de Janeiro no meio da incrível trapalhada das religiões sul-africanas ali aclimadas, precariamente.[2]

---

1 Ver Verger, *Fluxo e refluxo do tráfico de escravos entre o golfo do Benim e a Bahia de Todos os Santos dos séculos XVII a XIX*.
2 Carneiro, *Negros bantus*, p.17.

Mesmo sendo parte de uma diversidade de nações, a africanidade dessa cultura foi preservada na memória de seus líderes, e os negros aqui puderam aos poucos reconstruir seu mundo, seus instrumentos de ligação com os deuses. Edison Carneiro ainda observa que

> Os negros, na Bahia, possuem alguns instrumentos musicais de evidente origem africana. Alguns, usados geralmente nos candomblés e acidentalmente nas demais festas, outros, a maioria, usados unicamente nas festas profanas.
> Nos candomblés, a orquestra se compõe, em regra, de quatro instrumentos, *tabaque*, *agogô*, *chocalho* e *cabaça*.[3]

Até mesmo Nina Rodrigues, talvez sem ter a intenção, coopera para se resgatar particularidades importantes para compreendermos as origens da nossa cultura popular. Em seu livro *Os africanos no Brasil*, presença obrigatória na bibliografia antropológica e sociológica brasileira, relata que:

> "Os escravos nesta cidade [Bahia]", escrevia em 1807 o Conde da Ponte, "não tinham sujeição alguma em consequência de ordens ou providencias do governo; juntavam-se quando e onde queriam; dançavam e tocavam os estrondosos e dissonoros batuques por toda a cidade e a toda a hora; nos arraiais e festas eram eles só os que se senhoreavam do terreno, interrompendo quaisquer outros toques ou cantos."
> A parte por que as danças africanas contribuíram para formar o gosto artístico do nosso povo se exemplifica bem aqui na Bahia. Já em via de transformar-se em uma sobrevivência, aquelas danças exercem ainda hoje salientíssimo papel nas expansões populares do povo brasileiro. De contínuo repete a nossa imprensa local, um século depois delas, as mesmas queixas do Conde da Ponte, de que na Bahia as danças dos negros, invasoras e barulhentas, tendem a suplantar a excluir qualquer outro divertimento popular.[4]

Aparentemente as reclamações foram atendidas, e as manifestações dos negros terminaram por ser proibidas. Edison Carneiro, em 1937, verificava que na Bahia

---

[3] Id., *Religiões negras*, p.74.
[4] Rodrigues, *Os africanos no Brasil*, p.156-157.

o samba quase sempre se realiza ao ar livre. A não ser nas festas populares da Bahia, a polícia, a pretexto de "moralizar" os costumes, opõe barreiras ao divertimento do negro. O fato está glosado numa *embolada* do Mar Grande:

A gente quer sambar,
mas a polícia contraria [...]

Talvez esteja aqui a razão por que o samba se tem retraído tanto, atualmente. Os discos de vitrola e as batucadas começam, ao lado da ação repressiva da polícia, a apressar o processo de decomposição do samba, pelo menos na Cidade da Bahia. Afora o interior do Estado, na Bahia há "rodas" de samba na Segunda-Feira do Bonfim, na Ribeira, durante o Carnaval, no Terreiro e na Conceição da Praia, durante as festas da Senhora da Conceição, e esporadicamente, em vários pontos da Cidade. A ação policial se tem feito sentir de tal maneira que o samba já se limita pelas quatro paredes de uma casa de sopapo [...].[5]

Arthur Ramos, partidário de uma visão do processo de mestiçagem cultural, embora ainda dentro de uma interpretação de minoração do fato ao incluí-lo em um estudo do folclore, em *O folclore negro do Brasil*, também observou que "Perseguido pelo branco, o negro no Brasil escondeu as suas crenças nos 'terreiros' das macumbas e dos candomblés". A observação, ainda que de forma a reduzir a importância dos atos, ao incluí-los no campo do folclore, demonstra que o negro preservou suas crenças, pois para Ramos,

O folclore foi a válvula pela qual ele se comunicou com a civilização "branca", impregnando-a de maneira definitiva. As suas primitivas festas cíclicas – de religião e magia, de amor, de guerra, de caça e de pesca [...] – entremostraram-se assim disfarçadas e irreconhecíveis. O negro aproveitou as instituições aqui encontradas e por elas canalizou o seu inconsciente ancestral [...].[6]

No mesmo livro, Ramos lembra que

A dança e a música que os africanos introduziram no Brasil tiveram uma origem religiosa e mágica. Surgiram dos templos fetichistas e das

---

5 Carneiro, *Negros bantus*, p.144-145.
6 Ramos, *O folclore negro do Brasil*, p.273.

cerimônias rituais da vida social. A arte primitiva [...] é uma arte interessada, ligada intimamente à vida da tribo. A música e a poesia, intrinsecamente ligadas ao gesto e à dança, saem da encantação mágica, nos ritos religiosos e sociais. Constituem a linguagem oral e mímica do primitivo. *Encantar* e *cantar* reconhecem a mesma origem, lembra Combarieu.[7]

E, em O negro brasileiro, observa que "Nas origens, a religião e a magia são inseparáveis da dança e da música. [...] Quase sempre, a dança, entre os primitivos, é um capítulo de uma série de atos mágicos, que se chamam as *cerimônias*".[8] Ramos, em O folclore negro do Brasil, afirma ainda que

> O primitivo *crêa* pela voz e pelo canto, ajudados do gesto e da dança. A música envolve toda a sua vida. E por essa linguagem *mágica*, ele "participa" do espetáculo cósmico. Pelo canto mágico ele se comunica com as suas divindades e age sobre os homens, os animais, a natureza, enfim.[9]
>
> As *cerimônias* do primitivo, são atos mágicos pelos quais ele se põe em contacto com as suas divindades, com os seres humanos ou animais sobre que deseja agir.[10]

Embora originária das cerimônias religiosas e dos outros atos da vida social dos africanos, a dança e o canto afro-brasileiros não se limitam a essas atividades, pertencendo de fato a todos os atos da sua vida comunal, todas as "instituições generalizadas, ligadas às organizações clânicas", encontradas nas diferentes civilizações africanas que vieram ao Brasil, podendo estar ligadas a caça, cerimônias fúnebres, homenagem ao monarca, guerra, pesca, ou ritos de passagem.[11]

De fato, para os povos africanos, existe uma conexão entre um conjunto de atividades, que formam um todo na sua prática. Para o negro africano, cantar e rezar são um único ato, pois é cantando que ele se comunica com o seu Deus. Isso pode ser notado, por exemplo, no canto de Heitor dos Prazeres, que lembra em sua canção que "Preto velho quando canta tá rezando [...]".

---

7 Ibid., p.129.
8 Ramos, *O negro brasileiro*, p.149.
9 Ramos, *O folclore negro do Brasil*, p.129-130.
10 Ibid., p.130-131.
11 Ibid., p.131-132. O autor relaciona algumas dessas danças.

Steen Nielsen, diretor do Centro para Música Rítmica e Movimento de Silkeborg, estudioso da cultura africana, entende que no idioma banto a expressão *kucheza ngoma* representa, ao mesmo tempo, tocar um tambor, tocar música, dançar, e fazer parte de um evento social com música e dança.[12]

Manuel Diegues Jr. complementa que, na música afro-brasileira, "Sua parte religiosa, entre nós, é possivelmente a mais curiosa a estudar. O sentido do ritual, a significação dos passos, o bamboleio do corpo, da queda para a direita ou para a esquerda".[13]

Vê-se, portanto, que a historiografia brasileira reúne uma quantidade considerável de textos que discorre sobre a prática cultural dos escravos africanos e outros tantos cujas práticas levaram ao desenvolvimento de uma cultura folclórica brasileira. Esta, em contato com a cultura europeia, teria, por sua vez, gerado uma cultura popular brasileira, a qual resumir-se-ia em uma cultura europeia que se tornou brasileira, mesmo sendo pouco definida sobre o que isso significaria historicamente.

Muitos estudiosos detectam a análise da religião africana no Brasil como necessária para se compreender a origem da música e da dança que hoje se denomina "popular" no Brasil, mas infelizmente não aprofundam a análise, seja por desinteresse, seja por falta de percepção da dimensão real do problema.

Nota-se, ao observar que se tem largamente difundido a teoria do caldeamento físico e cultural no Brasil, que esta, via de regra, estabelece um sincretismo religioso. Nele, o negro adota os santos católicos em suas práticas cerimoniais, ou mesmo os relaciona com seus próprios deuses (orixás).

Casos raros de interpretação diversa ficariam obscurecidos e raramente são citados. Veja-se que para Diegues Jr.,

> A dança, principalmente, que os negros nos trouxeram com caráter religioso é que se tem mantido na mais rigorosa pureza. Observa-se isso assistindo a um "toque". Observação, aliás, fácil. Porque os negros, quan-

---

12 Rhythmic Music Education, p.62. *'ngoma, kangoma, nigone*, ou "tambor", cujo conteúdo é "santo adormecido", são os instrumentos com os quais os antepassados são convocados e falam com os seus. Berimbau (viola de uma corda só) é também denominado *urucungo, rucungo*, que significam "falar com os mortos", ou seja, "instrumento pelo qual se fala com os mortos". São suas corruptelas *cungo, rungo, gunbo* e *gungo*.

13 Diegues Jr., Danças negras no Nordeste. In: *Antologia do negro brasileiro*, p.289-295.

do realizam a sua cerimônia, nada percebem do mundo exterior. Espiritualizam-se. O seu "interior" domina o ambiente e lhes orienta o desenvolvimento da dança.[14]

A pureza mencionada pode até ser relativizada, mas na memória dos afro-descendentes o elo sempre esteve presente. Heitor dos Prazeres, um dos principais compositores de samba da década de 1920 e colaborador na fundação da primeira escola de samba do Rio de Janeiro, a Deixa Falar no Estácio, canta seu passado lembrando que

> Preto velho africano
> No tempo do cativeiro
> Está sempre trabalhando
> Com seu povo no terreiro

Isso evidencia que, pela via da transmissão oral, essa informação chegou até Heitor dos Prazeres em pleno século XX, mesmo porque não se pode duvidar da existência dessa canção em épocas anteriores, somente pelo fato de ela não ter sido coletada.

Mas mesmo sem uma difusão na superfície das discussões acadêmicas, é possível encontrar no Brasil uma série de trabalhos de notórios pesquisadores com uma abordagem reveladora de uma permanência ou sobrevivência pela resistência das tradições culturais dos escravos para cá trazidos.[15]

Pierre Verger, por exemplo, observa que na diversidade dos caminhos seguidos no século XIX por escravos que resgataram sua liberdade, existiram casos de preservação, fidelidade e difusão dos valores africanos no Brasil, que contribuíram para implantar o culto dos vodus e dos orixás africanos, "com uma discrição e uma teimosia que superaram todos os obstáculos apresentados pelas leis".[16]

Verger encontrou informações sobre a vinda ao Brasil de membros da família real do Daomé na época do tráfico de escravos, cuja personagem

---

14 Ibid., p.290.
15 O presente trabalho enfatiza a resistência pelos meios culturais, sem se aprofundar na questão da resistência física. A esse respeito, veja a farta literatura existente, principalmente Jurema, *Insurreições negras no Brasil*.
16 Verger, *Os libertos*, p.6.

principal, Na Agontimé, fundou em São Luís do Maranhão "A Casa das Minas", responsável pela vinda dos vodus de sua linhagem real.

No processo de sua sobrevivência como raça e como cultura, a resistência dos negros foi de tal forma sutil e inteligente que acabou sendo confundida com a aceitação da cultura branca, ou ainda, com aparente inferioridade cultural.

Verger, em *Os libertos*, apresenta o caso da africana Marcelina da Silva, liberta e integrada aos padrões da cultura dominante, mas que de fato era mãe de santo de um dos primeiros e mais prestigiosos terreiros da Bahia, a Casa Branca do Engenho Velho da Federação, também conhecido pelo nome de Ilé Iyanasso ("Casa de Iyanasso"), fundado provavelmente em 1835.[17]

A conclusão dos estudos apresentados demonstra a influência do negro na cultura brasileira, na qual a sociedade assimila o que o negro ensina, mas sem perceber, pois o julga suficientemente distante para não influir.

Digno de nota sobre a preservação cultural dos negros é o fato de que, entre os libertos de origem africana, os filhos de casamentos ou uniões duradouras tinham sua educação dentro do círculo predominantemente de africanos, integrando-os a essa comunidade mais do que a outros grupos sociais. Agiam, pensavam e sentiam como africanos. A identificação étnica era dada para a continuidade das tradições transmitidas aos seus descendentes, sem a intervenção da cultura branca como molde. Assim, os africanos que compravam sua liberdade buscavam parceiros de mesma origem.

Maria Inês Côrtes de Oliveira, em estudo sobre o "liberto" na Bahia, descreve, entre vários, o caso do testamento de um negro que se refere aos seus pais com nomes africanos:

> David Eustáquio, nascido na Costa da África, declara-se filho de Pluôrôco "que aqui quer dizer Bomfim" e Adbom Mojó "que que dizer Francisca", ambos já falecidos na África. David era casado com Vitória Pedroso, africana, com a qual teve cinco filhos, sendo que quatro destes nasceram antes do casamento e o objetivo de seu testamento era não permitir que nenhuma dúvida pairasse sobre a legitimidade de seus herdeiros [...].[18]

Muitos foram também os casos de famílias parciais, constituídas por mulheres solteiras, mães que assumiam sozinhas a educação dos filhos,

---

17 Ibid., p.66-94.
18 Oliveira, *O liberto*, p.44.

exercendo papel fundamental na transmissão da herança cultural africana entre os libertos.[19]

O principal mecanismo de difusão é a oralidade,[20] "a grande arma dos africanos", responsável por sua resistência e transmissão do saber, na qual a palavra falada substitui a escrita, pois "uma coisa é a escrita e outra, o saber".[21]

Corroboram ainda a teoria da fidelidade da preservação da cultura africana alguns dados estatísticos. Edison Carneiro, em *Religiões negras*, apresenta, para o fim do século XIX, estatísticas que encontrou em Renato Mendonça, o qual chegou, por aproximação, às médias anuais de 8 mil escravos importados (século XVII), de 25 mil (século XVIII) e de 50 mil (século XIX), conseguindo, pelo cálculo dessas cifras, estabelecer em 4,83 milhões o número de negros entrados no Brasil até 1830.[22]

> Nina Rodrigues calculava em perto de 500 os africanos *de origem* ainda existentes na Bahia, dos 2.000 que supunha existirem havia mais de dez anos. O cálculo, parece, foi confirmado pelas estatísticas da mortalidade da Cidade da Bahia, que dão um total de 1.484 africanos *de origem* mortos durante oito anos (1896-1903), numa média anual de 185,5.[23]

A expansão da escravidão teve lugar entre 1792 e 1815, com o cultivo do café. Apesar da crise de 1850, com o fim do tráfico, o movimento migratório interno continuou. Entre 1840 e 1851, o Brasil havia importado 371.615 escravos. De 1852 a 1859, em média, 5,5 mil escravos eram transferidos anualmente para a província do Rio de Janeiro. Uma série de secas consecutivas no Nordeste forçou os fazendeiros a vender seus escravos, que acabaram transferidos para São Paulo e Rio de Janeiro. Em 1877, São Paulo, Rio de Janeiro e Minas Gerais possuíam 776.344 escravos, representando quase a metade dos escravos existentes em todas as províncias do Império. Três anos mais tarde, verificou-se que, do Espírito Santo ao Sul, havia em torno de 920.921 escravos, enquanto da Bahia para o Norte, havia 498.268, ou seja, a metade do número de escravos.[24] A venda de escravos do Norte

---

19 Ver ibid., p.52-73, especialmente.
20 Sobre a tradição oral como variante da história oral, ver Meihy, Definindo história oral e memória, *Cadernos CERU*, n.5, s.2, São Paulo, 1994, p.52-60.
21 Altuna, *Cultura tradicional banto*, p.32.
22 Carneiro, *Religiões negras*, p.101.
23 Ibid., p.103-104.
24 Ver Stein, *Grandeza e decadência do café*, p.78-79.

para o Vale do Paraíba fluminense se deu mais, assim, entre 1870 e 1880. Até então, o escravo da cidade do Rio de Janeiro era basicamente doméstico, mas era rural na então província de mesmo nome.

Em *Aparência do Rio de Janeiro*, Gastão Cruls observava que, apenas entre 1820 e 1828, Afonso de Taunay apresentava uma cifra anual ascendente de africanos chegados na Guanabara, que chegou a 256 mil. "E só em 1829 esses desembarques sobem a 53 mil. Daí por diante, é o declínio, com as medidas de repressão, cada vez mais rigorosas, postas em prática pela Inglaterra contra o nefando comércio".[25]

Diante desses dados, conclui-se que os africanos escravizados, apesar dos estigmas e da opressão que lhes foram impostos pela sociedade escravagista, mantiveram sua prática cultural pela transmissão oral e lúdica corporal. Transformaram-na em ato criador com os únicos bens que puderam trazer, ou seja, uma elaborada filosofia e a prática religiosa.

Desta última, o candomblé é o seu maior representante. Segundo Pierre Verger,

> A instituição de confrarias religiosas, sob a égide da Igreja Católica, separava as etnias africanas. Os pretos de Angola formavam a Venerável Ordem Terceira do Rosário de Nossa Senhora das Portas do Carmo, fundada na Igreja de Nossa Senhora do Rosário do Pelourinho. Os daomeanos (gêges) reuniam-se sob a devoção de Nosso Senhor Bom Jesus das Necessidades e Redenção dos Homens Pretos, na Capela do Corpo Santo, na Cidade Baixa. Os nagôs, cuja maioria pertencia à nação Kêto, formavam duas irmandades: uma de mulheres, a de Nossa Senhora da Boa Morte; outra reservada aos homens, a de Nosso Senhor dos Martírios.
>
> Essa separação por etnias completava o que já havia esboçado a instituição dos batuques do século precedente e permitia aos escravos, libertos ou não, assim reagrupados, praticar juntos novamente, em locais situados fora das igrejas, o culto de seus deuses africanos.
>
> Várias mulheres enérgicas e voluntariosas, originárias de Kêto, antigas escravas libertas, pertencentes à Irmandade de Nossa Senhora da Boa Morte da Igreja da Barroquinha, teriam tomado a iniciativa de criar um terreiro de candomblé chamado *Iyá Omi Àse Àirá Intilè*, numa casa situada na Ladeira do Berquo, hoje Rua Visconde de Itaparica, próxima à Igreja da Barroquinha.[26]

---

25 Cruls, *Aparência do Rio de Janeiro*, p.319.
26 Verger, *Orixás*, p.28.

As casas de Orixás transmitiam seus fundamentos e seu axé para os negros de origem africana na Bahia. Isso permitia que nos candomblés e nas habitações coletivas espalhados por Salvador, o negro exercesse sua personalidade profunda, seus ritmos e valores ligados ao inconsciente coletivo africano. Dessa forma, o candomblé praticado no Brasil com seus cantos e danças, representa a transferência geográfica da prática religiosa africana para cá.

Primeiramente, no Nordeste, com força maior na Bahia e, posteriormente, com a migração interna e os novos contingentes diretamente enviados ao Sudeste, a prática do samba veio a se desenvolver principalmente no Rio de Janeiro. Tida como uma festa, a manifestação se dava em diversos locais daquela cidade. Em geral ligada ao candomblé, como se verifica na crônica de Vagalume,[27] onde se lê que

> Os sambas de João Alabá também tiveram fama e deixaram nome na história.
>
> Em geral, a eles compareciam os seus "filhos de santo", os *habitués* do seu "terreiro".
>
> Às vezes enfiava a semana inteira; era, para bem dizer, o oitavário de um grande "candomblé" de iniciação de um "filho", de uma obrigação de alguém que tinha que dar *comida à cabeça* ou oferecer um *amalá* a seu santo ou mesmo o pagamento de uma multa. Vinha gente de longe, dos subúrbios, dos arrabaldes...
>
> Assim, eram também as festas preliminares na casa de Cipriano Abedé, que até bem pouco tempo foi o maior Babalaô do Brasil e o mais entendido em negócios da religião africana, apesar dos seus cem anos de idade!
>
> Os grandes candomblés na casa de *Sua Majestade* Abedé eram precedidos de festas, danças e cânticos, em que o samba tinha preferência.[28]
>
> [...] outro samba afamado, era na casa da *tia Asseata*, que nestes últimos tempos foi, sem dúvida, a baiana de maior nome aqui na baía... de Guanabara.[29]
>
> Os sambas na casa de *Asseata*, eram importantíssimos, porque, em geral quando eles nasciam no alto do morro, na casa dela é que se tornavam conhecidos na roda. Lá é que eles se popularizavam, lá é que eles sofriam

---

27 Pseudônimo utilizado por Francisco Guimarães para assinar a coluna sobre notícias carnavalescas no *Jornal do Brasil*, a primeira do gênero. (N. E.)
28 Guimarães, *Na roda do samba*, p.86.
29 Ibid., p.87.

a crítica dos *catedráticos*, com a presença das sumidades do violão, do cavaquinho, do pandeiro, do reco-reco e do "tabaque".[30]

Pode-se afirmar que aos seus cem anos de idade, Cipriano Abedé trazia suas tradições culturais sedimentadas em sua relação com os seus.

Melodias africanas não ficaram documentadas em partituras no Brasil, pois os escravos, como maioria, não tinham acesso à escrita e tampouco "Os senhores não se dignavam prestar atenção às narrativas dos pretos. 'O que negro diz não se escreve', repetiam".[31] Veja-se também o fato de que ainda que houvesse qualquer interesse em ter-se preservado as canções dos escravos, sua complexidade rítmica teria sido deturpada pelo padrão europeu. O registro gráfico ou escrito não fazia parte de sua tradição, pautando-se esta pela transmissão oral. Esta,

> embora não seja preservada pelos meios institucionalizados da cultura, ela se tradicionaliza e se conserva nos seus padrões estruturais de maneira mais ou menos estável e homogênea. E tanto isso é mais verdadeiro quanto a sua função seja extraterrena, sobrenatural, o que lhe confere um caráter muito especial. Ela é conhecida, preservada pelos sacerdotes do culto com todas as implicações que lhe são inerentes.[32]

Portanto, ao detectar-se o candomblé como uma manifestação originalmente preservada pela tradição oral africana no Brasil, torna-se ele uma fonte primária de informações sobre a cultura dos povos africanos. Ao estudar as religiões urbanas no Brasil, o norte-americano David J. Hess escreveu: "[...] usando médiuns para incorporar os espíritos ('ou energias'), e usando ritmo de samba na música tocada".[33]

Isso posto, apresentar-se-á uma análise das estruturas rítmico-musicais das práticas religiosas ligadas ao candomblé, a fim de estabelecer pressupostos teóricos sobre sua natureza. A análise se dará inicialmente sobre material encontrado nas casas especializadas em artigos de candomblé e basear-se-á na terminologia corrente da literatura e da teoria musical adotada no Brasil e

---

30 Ibid., p.88.
31 Brandão, Os negros na história de Alagoas. In: Mello (org.), *Estudos afro-brasileiros*, p.84.
32 Lamas, Aspectos da música ritualista de tradição oral, *Revista Brasileira de Música*, p.62-63.
33 Hess, *Samba in the Night*, p.139. Ou seja, para ele a música do candomblé é samba, o que pode ser aceito no sentido perene do samba.

no exterior. Exceção feita quando esta não se mostrar suficiente para expressar o conteúdo encontrado, obrigando a elaboração de novos enunciados.

Dentro das transcrições, alguns determinados valores rítmicos estarão em uma forma necessária de acomodação a escrita facilitada, sem o uso excessivo de pausas entre notas curtas de um mesmo tempo. Como observa Edgar Rocca, "nem sempre a escrita para os instrumentos de percussão reproduz fielmente o tempo de duração de cada figura de valor que compõe o ritmo".[34] Por exemplo, semínimas e colcheias poderão representar valores de semicolcheia,[35] em instrumentos de sonoridade seca.

O samba perene na música religiosa negra

Exu

A análise[36] inicia-se com a peça instrumental, abertura da fita cassete obtida em loja de produtos religiosos.[37] Dedicada a Exu, apresenta um agogô[38] e dois atabaques[39] distintos: um grave acompanhando e outro agudo elaborando figuras rítmicas em um solo, como mostra o ex. 1.

---

34 Rocca, *Ritmos brasileiros e seus instrumentos de percussão*, p.8.
35 A duração do som e do silêncio que constituem a música vêm representados graficamente mediante um sistema de sinais chamado figura ou valor musical. Dentre eles, mais utilizados são, com seu respectivo valor numérico: semibreve (1), mínima (2), semínima (4), colcheia (8), semicolcheia (16), fusa (32) e semifusa (64). Ver *La nuova enciclopedia della musica Garzanti*.
36 Pode-se encontrar um estudo com conceitos básicos sobre a música da África Ocidental em Lacerda, Textura instrumental na África Ocidental: a peça agbadza, *Revista Música*, p.18-27. Entretanto, seguir-se-á outra nomenclatura nesta seção.
37 Fita cassete *Candomblé Aché Ilê Obá*, São Paulo, Caritas, número 422.502, s.d. Produção: Jayro A. Rodrigues.
38 Instrumento metálico com duas campanas, uma grave e outra aguda, ligadas por uma fina barra de ferro.
39 Espécie de tambor afunilado, com feitio de uma barrica estreita ou tambor comprido e cônico, que pode ter também forma cilíndrica. Leva uma pele esticada em uma das bocas (na mais larga dos tambores de forma afunilada), onde é tocado com as mãos. Em alguns toques, a mão esquerda apenas funciona com respostas discretas aos toques da mão direita, para preencher o sentido da pulsação rítmica. Em outros, toca com a mesma intensidade da mão direita, completando os toques principais.

O compasso é 6/8,[40] portanto binário composto (dois tempos) com subdivisão ternária (três colcheias para cada tempo). Encontra-se no atabaque agudo frases rítmicas moldadas a partir de células de dois compassos.[41] Enquanto isso, o atabaque grave toca ininterruptamente as colcheias, entretanto sem acentuar o tempo forte, ou primeiro tempo, que juntamente com a figura rítmica de também dois compassos do agogô deslocam a acentuação e se agregam em uma polirritmia, como mostra o ex. 2.[42]

ex. 2

O período rítmico completo compreende 42 compassos, acrescido pela preparação para o fim de 2 compassos que curiosamente são mudados para a fórmula de compasso 2/4 ou para a forma como se transcreve aqui com grupos de 2 e 4 quiálteras[43] contra 3. Ver no ex. 3.

---

40 Compasso é o agente métrico do tempo, a divisão de um trecho musical em séries regulares de tempos. Duas são as classificações dos compassos: uma predominante na Alemanha, na qual compassos simples têm somente um tempo forte – portanto binários e ternários – e compassos compostos têm mais de um tempo forte, ou seja, todos os demais. A classificação divulgada no Brasil, que adotaremos aqui, segue a tradição francesa, na qual compassos simples têm uma unidade de tempo simples e apresenta como característica original uma subdivisão binária ou quaternária dos seus tempos. Os compassos compostos, por sua vez, têm como unidade de tempo uma figura pontuada com subdivisão ternária. Ver Med, *Teoria da música*, p.114-127.

41 "Todo ritmo forma um sentido. Este é dado através de uma sequência de toques que faz surgir uma célula. Essa célula tem uma função organizadora e vai comandar o ritmo durante toda a música. Nela podemos notar que realmente há princípio, meio e fim. É exatamente devido a essa estrutura que sentimos o ritmo completo. Os ritmos podem ser completados dentro de apenas um ou mais compassos." Rocca, op. cit., p.7.

42 Entende-se por polirritmia a sobreposição de ritmos ou figuras rítmicas.

43 Quiálteras são grupos irregulares "de valores que aparecem modificando a proporção estabelecida pela subdivisão de valores". Med, op. cit., p.206.

Na frase dos compassos 5 e 6, encontra-se a terminação da célula em síncopa na última colcheia do compasso 5.[44] Nota-se ainda uma acentuação para o segundo tempo, caracterizada inicialmente pela terminação das frases dos compassos 9 e 10 (ex. 4) e pelas figuras rítmicas dos compassos 11 ao 13 e do 20 ao 23 (exs. 5 e 6).[45] Aparentemente se resolvem no início do compasso seguinte, mas cujo acento métrico[46] e pulso forte se encontram no segundo tempo.

Observam-se então as seguintes características:

- compasso binário (com subdivisão ternária);
- síncopa;
- pulsação em direção ao segundo tempo;
- marcação ininterrupta da subdivisão;
- polirritmia;

---

44 A síncopa é a suspensão de um acento normal do compasso pela prolongação de tempo fraco ou parte fraca de tempo para o tempo forte ou parte forte do tempo. Ela produz o efeito de deslocamento das acentuações naturais e caracteriza-se pela desarticulação dos acentos normais do compasso, resultando numa tensão causada pela ausência do acento esperado. Ibid., p.143.

45 Os números dos compassos representam os que se encontram nas partituras com as transcrições das músicas que constam na fita cassete citada. Fazem parte do acervo do autor.

46 O acento é caracterizado por ter uma intensidade maior atribuída a determinada nota de uma figura ou frase musical. De forma diversa da tradição africana, em geral, a música europeia se caracteriza por ter acentuado o tempo forte (primeiro tempo do compasso) ou partes fortes dos tempos (a primeira parte do tempo, ou seja, não o contratempo).

- preparação para o final;
- pulsação rítmica;[47]
- sensação do tempo forte no segundo tempo.

Ogum

Como na peça anterior, tem-se o compasso binário 6/8. Aqui o período fraseológico é dado pela melodia, dividido na parte do coro, compassos 7 ao 21, e do cantor, compassos 21 ao 25.

A introdução é a melodia cantada pelo babalorixá. Os atabaques e o agogô fazem o acompanhamento, no qual os primeiros são divididos em duas partes, similar ao toque anterior; um apresentando as colcheias e o outro a figura do ex. 7. Nela se percebe que não há a resolução para o compasso seguinte, terminando ela no segundo tempo do segundo compasso, seguido pela síncopa do primeiro para o segundo compasso.

ex. 7

Observa-se na melodia, construída sobre a escala pentatônica,[48] a presença da síncopa nos compassos 1, 4, 6, 8, assim como nos demais, que são repetição destes no decorrer do tema melódico. Outro elemento relevante é o aparecimento do grupo de quiálteras com duas notas contra três na parte do coro no compasso 20. Este, sobreposto ao acompanhamento, provoca efeito singular (ex. 8).

ex. 8

---

47 A pulsação rítmica "aparece subjetivamente", "de uma forma abstrata" e "fala direto ao instinto e à sensibilidade". Não se pode vê-la, mas senti-la todas as vezes que se toca ou se ouve uma música. Dependendo do estilo de cada música, "a pulsação rítmica pode sugerir vários tipos de guias básicos para o desenvolvimento do ritmo". Rocca, op. cit., p.8.

48 Denomina-se escala pentatônica aquela que se constitui por uma série de cinco sons. Por exemplo, com os intervalos de segunda maior, terça menor, segunda maior, segunda maior e terça menor para a oitava do primeiro grau.

Verificamos então as seguintes características:

- compasso binário;
- subdivisão ternária;
- ritmo do acompanhamento e da melodia sincopado;
- pulsação rítmica em direção ao segundo tempo;
- marcação ininterrupta da subdivisão;
- polirritmia.

Xangô Oxum

Aqui também se tem o compasso binário, mas dessa vez em 2/4, com a subdivisão em semicolcheias, ou seja, subdivisão com quatro articulações em cada tempo.

A melodia inicia em anacruse,[49] contendo 2 partes com 8 compassos cada, divididas estas em 2 frases. Na primeira frase da parte A (compassos 1 ao 5), encontra-se a resolução sincopada em direção ao segundo tempo do compasso 5. Na primeira frase da parte B, observa-se a síncopa do compasso 33 ao 34 (ex. 9), a partir da segunda colcheia do segundo tempo. No decorrer da música, ambas as partes são apresentadas com repetições na forma AA BB. Em que "A" é uma parte e "B", outra, distinta da anterior.

ex. 9

No acompanhamento, ambos os atabaques se completam em diálogo, sendo que o grave dá a base, enquanto o agudo se caracteriza por apresentar uma figura rítmica de dois compassos que responde ao grave. Deste, a terminação se dá no segundo tempo do segundo compasso.[50]

ex. 10

---

49 Um ritmo ou melodia principia em anacruse quando começa antes do início do compasso.
50 Outras variações derivadas desta foram transcritas e encontram-se no acervo do autor.

O primeiro tempo de cada dois compassos não é, contudo, acentuado. O acento é verificado no segundo tempo do segundo compasso, na frase do tambor agudo.[51]

Em meio às notas que formam as figuras rítmicas, pode-se perceber que existem notas que as ligam, de difícil audição, descritas no meio musical do jazz norte-americano como notas-fantasmas.[52] Elas dão às frases rítmicas e melódicas um balanço singular. Essas notas estão transcritas representadas pelo símbolo "x".

O conjunto apresenta a frase rítmica, do ex. 11, que, com as notas-fantasmas, descreve-se no ex. 10, acima.

Didaticamente, decodifica-se em palavras da seguinte forma: *tumkitchiká tákitákum tumkitáki tátátchikum tum*,[53] sendo que as onomatopeias *tum* e *kum* expressam o som do tambor grave, com a vogal "u" fechada, descritas dessa forma pela articulação das mesmas. As onomatopeias *tá* e *ká* expressam o som do tambor agudo, com a vogal "a" aberta. Por fim, as onomatopeias *ki* e *tchi* expressam o som das notas-fantasmas, que ocupam o espaço temporal entre as demais, dando a elas o balanço característico, responsável por levar à dança, posto que o movimento do ritmo dentro de uma pulsação regular e constante leva ao movimento do corpo.[54]

Aqui se encontra, ainda, elemento que caracteriza fundamental relevância, apresentado nos compassos 103 e 104 pelo tambor grave. Ele realiza uma frase crescendo em intensidade, preparando a volta à primeira parte.[55]

---

51 Essa frase rítmica pode ser encontrada na prática do ritmo de samba, nesta e em outras variações semelhantes.

52 Trata-se de uma nota fraca, às vezes dificilmente ouvida, ou de uma nota que está mais implícita do que soada. Ver *The New Grove Dictionary of Jazz*.
Por exemplo, no tamborim tocado no samba, há um efeito sonoro de nota-fantasma exercido pelo dedo médio batendo na pele pelo lado de dentro do instrumento.

53 O uso de onomatopeias é parte da metodologia por mim elaborada e utilizada no ensino dos ritmos brasileiros.

54 Como atestam os diálogos de Platão, a preocupação com a perturbação da ordem, a invisibilidade da música e sua influência no ser humano remonta à Antiguidade.

55 As escolas e grupos de samba se utilizam dessa característica, alguns dos quais com as mesmas figuras rítmicas dos compassos 103 e 104, que se encontram, na partitura para escola de samba de Edgar Rocca, nos instrumentos tamborim e repique. Rocca, op. cit., p.40. A figura rítmica em questão encontra-se no ex. 16.

O acompanhamento se caracteriza, então, por apresentar:

- compasso binário;
- subdivisão quaternária;
- frases de dois compassos;
- diálogo entre tambores grave e agudo, formando uma frase rítmica de conjunto ligada por notas-fantasmas e polirrítmica;
- marcação ininterrupta da subdivisão rítmica (semicolcheias);
- síncopa;
- sensação de acentuação no segundo tempo, para onde se percebe que tudo o mais é conduzido.

Com relação à acentuação ou indução rítmica para o segundo tempo do compasso, é necessário lembrar que, nos compêndios e métodos de teoria para o ensino da leitura e escrita musical que se herdou dos europeus,[56] constata-se a existência, nos compassos binários, de um tempo forte (primeiro) e um tempo fraco (segundo). A parte fraca do tempo é determinada pelo contratempo. Esse tempo forte, ainda segundo essa teoria, representa, pela sua superioridade sobre os outros acentos, o ponto de atração sobre o qual deve terminar cada sucessão rítmica. Para distinguir a natureza do ritmo, é necessário distinguir o acento forte dos acentos fracos.

Na partitura da escola de samba citada acima,[57] encontram-se dois surdos diferentes marcando o tempo: 1) "marcação" nas segunda e quarta semínimas, e 2) "resposta" na primeira e terceira, significando que a marcação do tempo se dá a partir daquilo que na tradição musical é o tempo fraco.[58]

Nota-se, portanto, diferença fundamental entre ambas as tradições culturais nesse particular.[59]

---

56 Ver Pozzoli, *Guia teórico-prático para o ensino do ditado musical*.
57 A título de esclarecimento, Edgar Rocca publicou as partituras na fórmula de compasso 4/4, embora os exemplos na página 7 de seu método estejam escritos em 2/4. Esta é a forma correta para se escrever os ritmos e a música brasileira em questão.
58 A marcação do tempo forte no segundo tempo do samba é uma de suas principais características, assim como a configuração das frases rítmicas a cada dois compassos de 2/4. Ver Siqueira, *The Samba*, p.4.
59 Músicos de formação clássica, em geral, têm dificuldade para encontrar o tempo forte nos gêneros populares. A pulsação do conjunto é coordenada, no Ocidente, pela marcação do tempo forte no primeiro tempo do compasso. Já na música com características rítmicas, como a africana, a indígena etc., a pulsação é implícita e uma figura mesmo sincopada pode servir de elemento coordenador. Entretanto, na

Por outro lado, como se sabe, não se encontra a teoria musical europeia nos terreiros e nas casas de candomblé, nas academias de capoeira e nem nas escolas de samba. Ali, o conhecimento musical e cultural é transmitido na prática e de forma oral.

Emoriô

Deste cântico foram retiradas as células rítmicas do acompanhamento dos atabaques transcritas no ex. 12.

Aqui se verifica que a acentuação é dada pelo tambor grave no contratempo do segundo tempo. Dele, a impressão é que o tempo se encontra pendurado no espaço. Enquanto o tambor agudo apresenta uma figura rítmica nos dois compassos que a formam, e se dirige ao segundo tempo. O tambor grave apresenta, ainda, as seguintes variações, ver ex. 13:

ex. 13

Como se vê, o tempo só está presente por seu sentido, sem articulação no primeiro ou no segundo tempo do compasso e dentro de uma forma polirrítmica. A campana grave do agogô antecipa o tempo, como no atabaque grave, na segunda colcheia do segundo tempo.

Note-se que as notas-fantasmas, ainda que não descritas, estão presentes e são encontradas com as mesmas características da análise anterior.

---

maioria dos casos é dada pelo tambor. No caso da música de descendência africana, é resultado do conjunto polirrítmico e a marcação é feita no que a teoria ocidental considera tempo fraco.

Iemanjá

Neste cântico, o acompanhamento mantém as mesmas características dos anteriores. Dá-se por dois tipos de atabaque e pelo agogô. Ambos os atabaques formam figura rítmica básica de dois compassos, representando dois sons que dialogam e se complementam, apresentados da forma que se segue:

O tambor agudo apresenta uma célula rítmica totalmente sincopada, sem tocar em nenhum dos dois tempos do compasso, ao mesmo tempo que conduz seu ritmo para o segundo tempo do segundo compasso. Este é respondido pelo tambor grave, como se vê na figura dos compassos 11 e 12, no ex. 14:

O tambor grave, por sua vez, intercala as seguintes figuras em sua base (ex. 15):

É importante notar que o resultado da combinação dos tambores é similar ao que se ouve em grupos que apresentam o samba. A figura do ex. 16, por exemplo, é frequentemente utilizada pelos tamborins e repiques em tais grupos.[60]

A melodia apresentada para essa divindade inicia-se em anacruse do compasso 27 para o 28 e segue até o compasso 40, sendo repetida com al-

---

60 Rocca, op. cit., p.40.

terações na rítmica e nas notas a partir do 41 e seguindo até o 54. Ou seja, uma parte A com 14 compassos é repetida uma vez. A segunda parte da melodia é formada por 8 compassos, do 55 ao 62, que serão repetidos até o final, quando o babalorixá se alternará com o coro, havendo alterações na rítmica do canto.

Na melodia, verifica-se seu ritmo pela representação das células sincopadas, como nos compassos 27; 29; 31; 33; 34; 35; 38; 39; 40; 41; 42; 43; 44; 45; 47; 48; 49; 52; 53; 54; 55; 56; 57; 58; 60; 62; 63; 64; 65; 66; 68; 70. Uma vez que o período da melodia, na sua forma AA BB, se inicia no compasso 27 e se encerra no compasso 70, tem-se 32 compassos com síncopa dos 44 compassos. Ou seja, mais de 75% dos compassos da melodia apresentam figuras rítmicas sincopadas.

Encontra-se, no canto, um efeito de *glissando sincopado* do compasso 38 ao 39 (ex. 17), o qual é de difícil descrição. Cria um sentido distinto daquele percebido na síncopa normal, em que ao mesmo tempo enfatiza a síncopa da colcheia e uma nota do primeiro tempo sem articulá-la. Ou seja, ligada, semelhante ao efeito que se ouve no berimbau quando o executante solta a pedra que prende a corda, ligando as notas sem articular.

ex. 17

O agogô, que se pode ouvir com clareza até o compasso 24, apresenta grupos de dois compassos, que variam sincopadamente em seu contcúdo interno. Regularmente traz uma nota na segunda colcheia às vezes do primeiro tempo e às vezes do segundo; da mesma forma que o atabaque agudo. Nesse conjunto, pode-se perceber que se forma como base a seguinte célula rítmica (ex. 18):

ex. 18

O ritmo do samba para bateria é tocado com a figura acima nos pés, representando a nota o pé direito ou bombo, e o x o pé esquerdo ou *hi-hat*, também denominado contratempo, pois exerce essa função basicamente nos principais ritmos brasileiros. O surdo tocado nos grupos de samba utiliza a mesma figura rítmica, tocando o equivalente ao contratempo no aro do instrumento, ou com a mão sem baqueta.[61]

Encontra-se também no canto a figura da colcheia pontuada articulada a partir da segunda semicolcheia do primeiro tempo (ex. 19). Ela forma, com seu respectivo compasso seguinte, figura que se assemelha à do samba de partido-alto, tocada pelo pandeiro.[62]

ex. 19

Essas considerações permitem problematizar-se sobre quem influi sobre o outro. A percussão ao canto ou este à percussão. Em minhas observações empíricas, concluí que o canto é utilizado como instrumento de percussão, assim como os demais instrumentos de origem não africana com que os negros tiveram contato e os quais aprenderam a tocar. Principalmente por sua presença no Exército, a partir da Guerra do Paraguai.

Nota-se, ainda, que ao repetir a primeira parte, o babalorixá altera o ritmo da melodia, como nos compassos 41 ao 45, comparados com os compassos 27 ao 31, mostrando uma liberdade de improvisação sem alteração do original.

Encontram-se assim, as mesmas características das anteriores e a melodia com figuras básicas construídas sobre os motivos abaixo, todos ligados entre si dentro dos compassos; e/ou de um para outro compasso (ex. 20):

ex. 20

Iansã

Acompanhamento por atabaques, em que o primeiro, grave, toca duas notas sem a resolução no tempo. O segundo, agudo, inicia na segunda nota do primeiro tempo e resolve acentuadamente no segundo tempo do compasso.

---

61 Assim como no samba, o contratempo no acompanhamento é também uma das principais características do jazz, percebido pelo uso do *hi-hat* nos tempos dois e quatro. O jazz é escrito em 4/4.

62 Rocca, op. cit., p.44.

A melodia, totalmente sincopada, sem qualquer resolução a tempo, apresenta as figuras rítmicas indicadas abaixo (exs. 21 e 22):

O acompanhamento forma, pelos dois atabaques, uma figura sem resolução no tempo, que se repete até o final (ex. 23):

Observa-se, portanto, características idênticas às demais.

Outra fonte de análise é encontrada na música da capoeira, visto que "tem suas origens remotas em Angola",[63] e apresenta com abundância os itens relacionados acima. Eles podem ser ouvidos em qualquer academia dessa arte marcial no Brasil, ou nas gravações relacionadas na bibliografia.

Como exemplo, cita-se o acompanhamento pelo berimbau, pandeiro e atabaque (exs. 24 a 29):

O *x* indica a corda solta não tocada, mas ligada à nota anterior com a corda presa que não articula.

---

63 Carneiro, *Capoeira*, p.3.

ex. 27 – pandeiro

ex. 28 – atabaque

Atabaque e pandeiro formam, no conjunto, a figura:

ex. 29 – atab. e pand.

Na melodia sincopada, tem-se (ex. 30):

ex. 30

Interpretação básica

As averiguações levam, portanto, a estabelecer os seguintes postulados para as estruturas da música religiosa, de origem negra, que se difundiu largamente no Brasil.

- pulsação rítmica;
- compasso binário;
- subdivisão em três colcheias para o 6/8, e em quatro semicolcheias para o 2/4, com predominância deste último;
- construção de células rítmicas no acompanhamento a cada dois compassos;
- construção de células rítmicas na melodia com dois e quatro compassos;
- melodia e acompanhamento com ritmo sincopado;
- resolução de células rítmicas nas síncopas;
- sensação de acentuação ou deslocamento do tempo forte para o segundo tempo ou parte fraca do tempo (contratempo);
- presença de notas de pouca intensidade, alternadas com as acentuadas, responsáveis pelo balanço característico das músicas, e que se denominam "notas-fantasmas";
- uso de glissandos ligados e sincopados;

- figura básica para a preparação do final;
- uso fundamental da percussão, a qual se funde como único instrumento no grande coletivo, não podendo deste ser separada.

Na música da capoeira, encontram-se estruturas rítmicas e características similares, observando-se apenas que o acompanhamento do atabaque e do pandeiro na capoeira tem uma figura de apenas um compasso. No conjunto com o berimbau forma figuras de dois e quatro compassos.

A presença da pulsação rítmica tem papel fundamental na análise da música sobre a qual se está tratando. Embora pareça obviedade, a sensação de um ritmo pulsante não é de tão fácil consciência auditiva pelo ser humano.[64] Ainda mais problemático é o caso da síncopa, que, por deslocar a acentuação para fora do tempo, dificulta extraordinariamente sua percepção. Sua execução mostra-se como das mais difíceis tarefas a educadores e músicos, de forma geral. Portanto, a estrutura rítmica da música negra religiosa apresenta alto grau de complexidade. E o samba existe desde que o homem africano estabeleceu sua existência para si mesmo, cantou, tocou e dançou para se comunicar com a sua divindade.

Em fins do século XIX e início do século XX, o ambiente urbano que se constituía no Rio de Janeiro apresentava diferentes formas de expressão musical, dentre as quais: a da música doméstica tocada ao piano e que consumia a música erudita; dos locais de entretenimento, frequentados pela população das camadas médias que se configuravam e a da camada pobre, que se constituía principalmente de ex-escravos e seus descendentes.

Foram relacionadas, através das interpretações básicas proporcionadas pela análise apresentada, as características da música negro-religiosa dos africanos trazida ao Brasil. Dentre essas características, destacam-se como principais a pulsação rítmica, o compasso binário, a subdivisão em semicolcheias, a síncopa, a acentuação predominante nos tempos fracos ou partes fracas do tempo, a figura rítmica do exemplo 16 (semicolcheia,

---

[64] Em trabalho didático realizado durante seis anos na Escola Municipal de Iniciação Artística, preocupa especialmente o fato de a maior parte das crianças apresentar dificuldades na percepção da pulsação. Outra experiência deu-se ao realizar uma aula de música brasileira para um aluno do Rytmisk Musik Konservatorium de Copenhagen (equivalente ao ensino superior) que tinha dificuldade em perceber a diferença entre a subdivisão em tercinas (típica do jazz) e a colcheia pontuada e semicolcheia do samba. Foi necessário aplicar uma longa série de exercícios até a obtenção do resultado esperado.

colcheia semicolcheia) e a presença "invisível" do que se denominou "notas-fantasmas".

Elas são encontradas em larga escala e predominam nos gêneros que a literatura especializada considera os que deram origem à música popular no Brasil, como o lundu e o maxixe, ou os que representam a música brasileira, como o tango de Ernesto Nazareth e Francisca Gonzaga. Estes, contudo, não apresentam a complexidade verificada na estrutura rítmica da música negra religiosa.[65]

A natureza dos gêneros musicais e a diferença entre eles está primeiramente no ritmo, que é o alicerce de suas estruturas, como em construção seguramente edificada. Ao se alterar o ritmo da melodia e o acompanhamento de uma canção, como, por exemplo, *Blue moon*,[66] pode-se facilmente transformá-la em bossa nova, da mesma forma que *Pelo telefone* pode ser tocado como um típico tema de jazz.

Os métodos técnicos e teóricos

Foram selecionados, na busca de fontes sobre o ensino de música no fim do século XIX e início do século XX, o *Methodo de guitarra portugueza*, de Manoel dos Santos Coelho, e o *Methodo de aperfeiçoamento ao estudo da divisão rythmica*, de Alfredo Corazza.

No primeiro, não há em seus exercícios técnicos e músicas transcritas qualquer referência à figura semicolcheia colcheia semicolcheia (ex. 16, entre outros), com a exceção da transcrição de duas músicas de Ernesto Nazareth nas duas últimas páginas.

No segundo, tampouco ritmos sincopados figuram em suas páginas.

Em sua tradição, o ritmo sempre teve papel secundário. Ele é, no entanto, o fundamento pelo qual se inicia o processo da música como se a conhece.[67]

Em 1989, a Assembleia Geral do Conselho Internacional de Música teve como um de seus principais tópicos a obtenção do suporte ao desen-

---

65 Ao longo da pesquisa exposta neste livro, o autor fez um estudo sobre a obra dos citados compositores que, porém, ainda não foi publicado.
66 *Blue moon* é um blues de negro, mas correu mundo como uma canção de branco "graças" a tais alterações.
67 Trata-se aqui da música popular e, portanto, deve-se compreender o conceito de música como ritmo, melodia e harmonia.

volvimento da "música rítmica", aqui entendida como não pertencente ao mundo da tradição clássica europeia. Músicos educadores e representantes de instituições preocupados com essa carência em seus países falavam sobre a necessidade de pesquisas concernentes a esse setor no ensino de música. Com isso, foi organizado o Congresso de Música Rítmica em 1996, no qual o termo "música rítmica" ganhou uma definição mais ampla, abrangendo jazz, rock e world music, ou seja, a música dos países africanos, americanos, asiáticos, orientais etc.

Nas conferências dos principais convidados, o saxofonista norte-americano e fundador da Associação Internacional dos Educadores de Jazz David Liebman afirmou que a base do jazz tem origem no ritmo dos negros. Para ele, uma similaridade se dá nos países que têm tradição rítmica em sua música; é algo relacionado à improvisação, o fato de o pensamento estar a serviço do sentimento.[68]

Para um dos representantes brasileiros, o pianista e educador Antonio Adolfo, "o fraseamento brasileiro é baseado na percussão. Sem saber como trabalha a percussão, um músico brasileiro não será um músico brasileiro. A figura *tataata tataata* (ex. 16) é a mais importante célula rítmica na música brasileira".[69]

Veja-se que o Conselho Internacional de Música tem buscado metodologias para o ensino da música que denominou "rítmica", dentro de uma política que pretende levar seus estudantes de música às expressões culturais dos povos africanos, asiáticos e americanos. Dessa forma, ao mesmo tempo que absorvem elementos novos, passam a elaborar os produtos para o seu consumo e mesmo para exportação.

Do resultado desse Congresso Internacional do Comitê de Música da Unesco, conclui-se que:

- a música rítmica não tem tradição nos países europeus. Pelo contrário, é de fato uma carência observada por educadores, musicólogos e demais profissionais da área. Diante dessa realidade, tenta-se disseminar a música rítmica através de métodos racionais de ensino; a base rítmica encontrada na música das Américas é africana;
- a percussão está umbilicalmente ligada a essa tradição musical e cultural;

---

[68] Rhythmic Music Education, p.8.
[69] Ibid., p.32.

- a relação entre tocar, dançar e fazer parte de uma "festa" social com dança e música é prática da cultura africana.

A tradição europeia não se preocupou com questões rítmicas,[70] porque esta foi banida de seu universo histórico musical, diferentemente das civilizações que compõem hoje o "Terceiro Mundo". Disso se conclui que as dificuldades relacionadas ao ensino da música rítmica, que ali pretendem resolver através da busca de metodologias para o seu ensino, apresentam-se às sociedades supostamente racionais, como as ocidentais. Dentre essas dificuldades, a maior é a síncopa como se conhece no samba.

Os métodos de guitarra portuguesa e de solfejo acima mencionados demonstram que a síncopa que se encontra no maxixe, no tango brasileiro de Nazareth etc. não fazia parte do universo rítmico da música que se praticava por europeus e seus descendentes no Brasil à época. Por outro lado, a tradição do candomblé, praticado pelos negros no Brasil, tem na síncopa um de seus principais elementos rítmicos.

Tornou-se evidente, pela análise exposta, que a estrutura do candomblé é africana. O que se poderá dizer então de qualquer forma musical que aqui apresente dominantemente as mesmas características?

A análise pontificou os diferentes cânticos, demonstrando uma fração daquele universo cultural e prendeu-se ao exemplo que apresentou maior influência sobre a música popular.

Entretanto, abrindo um parêntese, é interessante observar o que escreveu Salvyano Cavalcanti de Paiva: "O samba não é batucada, nem choro, nem lariate, nem lundu, nem xote, nem cateretê, nem coco, nem baião ou baiano – ou seja, dança de roda ou umbigada –, mas contém elementos rítmicos de todas essas entidades".[71]

Dir-se-ia melhor, que todas aquelas entidades e também o samba contêm os elementos rítmicos da música religiosa negra.

Isso implica não haver similaridade com a tradição europeia rítmica do maxixe de Nazareth e demais autores, mas sim que, trazendo as características da estrutura rítmica da música negra religiosa, aqueles autores se

---

70 O abandono das questões rítmicas aparentemente se prende a dois fatos: à política da Igreja de afastar-se de formas musicais "pagãs", asiáticas e africanas, e à apropriação pelas elites da cultura camponesa, que era então "refinada" através de apresentações intelectualizadas. Ver Bakhtin, *A cultura popular na Idade Média e no Renascimento*.

71 Paiva, *Cartilha elementar de samba carioca*, apud Soares, op. cit., p.92.

apossaram dos elementos rítmicos da música que os negros praticavam à época. Por questões político-raciais não o admitiam, pelo contrário, omitiam. Quanto a seus motivos melódicos, não se encontraram peças recolhidas que o comprovem. Como já dito, as características do maxixe e do tango brasileiro são idênticas.

E implica principalmente que o samba tem todas as características rítmicas da música negra religiosa, verificado pelo exposto nas interpretações básicas, nas notas sobre os ritmos tocados pelos instrumentos das escolas de samba, no já citado discurso do brasileiro Antonio Adolfo no Congresso da Unesco e como se poderá perceber na estrutura rítmica dos exemplos do capítulo seguinte.

Diante do exposto, conclui-se que existe um *samba perene* como forma musical africana. Ou pelo menos, essa perenidade se estende por período maior do que a informação que se tem em mãos.

Quando se recorre ao candomblé ou a uma batida de macumba, há uma africanidade, uma maneira de tratar a música, própria dos africanos, que está em germe no samba perene.

Entenda-se que as religiões negras que se formaram no Brasil não foram a raiz do samba, mas ela lá está. Quando os negros se encontram, usam as raízes negras e produzem segundo estas.

Aqui postula-se que a tradição musical originária da África, trazida pelos escravos que para cá forçosamente imigraram, é uma linha que se estende pelo tempo histórico. Dessa linha, de tempos em tempos, diferentes personagens têm extraído suas bases, para construir essa mesma cultura maquiada, com outra denominação, talvez mais comercializável. Essa linha se estende até os dias atuais, como mostram as evidências trazidas à tona pela análise da música do candomblé.

Estabelecidos esses postulados, buscar-se-á analisar os gêneros da música que marcaram a vida cultural do Rio de Janeiro, desde o final do século XIX até meados do século XX.

A letra da música: poesia e mensagem

O processo de branqueamento não devia atingir apenas a forma musical do samba perene como veículo a despersonalizar e diluir dentro agora de um contexto burguês de *nacionalização*. Um processo similar devia atingir a estrutura poética da mensagem, permitindo requalificar e redirecionar a própria mensagem.

Para tanto, a literatura (escrita) sobre o samba está cheia de afirmações a respeito da pobreza melódica do negro e, consequentemente, sobre a inferioridade de sua poesia, a qual só poderia encontrar melhoria na sua substituição pelo branco ou, no máximo, pelo mestiço. No entanto, essa explicação parece arrepiar qualquer um que esteja informado acerca do samba comprado e da originalidade de elementos dos autores do Estácio, da Praça Onze e dos morros de Santo Antônio e dos Cabritos. Sem dúvida, Isabel, Tia Ciata, Lepoldino Vumbela, Sinhô, Bide, Heitor dos Prazeres, Wilson Batista, Ismael Silva, Cartola, Valdemar Pereira não pareciam estar à espera de correções ou reelaborações em suas letras, carregadas de crônica do cotidiano, verdadeiras reportagens musicáveis e musicadas, que a todos iriam ensinar.

Na verdade, a observação da mensagem contida nas letras dos negros, religiosas ou profanas, revelam uma modernidade completamente atual, a mostrar que o presente delas deriva, e não de outras mensagens. O exame dos hinários do candomblé e da umbanda, por exemplo, exibem a simplicidade de sua estrutura poética, a repetição propagandística da palavra de ordem considerada fundamental etc., em verdadeira premonição do que haveria de ser a mídia.

Diz o *Ponto de umbanda*, registrado como de 1870, mas característico por certo das necessidades da guerra com o Paraguai:

> Ogun já jurou bandeira
> pras bandas de Humaitá
> Ogun já venceu demanda
> vamos todos saravá...
> saravá, eh, eh saravá...
> saravá, eh, eh saravá...

Ainda hoje não há uma única palavra desnecessária na mensagem, cuja estrutura poética é fina, de tamanha simplicidade. Refere-se ao fato de Ogun, santo guerreiro, prestar juramento à bandeira imperial, marchando, portanto, à testa das tropas de dezenas de milhares de negros para o teatro paraguaio. Letra sem qualquer significado para o homem branco está, em sua simplicidade e sincretismo, a indicar Ogun, santo africano, metamorfoseado em São Jorge e, portanto, no comando das tropas de cavalaria que, no campo, devem proteger os infantes negros. Em sua condição de santo, Ogun "vence demandas", ou seja, é impossível opor-se a ele vitoriosamente. A força comunicativa de semelhante letra não é uma exclusividade desse ponto, mas traço geral. Diz outro, igualmente antigo:

> Segura a pedra, meu pai
> lá na pedreira,
> Xangô é a força, meu pai
> na cachoeira...

Ou sua evidente variante:

> Firma este ponto, ó ganga
> segura a fé, ó ganga
> lá na pedreira, ó ganga
> segura a pedra, ó ganga

Vê-se a força que deriva da palavra de ordem motora, repetida e capaz de causar transe, no diálogo das vozes tornadas monótonas com os tambores. Essa sabedoria da poesia oral confere absoluta superioridade na evolução do canto-dança negro, desde o samba perene até as formas como *Batuque na cozinha* e *Pelo telefone*. Diz o primeiro:

> Batuque na cozinha
> sinhá não quer
> por causa do batuque
> queimei meu pé

Na própria estrutura da letra, o verso cede ao pedido da terminação no contratempo. É claro que a letra é mais antiga que a data de sua recolha. No entanto, por sua modernidade, poderia ser feita hoje. Essa simplicidade profunda expressa o fundo religioso do *ku jinga jinga*, o "devanear", o delirar com os olhos abertos característico da cultura negra, quando "se fala com os mortos" ou com os antepassados. A mensagem perde o seu caráter mágico, oculto, mas mantém a simplicidade, como se vê na "Malandragem" de Bide:

> A malandragem
> Eu vou deixar
> Eu não quero saber da orgia
> Mulher do meu bem-querer
> Esta vida não tem mais valia.

Ou seja, um segredo é revelado não a um antepassado, mas a todo comprador do samba-mercadoria, encoberto o comprador como o ouvido da "mulher do meu bem-querer". Essa revelação, esse desabafo íntimo, esse *banzo* tornado objeto de comercialização só poderia ser revelado publicamente por pessoas desprovidas de qualidade social, ou seja, os negros e seus afins, que poderiam ousar vir a público expor seus sentimentos profundos, suas felicidades e fracassos à galhofa daquele que pagou. Essa condição de "palhaço", de *"clown* varado", citada pelo poeta Drummond, foi imediatamente captada e tornada branca e brasileira pelo Movimento da Semana Moderna de 1922.

O mesmo desgarramento, o mesmo sentimento de exposição autodestrutiva vê-se no blues e no seu sucedâneo o jazz (simplesmente "ginga", em inglês). Um blues brutal como *I believe to my soul*, ironicamente também chamado *I've got some outside help I don't need*, tem o efeito do autoextermínio moral. Nele, o *bluesman* adverte o carteiro para tocar a campainha mais de duas vezes, para entrar em sua casa, na sua ausência. Somente aquele a quem não é reconhecido o direito de escolha ou mesmo o direito ao lar, pode atirar com um chumbo tão grosso na moralidade constituída. Somente ele pode ser exposto sistematicamente ao ridículo, ao insulto, à desqualificação, até que o público a isso se torne indiferente. Nesse momento, o meio estará preparado para os letristas brancos, que havendo aprendido dos verdadeiros mestres, monopolistas quase exclusivos do sofrimento, alçar-se-ão por sua vez aqueles à altura de "grandes autores". Não é possível Ary Barroso sem Bide; não é possível Noel Rosa sem Wilson Batista. A modernidade da mensagem, a facilidade de sua entrega, depende, é obvio, do *mensageiro*. E não se pode esquecer que, em língua bantu, o mensageiro é o *moleque*, papel que só podia ser exercido pelo negro.

A modernidade do negro se faz poeticamente mesmo com sua participação popular ignorada, no movimento parnasiano. Cartola é sempre apontado como admirador, cultor e, a seu modo, herdeiro de Olavo Bilac. No entanto, há em Cartola um sofrimento e uma ironia que não podem ser encontrados em Olavo Bilac. Diz Cartola:

> Minha
> Quem disse que ela foi minha?
> Se fosse seria a rainha
> Que sempre vinha
> Aos sonhos meus
> Minha
> Ela não foi um só instante
> Como mentiram as cartomantes
> Como eram falsas as bolas de cristal
>
> Minha
> Repete agora esta cigana
> Lembrando fatos envelhecidos
> Que já não ferem mais os meus ouvidos

No entanto, seria possível listar mais de 200 orações de fechar-corpo, com seus textos cerrados e esotéricos que carregam consigo as formas do Parnaso brasileiro. Nesse sentido, a letra acima revela uma separação profunda entre a confissão-pedido-prece do samba perene e as formas do descarrego físico do *semba*, a umbigada, que voltaria a se instalar como o *samba rasgado*.

A narração de um segredo, ou seja, manifestar suas necessidades íntimas deixa o plano individual da prece e destina-se a ser consumida na "bolacha" comercial. Esse processo de degradação do sagrado da própria cultura faz parte da valorização da cultura dominante, que processa os seus bens como bens predominantemente mercantis.

Capítulo III
O samba derivado

Na teoria evolutiva do samba que o presente estudo constrói, viu-se que o conjunto das manifestações dos negros, própria de sua prática religiosa e lúdica, permitiu a elaboração da noção de samba perene, cujas características e natureza sobrevivem pela transmissão oral até os dias atuais.

Esse samba perene, levado às cidades, permitiu desdobramentos que se caracterizaram como gêneros urbanos desde o último quarto do século XIX. De fato, uma análise de sua natureza rítmica irá mostrar que derivam daquele.

Portanto, de ora em diante denominar-se-á samba derivado[1] o samba criado em diferentes momentos históricos por escolha de um grupo ou de um autor, levados à cultura urbanizada. Deverá, entretanto, conter as características genéticas do samba perene.

Três problemas emergem diante dessa afirmativa. Primeiramente, o que determinou historicamente a derivação, em segundo lugar, se esses derivados são algo que se embute em outro e tem uma continuidade histórica e, finalmente, se são cópia ou recorrência da matriz. O segundo problema será resolvido pela análise musicológica dos casos a serem apresentados. O primeiro, através da exposição da teoria que pode ser extraída da formalização da religião negra pelo colonizador. O terceiro é de mais difícil caracterização.

---

1 O *samba derivado* tem como sua forma de interesse neste texto o samba contemporâneo, aqui também eventualmente denominado moderno ou atual. Todas as formas entendidas como sinônimo.

A confrontação entre as culturas africana e portuguesa no Brasil confinou o ato religioso a um local fechado, isolado e noturno. Ao cativo, a concessão para praticar a sua religião era dada pelo senhor. Não quando aquele queria, mas quando este permitia. Ocorre, assim, a formalização que deve ser compreendida como a especificação do terreiro do santo na colonização do Brasil, enquanto na África qualquer terreiro é terreiro de santo. Ou seja, caso se entenda por "igreja" o local onde se pratica o ato religioso, para o negro a sua igreja é a sua sociedade, o que torna o confinamento a um local uma contradição em si, na sua lógica.

Recorrendo-se às lições da prática religiosa do negro africano, compreende-se que a dança é sagrada, estabelece a comunicação com Deus e integra o homem na natureza. Tudo acontece dentro do seu espaço ambiente, ao mesmo tempo que a vida transcorre de forma normal. O religioso está conspurcado pelo que acontece à sua volta. Já assim observava Arthur Ramos, que, estudando as cerimônias dos negros do Brasil, afirmava que "na África, elas são praticadas à luz meridiana e em lugares absolutamente públicos e abertos".[2]

Por exemplo, para o negro a capoeira não é profana, pois é visível a prática de se benzer antes de entrar na roda e, à exceção do berimbau, são utilizados os mesmos instrumentos do candomblé, do terreiro de santo. Entretanto, no entendimento do colonizador europeu que formalizou a religião do "outro", se o terreiro é sagrado, a capoeira é profana e, portanto, deve ser reprimida, assim como as demais manifestações de encontro de negros, suas rodas de samba, seus instrumentos.

A música e os instrumentos tornam-se sagrados na formalização da cultura religiosa africana no Brasil e, portanto, devem ser exercitados no seu local determinado. Quando o for fora desse local, irá se tornar um confronto com o dominador, no qual capoeira, candomblé, bumba meu boi, maxixe, cordões carnavalescos e demais expressões da cultura do negro tornam-se elementos ditos da incitação à desordem, ilegal e marginal.

Esse processo de sacralização e profanalização da prática da dança e da música enquanto realidade religiosa ou comunicação com Deus é extremamente complexo e fundamental para a compreensão da perspectiva de que a cultura negra se fragmenta. Ela é apropriada pela cultura ideologicamente dominante e se torna objeto de comercialização e de inserção em mercados consumidores de dança e entretenimento urbanos. Ao serem

---

2 Ramos, *O negro brasileiro*, p.41.

apropriados, são desalojados de sua função anterior e lhe é atribuída uma nova função, que está ligada com a condição mercantil.

A degeneração do sagrado para o profano na tradição religiosa africana no Brasil ocorre principalmente entre 1880 e 1910, num período em que, quase uma década após a Abolição, ainda encontravam-se escravos e negros livres não nascidos no Brasil, possuidores em sua memória, de suas tradições religiosas.

Outros, já nascidos aqui a partir da proibição do tráfico negreiro, guardaram e transmitiram essas tradições, como foi o caso de Hilária Batista de Almeida, a Tia Ciata,[3] a mais famosa e influente das baianas que se transferiram para o Rio de Janeiro. Nascida em Salvador em 1854, teve fundamental participação na preservação da cultura de seu povo.[4]

A manifestação religiosa traz embutida a universalidade cultural do negro africano e é, portanto, um processo contínuo na história. Nessa continuidade, fatos socioculturais e históricos surgem não para romper com sua matriz, mas para dela derivar e ganhar vida própria, dentro do contexto da urbanização, gerado pelo saber fazer dos negros, por seu aprender, seu assimilar, por sua cultura milenar.[5]

Assim tivemos o lundu, o jongo, o maxixe, os sambas, oriundos da prática da religião negra no Brasil, criados por diferentes gerações, de diferentes costumes em diferentes épocas. E nas relações sociais de produção da música, tem-se uma submissão da obra a uma dinâmica que a fará evoluir no sentido de se aproximar das formas de entretenimento e lúdicas da população que não é apenas negra, mas também branca, de outros imigrantes. Essas relações se transformarão mais rapidamente do que as que estão subordinadas ao culto ritual, formal, das religiões. Elas evoluem e dão origem ao samba, ao samba de roda, ao maxixe, com melodias da religião deles, que eles têm como fundo mental quando vão produzir variações sobre essas melodias para suas criações.

---

3 Outra forma de escrever "Assiata", tratando-se da mesma pessoa.
4 Além da Praça Onze e do Estácio, foram importantes focos formadores do samba contemporâneo no Rio de Janeiro, o morro de Santo Antônio, o morro do Castelo e o morro dos Cabritos. A demolição dos dois primeiros levou também a seu desaparecimento como memória cultural.
5 Não raro, percebe-se o desconhecimento quanto à capacidade intelectual do negro africano, que surpreendia os colonizadores analfabetos, por aqueles muitas vezes lerem e escreverem em um idioma estranho, o árabe, como mostra o documentário *Casa-grande & senzala*, da RTC.

O samba profano é, assim, a música religiosa que está em uma comunidade híbrida, na rua, em manifestação coletiva, mas fruto de individualidades não organizadas ritualisticamente. É o caso de Sinhô, Donga e todos os demais.

Essa derivação ocorre em diferentes momentos históricos desde o século XIX. Por razões metodológicas, serão apresentados três casos em que a derivação é acompanhada da denominação "samba" e que diretamente se relacionam com o objeto deste trabalho. Ou seja, a explicação de uma relação entre o samba e a construção de uma identidade nacional no Brasil. A presença de outros derivados se justificarão por razões explicativas dos casos acima citados, quando da sua necessidade.

O ambiente onde esse samba se desenvolve é resultante de um processo histórico que conjuga variáveis históricas, econômicas e políticas, cujo epicentro é a cidade do Rio de Janeiro pós-Abolição, que era, de fato, o principal centro produtor e consumidor de cultura no país, coincidentemente sua capital.

Portanto, a compreensão do contexto em questão inclui inúmeros fatores:

- vivia-se em um período de subordinação de toda a economia às oscilações do preço do café no mercado internacional;
- estava-se em um momento de transição política por que passava a sociedade brasileira, no qual o novo regime enfrentava graves problemas;
- havia uma trégua econômica obtida pelo preço de uma maior dependência do capital financeiro internacional, acontecia a modernização da cidade, inspirada na reforma de Paris, e enquanto as elites se acertavam no novo sistema, Campos Salles e muitos outros governantes repudiavam as classes populares urbanas, as quais, por sua vez, eram vítimas de uma forte taxação sobre o consumo;
- a consolidação provisória do Estado republicano obtinha o apoio das oligarquias estaduais, enquanto se estabeleciam as relações do sistema de controle e distribuição do poder, em arranjo político, até 1930;
- a capital do Brasil era o principal mercado de consumo dos produtos importados pelo país, onde havia uma infraestrutura de serviços para atender as necessidades geradas pelo desenvolvimento do capitalismo, servindo de fonte de concentração de trabalhadores pobres.

O negro como problema

Naquele contexto, no entender das elites, o negro era um problema, pois, como viera ao Brasil para ser escravo, seria aviltante para a sociedade se ele participasse do processo de formação da cultura brasileira. Tendo isso afinal ocorrido com a assimilação das danças e da música dos negros, seria preciso ocultar evidências desse fato e estabelecer uma história em que sua participação no processo cultural fosse obscurecida ou negada.

Para tal, concorreram as transformações provocadas na vida do negro com a libertação oficial e uma nova racionalidade social. Mesmo adquirindo a liberdade, ficou o negro estigmatizado pelo preconceito de cor e pela servidão.[6] Restou-lhe uma vez mais apegar-se à sua cultura tradicional, encontrando em sua atividade religiosa e em grupos festeiros, as novas formas de organização de sua unidade cultural. Sem os recursos para ascender socialmente, a comunidade negra se apoia em suas expressões culturais, como candomblé, capoeira, bumba meu boi, romarias religiosas, maxixe, violão, serestas, cordões carnavalescos, que "passam a ser objeto da vigilância do poder estatal, que volta e meia interfere, legisla, adverte, proíbe e reprime. É o olhar do poder que tudo quer controlar".[7] Pode-se mesmo concluir que esse processo foi eficaz, uma vez que a intelectualidade social dos negros morreu sem ter acesso aos mecanismos de poder. Nem tampouco pôde participar dos canais formais da informação.

Com todas as adversidades, cria a cultura negra estratégias próprias de defesa, cujo maior exemplo foi a casa da Tia Ciata, onde os elementos marginalizados pelas propostas modernizadoras conseguiam – através do candomblé – criar uma verdadeira comunidade popular sob liderança de negros oriundos da Bahia. Estruturada a partir dos centros religiosos e das festas, aquela comunidade oferecia alternativas de organização fora dos modelos da rotina fabril.[8] Dentre elas, as festas religiosas ligadas ao catolicismo e principalmente o carnaval.

A compreensão do processo de desenvolvimento da cultura musical que se enraizou e produziu diferentes gêneros requer observar-se a con-

---

6 Uma ideologia da desqualificação e contra as expressões da cultura popular, levada a cabo pela *Revista da Semana*, teve grande eficácia. Ver Velloso, *As tradições populares na belle époque carioca*.
7 Ibid., p.9.
8 Ibid., p.14-16.

vergência histórica de fatores que inclui, ainda, a Guerra do Paraguai e a Guerra de Canudos, após as quais muitos se dirigiram ao Rio de Janeiro. No Exército, muitos negros tiveram contato com os instrumentos de sopro ali utilizados, engrossando o já não pequeno grupo de talentosos músicos e cantores negros dotados de erudição.

A erudição dos negros

Apesar das raras fontes que se pode encontrar, é possível reconstruir um pouco da capacidade criadora, de assimilação e de aprendizado de novas linguagens. E ainda, observar que não foi gratuita a criação de gêneros musicais pelo negro, pois este já detinha o conhecimento musical empírico e o desdobrou em novas formas a partir de sua música religiosa. Assim aprendeu a tocar outros instrumentos. Utilizou-se também da linguagem teórica ocidental para cristalizar sua cultura. Como exemplo, tem-se Pixinguinha como um dos maiores arranjadores brasileiros.[9]

A erudição e o conhecimento musical do negro, em escala considerável[10] segundo os moldes ocidentais, foram documentados no início do século XIX, quando da vinda da Corte portuguesa ao Brasil. Havia no Rio de Janeiro, na fazenda de Santa Cruz, um conservatório de música fundado pelos jesuítas para o ensino de música aos negros. Isso mostra Renato Almeida em citação tirada do *Essai statistique sur le royamme de Portugal et d'Algarve* [Ensaio estatístico sobre o reino de Portugal e Algarves], de Balbi. Diz esse autor, que

> Sua Majestade e toda a Corte foram tomados de espanto, na primeira vez em que assistiram à missa na igreja de Santo Inácio de Loiola, em Santa Cruz, pela perfeição com a qual a música vocal e instrumental era executada por negros dos dois sexos, que se tinham aperfeiçoado nessa arte segundo o método introduzido diversos anos antes pelos antigos proprietários desse domínio, método que por felicidade ali se conservara [...] Sua

---

9 Veja-se, por exemplo, o caso do jazz, música norte-americana criada pelos negros, tendo à frente compositores e arranjadores da magnitude de Duke Ellington, Charles Mingus, Thelonious Monk, entre dezenas de outros, admirados em todo o mundo.
10 Havendo a população branca no século XVIII variado entre 10% e 20% da população negra, é evidente que a maioria dos músicos ocidentais na Colônia do período pré-joanino era constituída de negros e caldeados.

Majestade assistiu várias vezes à cerimônia religiosa em que toda a música foi executada por seus escravos músicos [...] Sua Alteza Real, o Príncipe do Brasil [...] encarregou os irmãos Portugal de compor óperas que eram inteiramente executadas por esses africanos, sob os aplausos de todos os conhecedores que os ouviram.[11]

Encontra-se ainda a capacitação técnica musical dos negros nas bandas de barbeiros, um trabalho urbano realizado no período colonial por negros livres ou a serviço de seus senhores. José Ramos Tinhorão sugere que o aparecimento dessas bandas se deu porque

> Ao lado das músicas de dança que, a partir dos batuques à base de percussão de tambores e sons de marimbas de negros, acabariam por levar à criação de canções, através do desdobramento melódico dos estribilhos por tocadores de viola brancos e mestiços, [...] [que fariam] surgir durante a segunda metade do século XVIII – ainda uma vez na Bahia e no Rio de Janeiro – um tipo de música instrumental que por sua origem, espírito e função já se poderia chamar de popular, em sentido moderno: a música de barbeiros. [...] Realmente, entre as atividades urbanas historicamente desempenhadas no Brasil colônia por negros livres ou a serviço de seus senhores, a que por seu caráter de atividade liberal mais conferia destaque pessoal era a de barbeiro.[12]

De 20 a 22 de outubro de 1802, escrevia Thomas Lindley em seu diário, preso por tentativa de contrabando, no Forte do Mar, na Bahia:

> O fato de estar o forte situado em posição central quanto à navegação não é pequeno alívio ao meu atual confinamento, pois sempre me oferece uma variedade de objetos que prendem a atenção e afastam momentaneamente as reflexões. Passam, frequentemente, bandas de música em grandes lanchas, tocando pelo caminho, rumo às vilas da vizinhança na baía, para comemorar o aniversário de algum santo ou por ocasião de alguma festa especial. É também costume, nos navios mercantes da rota da Europa, haver música à sua chegada, à sua partida, e no primeiro dia do seu car-

---

11 Balbi, *Essai statistique sur le royaume de Portugal et d'Algarve*, apud Almeida, *História da música brasileira*, p.311.
12 Tinhorão, *História social da música popular brasileira*, p.155, 157.

regamento, o que repetidamente nos proporciona um pequeno concerto, encantador porque provém das águas.

Esses músicos são pretos retintos, ensaiados pelos diversos barbeiros-cirurgiões da cidade, da mesma cor, os quais vêm sendo músicos itinerantes desde tempos imemoriais. Dispõem sempre de uma banda completa, pronta para entrar em função [...].[13]

Outras referências a músicos negros no século XIX encontram-se principalmente nas obras dos viajantes que aqui estiveram, tais como Thomas Ewbank,[14] Jean Baptiste Debret,[15] Spix e Martius[16] e outros citados por Mary Karash,[17] por ela encontrados na Biblioteca do Congresso norte-americano.

Jean-Baptiste Debret, *Begging for the Holy Ghost*.

---

13 Lindley, *Narrativa de uma viagem ao Brasil*, p.72-3.
14 Ewbank, *Vida no Brasil*, p.91, 191.
15 Debret, *Viagem pitoresca e histórica ao Brasil*, v.1, p.151, e v.2, p.165.
16 Spix; Martius, *Viagem pelo Brasil*, p.56.
17 Karash, *A vida dos escravos no Rio de Janeiro (1808-1850)*.

A litografia acima, *Begging for the Holy Ghost* (Pedindo pelo Espírito Santo), publicada entre 1846 e 1849 no álbum *Brazilian Souvenir* [Lembrança brasileira] de Ludwig e Briggs,[18] nitidamente evidencia o já antigo contato dos negros com instrumentos de sopro e sua capacidade de tocá-los.

Outros exemplos do conhecimento musical dos negros africanos e seus descendentes está nos trovadores e músicos de rua, ilustrado por José Ramos Tinhorão em *Música Popular*.[19]

A erudição dos negros pode ainda ser demonstrada pela simples observação de que os personagens principais de nossa história da música popular, nascidos no final do século XIX, eram filhos ou sobrinhos de músicos de raro talento. Por exemplo, Heitor dos Prazeres, nascido em 23 de setembro de 1898 (embora seu registro tenha ocorrido com data de 2 de julho de 1902), declarou a Muniz Sodré, em entrevista à revista *Manchete*, que seu

> [...] pai só se ausentava do banco de marceneiro para tocar clarinete e caixa na banda da famosa Guarda Nacional [...] Meu tio Lalau de Ouro (Hilário Jovino) pai do sambista Amor (Getúlio Marinho) era compositor famoso nas rodas de música popular. Foi um dos que trouxeram a capoeira para o Rio.[20]

De onde se percebe que já havia no Rio de Janeiro um grupo de negros que eram músicos e não eram escravos.

Existe, portanto, uma tradição de fazer música, que é crioula, feita na terra e que mesmo de posse de um novo patrimônio adquirido de tecnologia musical com os instrumentos de sopro, cavaquinho, violão e mesmo o piano, não há quaisquer indícios de que isso possa ter desafricanizado o samba. Pois suas características mantiveram-se presentes. De fato, se vê que a característica de assimilação pelo africano, já descrita anteriormente, adaptou

---

18 Ludwig; Briggs, *Brazilian Souvenir*.
19 "Desses trovadores de rua que chegaram a deixar nome nos anais modinheiros da Bahia, o mais famoso foi, certamente, o mulato de voz de barítono Xisto Bahia (Salvador, BA, 1841, Caxambu, MG, 1894)"; "Quem não conhece o Saldanha, um velho português baixo, gordo e cego, que tocava viola havia mais de vinte anos com um negro também cego da ilha da Madeira, flautista emérito?"; "Outro músico das ruas, que me deixou arraigada lembrança foi o João Batista, um crioulo cego, de legítima e limpa descendência africana, que floreava no violão como um anjo". Tinhorão, *Música Popular*, p.12, 25, 30.
20 Os inventores do samba 3 – Heitor dos Prazeres, *Manchete*, 8 out. 1966, p.60.

e incluiu outros instrumentos na sua música. Por ter sido de seu interesse, e não por ter sido obrigado a isso, incorporou-os à sua prática cultural.

Gastão Cruls relata que o músico austríaco Neukomm, professor de contraponto e harmonia no início do século XIX, ao voltar à Europa

> [...] divulgou um apanhado de modinhas brasileiras ouvidas aqui do mulato Joaquim Manoel – um extraordinário guitarrista. Bem pouco se sabe a respeito desse mestiço, de grande talento musical e que fazia prodígios no violão. "Sob os seus dedos", diz Freycinet, "este instrumento tinha um encanto inexprimível, que eu nunca tive o prazer de apreciar entre os guitarristas europeus." Joaquim Manoel passa por ter sido o inventor do cavaquinho.[21]

Assim, ainda que não se possua, de um lado, evidências da produção musical dos negros até a segunda metade do século XIX, não se pode, por outro lado, deixar que excessiva ingenuidade leve a concluir que aqueles músicos e cantores apenas praticassem a música clássica e religiosa ensinada e imposta pelos professores, ou que os músicos da rua ou das bandas de barbeiros apenas fizessem uso dos instrumentos para tocar as músicas para as quais eram requisitados. É de se esperar que, em momentos de convivência social, nas práticas culturais cotidianas, apresentavam-se para deleite próprio e dos seus, com a música que traziam nas suas tradições, embora incluindo instrumentos musicais de outros povos. Muitos dos quais eram originários da África, caso do violão, da flauta etc.

Segundo a narrativa de Lindley acima, a caminho de um aniversário, uma festa especial, entende-se que os músicos tocavam nos barcos por iniciativa própria, não por estarem obrigados. Quando se age dessa forma, faz-se pelo prazer, por algo de que se gosta. Tocando pelo prazer, tocavam a sua música e não a que deveriam tocar durante o "trabalho".[22]

Debret, ao referir-se aos negros barbeiros, observava que, com seus mil talentos, eram capazes de executar, no violão ou na clarineta, valsas e contradanças francesas, em verdade arranjadas a seu jeito.[23] Com o objetivo de

---

21 Cruls, *Aparência do Rio de Janeiro*, p.271.
22 Nos finais de noite, quando um bar ou casa noturna já está quase vazio e resta ainda um horário a cumprir, o que os músicos tocam é a música que lhes agrada e não o repertório do entretenimento. Portanto, é de se crer que essa prática também fez parte do trabalho de todas as gerações de músicos. E assim, ao tocar para si, os "barbeiros" e demais músicos tocavam a sua música.
23 Debret. *Viagem pitoresca e histórica ao Brasil*, p.151.

satisfação pessoal, eles passaram a formar seus ternos para tocar nas festas de igreja, pois com sua habilidade podiam ganhar algum dinheiro.[24]

Como já exemplificado anteriormente, o que caracteriza um gênero, ou estilo, não é o conjunto de instrumentos utilizados, mas o seu ritmo, a sua maneira de acompanhar, ou mesmo em termos mais coloquiais, a batida, que de acordo com Carlos Sandroni, diz muito sobre o conteúdo da canção.

> A batida é de fato, na música popular brasileira, um dos principais elementos pelos quais os ouvintes reconhecem os gêneros. Neste país, e certamente em outros também, quando estudamos uma canção, a melodia, a letra ou estilo do cantor permitem classificá-la num gênero dado. Mas antes mesmo que tudo isso chegue a nossos ouvidos, tal classificação já terá sido feita graças à batida que, precedendo o canto, nos fez mergulhar no sentido da canção e a ela literalmente *deu o tom*.[25]

Essa batida é o que aqui se denomina ritmo do acompanhamento. Ainda Donga em sua sabedoria nos ensina que

> O ritmo caracteriza um povo. Quando o homem primitivo quis se acompanhar, bateu palmas. As mãos foram, portanto, um dos primeiros instrumentos musicais. Mas como a humanidade é folgada e não quer se machucar, começou a sacrificar os animais, para tirar o couro. Surgiu o pandeiro. E veio o samba. E surgiu o brasileiro, povo que lê música com mais velocidade do que qualquer outro no mundo, porque já nasce se mexendo muito, com ritmo, agitadinho e depois vira capoeira até no enxergar.[26]

O espetáculo do samba

Pode-se estabelecer que o samba nasce como espetáculo no período entre o fim da Guerra do Paraguai e a Primeira Guerra Mundial.

Levado da Bahia para o Rio, ali foram fornecidas as condições para que se configurassem diferentes estilos, modos de tocar e cantar a música afro-

---

24 Tinhorão, *História social da música popular brasileira*, p.162.
25 Sandroni, *Feitiço decente*, p.14.
26 Alves, *Sua excelência o samba*, p.30.

-religiosa, trazida pelas tias baianas e os de sua comunidade. Saído da prática do cantar, dançar e tocar coletivos, historicamente o fato que chama a atenção é o surgimento do samba *Pelo telefone*, de 1916, pelo que ele representou na sociedade da época. Foi o definitivo reconhecimento, o sucesso de uma música de negros, que ainda pelas palavras do autor, entende-se que pelo preconceito sofrido ainda precisava ser maquiada para ser aceita. Conta o cronista Vagalume que, ao perguntar a Donga o que este desejava, ele teria lhe respondido: "Apenas uma notícia de que acabo de compor um tango-samba carnavalesco *Pelo Telefone*, com letra de Mauro".[27]

É bastante curioso que o próprio Donga, teoricamente um autêntico defensor de sua cultura no Brasil, denominasse sua composição como tango-samba-carnavalesco. Esse fato de real relevância pode significar um provável maquiamento para evitar problemas com a ordem instituída.

Com referência à expressão "tango", verifica-se, contudo, que Jota Efegê, em *Maxixe, a dança excomungada*, a encontrou em 1881 designando uma ligação com a prática cultural dos negros, de fato pejorativamente relacionando o negro ao macaco.

Diz o autor que

> [...] o padre José Joaquim Correia de Almeida, poeta satírico mineiro, em seu livro *A república dos tolos*, editado no Rio de Janeiro em 1881, já naquela época se referia ao maxixe. Não o fazia dando-lhe o nome exato, a denominação precisa, mas permitia sua fácil identificação aludindo ao *tango* que convidava ao bamboleio dos quadris, como se vai ler nas quadrinhas abaixo:
>
>> Não viste alguma vez em tua vida
>> uma dança africana e que se chama tango?
>> Se tal bambolear os teus quadris convida,
>> repara que a lição te ensina o orangotango.[28]

Outra referência encontra-se em Sandroni:

> Escreve Carlos Vega: "O que há de notável no emprego da palavra tango é sua tendência a referir-se principalmente a coisas do ambiente popular americano [...] a palavra 'tango' se aplica às coisas dos afro-americanos".

---

[27] Guimarães apud Moura, p.77.
[28] Efegê, *Maxixe, a dança excomungada*, p.22.

Vega, no artigo citado, e Gesualdo dão vários exemplos de emprego da palavra no início do século XIX na região platina, em Cuba e no México, com o sentido de baile de negros, lugar onde esses bailes se faziam, música ao som da qual dançavam. Por exemplo, em 1816 o Cabildo de Montevidéu decidia que "ficam proibidos dentro da cidade os bailes conhecidos pelo nome de Tangos, e só serão permitidos fora dos muros da cidade nas tardes dos dias de festa".[29]

É ainda esse autor quem indica que, no sentido da relação entre "tango" e cultura negra, outras referências

> são encontradas em alguns dos tangos da segunda metade do século XIX presentes na coleção da BNRJ, como no da opereta *A pera de satanás*, de Henrique de Mesquita, que na capa é dita "tango dos pretos". Ou no "tango dos capoeiras" que integrava o repertório da revista *D Sebastiana*, de 1889, pois já então a palavra capoeira designava os praticantes do conhecido "jogo atlético de origem negra, introduzido no Brasil pelos escravos bantos de Angola".[30]

Retomando o tema já tratado no capítulo 1, historicamente, a expressão "samba" parece ter surgido em selo de disco anteriormente à gravação de *Pelo telefone*, sendo este um assunto, como já foi dito, que ainda gera celeuma entre estudiosos da cultura popular. A própria gravadora Odeon, que registrou o samba de Donga em 1917 sob o número 121.313, entre 1912 e 1914 havia lançado uma série, em cujo catálogo eram classificados como samba, *Descascando o pessoal* (137.088) e *Urubu malandro* (137.089). Em outra série, de 1912 a 1915, também estão identificados como samba *A viola está magoada* (120.445) de Catulo da Paixão Cearense e *Moleque vagabundo* (120.979) de Lourival Carvalho. Com números de série 121.057, 121.165 e 121.176, a Odeon tem respectivamente *Chora chora chorodô*, cantada por Bahiano, *Janga*, com o Grupo Paulista, e *Samba roxo*, com Eduardo das Neves, portanto, anteriores a *Pelo telefone*, de número 121.313.[31]

De selos diferentes, encontram-se outras séries. A Columbia editou, entre 1908 e 1912, sob a denominação "samba" a gravação *Michaella*, com

---

29 Sandroni, op. cit., p.77.
30 Ibid., p.77-78.
31 Ver Funarte, *Discografia brasileira*.

Bartlet, *Quando a mulher não quer*, com Arthur Castro, e *No samba*, com Pepa Delgado e Mário Pinheiro. A Favorite Record, entre 1910 e 1913, tem em seu catálogo *Samba – em casa de bahiana* (1.452.216), com o conjunto da Casa Faulhaber, o selo Phoenix tem antes de 1915 as gravações *Flor do abacate* (70.711), *Samba do urubu* (70.589), com o Grupo do Louro, *Samba do pessoal descarado* (70.623), com o Grupo dos Descarados, *Vadeia caboclinha* (70.691), com o Grupo Tomás de Souza, e *Samba dos avacalhados* (70.693), com o Grupo do Pacheco, coro e batuque.[32] Títulos esses pitorescamente insultuosos.

Há ainda uma gravação da Casa Edison sob n. 10.063, com o título *Um samba na Penha*, cuja autoria é atribuída por Maurício Quadrio a Francisco Assis Pacheco, com data de 1904.

Estudiosos do tema comumente alegam que, apesar da denominação samba, a grande maioria dessas gravações não contêm as características do samba ou mesmo do maxixe, a que o próprio *Pelo telefone* se assemelha.

Isso denota que ainda não se sabia do que se tratava ou o que era o samba, ou mesmo que tudo ou qualquer coisa poderia ser samba, qualquer coisa desclassificante. Mas uma audição de algumas daquelas gravações, por exemplo, *A viola está magoada*, de Catulo da Paixão Cearense, e *Chora chora choradô*, cantada por Bahiano, pode demonstrar que alguns dos elementos da música religiosa negra ali podem ser detectados.

Em *História do carnaval carioca*, Eneida reproduz algumas opiniões de Almirante, que resume a questão dizendo que

> A palavra [samba], que até 1917 era usada para indicar agrupamento ou até mesmo uma festa, passou a dar nome a um gênero de música. [...]
>
> A partir de 1915, já as músicas foram feitas para o povo. No tempo em que os bailes eram dados com piano, os pianistas faziam ponto nas diversas casas de música existentes na cidade: a Artur Napoleão, a de Eduardo Souto e outras, que se encarregavam de publicar em folhetos as músicas que iriam ser cantadas no carnaval. Então acontecia um fato bem demonstrativo do espírito carnavalesco do carioca: um pianista sentava ao piano para tocar as músicas, enquanto o povo do lado de fora aprendia a cantá-la. Juntava gente, a massa aumentava. Com os folhetos nas mãos, o povo ensaiava o seu carnaval.
>
> O aparecimento do *Pelo telefone*, de Donga, em 1917, marca o nascimento de um novo carnaval. O carnaval do samba. A denominação "sam-

---

32 Ibid.

ba", usada em 1917 para designar um gênero de música, não se fixou imediatamente. Os próprios compositores do tempo ainda vacilavam quanto às denominações que deviam dar às suas produções. Há edições de *Pelo telefone* em que a música é apontada ora como maxixe, ora como tango. Ela foi se definindo pouco a pouco.

Em 1920, tudo era samba, de tal maneira que Eduardo Souto escrevia o *Pois não*, que é marcha e ele intitulou samba. Pensavam que samba servia para denominar qualquer música para o carnaval. Samba é um gênero musical, um ritmo diferente.[33]

As derivações

A pequena África no Rio de Janeiro ou a casa de Tia Ciata

Ernesto dos Santos[34] (Donga) e *Pelo telefone*

"Tia Assiata era um produto do meio."[35]

Polêmico o trabalho de Donga, por inúmeras razões, dentre elas a de ter sido o primeiro samba registrado em gravações e o dos créditos da autoria deste. Neste estudo, a autoria única de Donga ou a do grupo que se reunia na casa da Tia Ciata[36] – reduto dos negros no Rio de Janeiro, que também pleiteia a autoria (coletiva) da música – é de somenos importância. Em qualquer um dos casos, *Pelo telefone* originou-se da prática musical dos negros daquela cidade.

Uma cópia da partitura impressa[37] foi encontrada nos arquivos da Divisão de Música e Arquivo Sonoro da Biblioteca Nacional no Rio de Janeiro, como a gravação de Bahiano[38] realizada em 1917.

---

33 Ibid., p.145-6.
34 Ernesto Joaquim Maria dos Santos (1889-1974), compositor e instrumentista.
35 Duarte, A boa praça do carnaval, *Guanabara em Revista*, n.18, Rio de Janeiro, 1969, p.40.
36 Sobre esse caso, ver Moura, *Tia Ciata e a pequena África no Rio de Janeiro*.
37 A 6 de novembro de 1916, Donga entrega uma petição de registro no Departamento de Direitos Autorais da Biblioteca Nacional, do Rio de Janeiro, para o samba carnavalesco Pelo telefone. A partitura manuscrita para piano foi feita por Pixinguinha. Ver verbete Pelo telefone, *Enciclopédia da música brasileira erudita, folclórica, popular*.
38 Manuel Pedro dos Santos (1887-1944), cantor, compositor e instrumentista. Embora se tenha encontrado grafado também como Baiano, preferiu-se a forma com "h", por estar em impressos da época.

Bahiano canta em um ritmo mais lento do que o da introdução tocada pelo violão e demais instrumentos. Utiliza também a fermata nos inícios de frase, retomando o tempo no compasso seguinte e diferentemente dos intérpretes posteriores, não repete as partes da música, que ficam com 8 compassos cada, em lugar de 16, à exceção da parte B.

Notam-se algumas variações na interpretação em relação às versões posteriores. É, contudo, relevante na partitura impressa, o fato de não se encontrar as síncopas dos grupos de semicolcheia colcheia e semicolcheia na parte A e as finalizações da parte C, como se verifica na gravação.

Chama a atenção um instrumento de sopro tocando a melodia nos compassos 23, 24, 25 e 26[39] da partitura, transcritos no exemplo abaixo, juntamente com seus equivalentes no canto e na partitura.

exs. 31 e 32

O instrumento de sopro acompanha a melodia durante o canto. Isso permite deduzir que o trecho transcrito do instrumento deveria ser a me-

---

39 O ex. 31 refere-se à primeira vez que a melodia é cantada e o ex. 32 refere-se à segunda vez.

lodia cantada. Esta não o foi porque o intérprete obedecia a normas que lhe foram estabelecidas para o registro fonográfico? E o músico assim o fez para deixar a indicação de que assim é que deveria ser, num ato consciente e contrário ao que possivelmente lhe haviam estabelecido? Porque daquela forma ouvia e tocava dentro de sua comunidade e instintivamente o fez? Essas questões parecem oportunas, pois ao se comparar com a gravação da mesma música por Almirante, com a Orquestra de Pixinguinha, de 1955,[40] encontra-se a mesma frase rítmica, nos mesmos trechos.

Percebe-se, também, que o acompanhamento em sua grande parte é feito com a figura do ex. 33, apresentando, portanto, a mesma figura do acompanhamento dos gêneros maxixe e tango.

Na partitura impressa, a primeira parte da melodia é escrita na linha da clave de sol com as figuras do segundo tempo do compasso como colcheia e duas semicolcheias em lugar de semicolcheia, colcheia e semicolcheia. Essa figura apenas se encontra no primeiro tempo da figura da linha na clave de fá.

A figura sincopada no segundo tempo aparece apenas na segunda parte, dentro da célula pausa de semicolcheia, colcheia e semicolcheia. Entretanto, no segundo compasso dessa parte e suas repetições, a partir do terceiro compasso da primeira linha da página três da partitura, a síncopa não é cantada na gravação; está como duas colcheias que resolvem no primeiro tempo do compasso posterior.

Ao se comparar a partitura impressa em 1916[41] e a gravação de 1917 por Bahiano com a gravação de José Gonçalves, de 1940, observa-se que ambas diferem no acompanhamento e também na melodia.

A partir dessas constatações, as questões que se colocam são: as mudanças foram deliberadas na interpretação pelos arranjadores, músicos e cantor de 1940, ou seja, a partitura estava correta e foi interpretada de outra forma? Como a partitura estava originalmente, visava modificar as síncopas, para facilitar a leitura daqueles que pudessem comprá-la (1$500

---

40 Ver *Os grandes sambas da história*, v.1.
41 Para o registro na Biblioteca Nacional, realizado em 1916, a partitura manuscrita para piano foi produzida por Pixinguinha. A falta desta impossibilita a comparação com a parte impressa e por isso tomar-se-á esta última como cópia fiel do original.

réis) para tocar nas casas particulares onde havia piano, ou, deliberadamente alterando a estrutura rítmica, estar-se-ia "desenegrecendo" a popular canção, para que esta pudesse frequentar as casas das camadas médias da população? Pois a figura rítmica em questão, ao ser tocada, acompanha a segunda colcheia do segundo tempo com facilidade, a qual não é a mesma ao sincopar a melodia.

Entretanto, a questão se torna ainda mais agudizante, quando, no acompanhamento feito pela mão esquerda da partitura impressa, encontra-se a figura rítmica semicolcheia colcheia semicolcheia no primeiro tempo e duas colcheias no segundo tempo, em toda a extensão da melodia. A figura, encontrada no tango brasileiro e no maxixe, é denominada por Sandroni como "tresillo".[42] Ou seja, aquela forma de samba seria um "maxixe estilizado"?

O acompanhamento do violão e do banjo, ou cavaquinho, na gravação de 1917, segue a figura rítmica da partitura, impressa em dezembro de 1916. É similar ao maxixe e ao tango brasileiro. A percussão, que definiria o acompanhamento de forma indiscutível, não era permitida naquelas gravações. Permite esse fato, associado à forma como se toca o sopro, segundo os exs. 31 e 32, fazer acreditar que a gravação foi realizada com especificações predeterminadas e também havia outras formas de elaborar ritmicamente melodias dentro da mesma cultura em que aquele samba foi gerado, como o fez o instrumento de sopro e far-se-ia anos depois. Pressupõe-se, portanto, que as figuras em questão já existiam na prática musical daqueles músicos, de uma ou outra forma. Elas não surgiam em grande escala, porque não eram utilizadas naquele momento histórico-musical, mas passariam a ser determinantes no estilo que se formaria posteriormente.

A interpretação básica demonstra:

- pulsação rítmica;
- compasso binário;
- subdivisão quaternária com presença ininterrupta da semicolcheia;
- construção de células rítmicas de dois e quatro compassos na melodia e no acompanhamento;
- melodia e acompanhamento com ritmo sincopado;
- resolução de frases rítmicas nas síncopas;
- sensação de acentuação ou deslocamento do tempo forte para o segundo tempo;

---

42 Sandroni, op. cit., p.29. O autor a considera a mais importante variação do "tresillo".

- notas-fantasmas;
- uso de glissandos ligados e sincopados;
- uso fundamental da percussão e da forma percussiva de tocar os demais instrumentos.

Para as observações, buscou-se realizar uma pesquisa no conjunto das músicas que, a partir de *Pelo telefone*, tornaram-se sucesso como samba ou samba carnavalesco, verificando a recorrência do resultado dessa análise de *Pelo telefone* nas seguintes gravações:

- *O malhador* – samba carnavalesco, de Donga, Pixinguinha e Mauro de Almeida, gravado em 1918 por Bahiano, disco Odeon 121.442;
- *O veado à meia-noite* – samba carnavalesco, de Donga, gravado em 1918 por Bahiano, disco Odeon 121.443;
- *Confessa meu bem* – samba carnavalesco, de José B. da Silva (Sinhô), gravado em 1919 por Eduardo das Neves, disco Odeon 121.528;
- *Deixe deste costume* – samba carnavalesco, de Sinhô, gravado em 1919 por Eduardo das Neves, disco Odeon 121.529;
- *Só por amizade* – samba carnavalesco, de Sinhô, gravado em 1919 por Eduardo das Neves, disco Odeon 121.530;
- *Você me acaba* – samba carnavalesco, de Donga, gravado em 1919 por Bahiano, disco Odeon 121.534;
- *Já te digo* – samba carnavalesco, de Pixinguinha e China, gravado em 1919 por Bahiano, disco Odeon 121.535;
- *Aristides sai da toca* – samba carnavalesco de José Napolitano, gravado em 1920 por Bahiano, disco Odeon 121.920.

Portanto, não encontrando a recorrência de outras figuras sincopadas como a citada (ex. 31), conclui-se que embora aquelas pudessem ser incorporadas, não o foram dentro daquele estilo. Entretanto, elas surgem na gravação de *Pelo telefone* realizada por Zé Gonçalves, como características marcantes.

A versão de 1917 apresentou uma similitude com o tango ou o maxixe no acompanhamento. Sendo a gravação imediatamente posterior à publicação da partitura, crê-se ter sido interpretada dentro das determinações da época. "Donga" não aprovara as gravações de então,[43] embora não se saiba o que ele desgostava. Mas a evidência nos mostra (exs. 31 e 32), onde

---

43 *História do samba*, op. cit., p.15.

um instrumento de sopro ouvido ao fundo apresenta uma diferente versão rítmica da melodia em questão, nas duas vezes em que ele aparece. Aquela frase rítmica é também similar à da gravação de Almirante, em 1955, com arranjo de Pixinguinha.

Nesta, assim como na gravação de Zé da Zilda em 1940, encontram-se características como as descritas na seção do capítulo anterior dedicada à música religiosa negra, como mostram as interpretações básicas e um trecho das melodias no exemplo 34.[44] Apresentam ambas as complexidades rítmicas da música negra religiosa.

ex. 34

A explicação de como essa música pode ser interpretada de formas diferentes, seguir-se-á após se observar alguns casos.

Eduardo das Neves

Palhaço, poeta, cantor e compositor nascido em 1874, o "Palhaço Negro" ou "Diamante Negro" é um caso interessante, pela diferença na sua interpretação.

Vejam-se as músicas *Bolidô* e *Lalu de ouro*, sambas carnavalescos de autor desconhecido, gravados em 1919, respectivamente discos Odeon 121.522 e 121.523.

O acompanhamento do violão não contém a figura semicolcheia, colcheia e semicolcheia seguida por duas colcheias, como no maxixe e no samba de Donga e Sinhô. Pelo contrário, o baixo do violão é tocado com a figura da colcheia pontuada e semicolcheia, em movimento circular, em uma sequência harmônica de sol, mi menor, lá menor, ré com sétima e volta ao sol, enquanto a melodia é rica em síncopas e figuras complexas.

Por se tratar de músicas de autor anônimo, pressupõe-se sejam parte do cancioneiro – dito folclórico – que Eduardo das Neves trazia desde o final do século XIX, embora o texto tenha sido adaptado à sua época.[45]

---

[44] O trecho referente ao Candomblé foi transcrito da análise de Iemanjá do capítulo 2.
[45] Em geral, as canções populares tratavam de temas e acontecimentos contemporâneos.

Entretanto, chama a atenção nestes dois sambas o fato de se aproximarem mais do samba moderno do que *Pelo telefone*. Há ainda uma aproximação maior dos elementos da música religiosa negra.

Veja exemplos:

Ex. 35, acompanhamento do baixo do violão.

Ex. 36, figuras rítmicas da melodia de *Bolidô*.

Ex. 37, figuras rítmicas da melodia de *Lalu de ouro*.

Os compositores do Estácio

Sérgio Cabral, em *As escolas de samba*, lembra que foi no Estácio de Sá, "a quinze minutos a pé da Rua Visconde de Itaúna", onde se reunia a "fina-flor da música popular carioca, como, por exemplo, Donga (Ernesto dos Santos), Pixinguinha, João da Baiana, Sinhô e outros", que o samba "começou a ganhar a forma que mantém até hoje quando cantado no carnaval, distinguindo-se do samba amaxixado que começou com Donga em *Pelo telefone*, e se consagrou com Sinhô – José Barbosa da Silva – chamado 'O Rei do Samba'".[46]

Sandroni, assim como Sérgio Cabral, considera dois diferentes momentos do samba. Um primeiro, com *Pelo telefone*, e outro que considera o "paradigma do Estácio", em referência ao grupo de sambistas que fundou a primeira escola de samba.[47]

O samba como ficou estabelecido a partir do fim da década de 1920 é realmente distinto do samba de Donga, Sinhô e seus contemporâneos. Até mesmo na visão de escritores como Ary Vasconcelos, o qual em matéria já citada afirma que, "se formos usar de um critério rígido, nem o próprio *Pelo telefone* é um samba, sendo, em certas passagens, literalmente um maxixe". E credita ao filólogo e estudioso da música popular brasileira Cruz Cordeiro a afirmação de que o surgimento do samba puro, "liberto de outras influências", ocorreu por volta do carnaval de 1930. Na entrevista a Ary Vasconcelos, Cordeiro diz que o que se chama samba "típico", como "produto carioca", se deu quando

> [...] parte do instrumental do choro (violões, cavaquinhos), misturado com a batucada do samba do morro carioca (surdo, cuíca, pandeiro, tamborim) apareceu na organização urbana do "Bando dos Tangarás". Foi assim com esse conjunto que vamos ter a transição do choro para a atual forma legítima do samba. Foi o referido "Bando" que, gravando em disco (Parlophom 13.080) o sucesso *Na Pavuna*, de Candoca de Anunciação (pseudônimo de Henrique d'Ornelas) e Almirante (pseudônimo de Henrique Foréis) classificou a peça, na própria etiqueta do disco como "Choro de Rua no Carnaval", na realidade um samba-batucada. Mas quem dentro do novo instrumental choro-samba-batucada foi o criador e deu origem ao que depois veio chamar propriamente de samba foi o tamborim, aquele retângulo de madeira esticando uma pele de bicho (geralmente gato) e batida só por um pauzinho (baqueta) pelo executante popular.

---

46 Cabral, *As escolas de samba o quê, quem, como, quando e por quê*, p.21.
47 Sandroni, op. cit., p.131-142. O autor faz um balanço crítico do debate sobre os dois tipos de samba.

> O samba nasceu do tamborim, porque sendo o samba antes de mais nada um ritmo, é no tamborim que se marca ou deve se marcar a base de qualquer samba [...] sem tamborim não pode haver samba.[48]

Segundo Almirante, *Na Pavuna* teria sido a primeira gravação a incluir os instrumentos de percussão, como contou a Sérgio Cabral:

> No dia marcado para a gravação do samba, bem vimos a cara de espanto que o técnico da Odeon, um alemão, fez ao entrar no estúdio aquele bárbaro material de percussão. Chegou mesmo a balançar a cabeça, incrédulo. Havia uma convenção entre os técnicos que as platinelas dos pandeiros, o ronco das cuícas, o estardalhaço dos tamborins não eram gravados na cera do disco.[49]

Entretanto, atribuir a essa música a historicidade da "forma legítima do samba", é, no mínimo, equívoco. E não seria um exagero afirmar que o acompanhamento com os atabaques e sua forma de tocar em *Na Pavuna* guardam tamanha similaridade com o que se ouve na fita do candomblé analisada no capítulo anterior que difícil seria não confundi-la com o tradicional "batuque".

A diferença entre os estilos de samba tem sido bastante comentada e mesmo entre os seus protagonistas a discussão toma caminhos curiosos. Veja-se o que diz Sérgio Cabral:

> É fácil: basta comparar uma velha gravação de um samba de Sinhô (ou do próprio *Pelo telefone*) com outra de um samba qualquer de autoria dos compositores do Estácio de Sá para estabelecer a diferença entre as duas formas de samba. Eu tive a felicidade de ver (e a infelicidade de não ter gravado) uma discussão entre Donga (da casa de Tia Siata)[50] e Ismael Silva (do Estácio) sobre o verdadeiro samba, que caracteriza bem a diferença entre as duas escolas. A discussão, travada numa das salas da SBACEM (Sociedade Brasileira de Autores, Compositores e Escritores de Música) em fins da década de 60, foi proposta por mim com a pergunta: qual é o verdadeiro samba?

---

48 O samba nasceu na Praça Onze, *O Cruzeiro*, Rio de Janeiro, ano XXX, n.18, 15 fev. 1958, p.10-12.
49 Cabral, *As escolas de samba*, p.64.
50 Como se vê, optou-se por deixar correrem livres as diferentes grafias que existem para a Tia Aciata (Assiata, Ciata, Siata etc.).

DONGA: Ué. Samba é isso há muito tempo
O chefe da polícia
Pelo telefone
Mandou me avisar
Que na Carioca
Tem uma roleta
Para se jogar.
ISMAEL SILVA: Isso é maxixe.
DONGA: Então, o que é samba?
ISMAEL:
Se você jurar
Que me tem amor
Eu posso me regenerar
Mas se é
Para fingir mulher
A orgia assim não vou deixar
DONGA: Isso não é samba. É marcha.[51]

Rubem Barcelos

Mas talvez o derivado do samba perene que se tornou o "samba moderno" tal como o que tem sobrevivido por anos e chegou até como se conhece hoje, tenha sua origem em um compositor que não está presente nos selos dos discos e nas partituras. É ele o compositor Rubem Barcelos, irmão de Alcebíades Barcelos, o "Bide", que é de passagem citado como um dos sambistas do Estácio.

Rubem morreu de tuberculose em 1927, ano em que seu irmão compôs *A malandragem*, samba gravado por Francisco Alves e sucesso do carnaval de 1928. Entretanto, conta Francisco Duarte em artigo sobre a Praça Onze publicado na revista *Guanabara*, na seção "Fatos históricos e carnavalescos marcam a Praça Onze", o fato de número 35: "1923 – Rubem Barcelos, irmão de Alcebíades Barcelos, cria uma nova forma de samba, com introdução de notas longas, com dois compassos. Era o princípio da morte dos sambas-maxixe, de Sinhô e sua escola".[52]

Infelizmente muito pouco se encontra sobre esse compositor. A fidedignidade do autor da citação acima bastaria para uma conclusão sobre a

---

51 Cabral, *As escolas de samba*, p.21-22.
52 Duarte, op. cit., p.44.

importância de Rubem Barcelos para a configuração do samba contemporâneo. Entretanto, outras fontes são relevantes.

Em entrevista a Sérgio Cabral, Bide, ao ser indagado sobre seu irmão ser "o primeiro compositor a fazer samba nos moldes que a gente conhece agora", respondeu afirmativamente[53] e Ismael Silva, ao mesmo jornalista, sobre a mesma questão, que incluía ainda Mano Edgar, dizia que "Não era bem assim. Era mais ou menos. Era quase isso".[54]

Depoimentos que indicam ter sido Rubem o principal personagem desse samba moderno são reiterados pelo sambista Bucy Moreira em entrevista a Sérgio Cabral. Ali diz que:

> O samba antigamente era na base dos versinhos e dos corinhos. Um dia, minha mãe me mandou comprar manteiga na padaria pra eu tomar café antes de ir para a escola. Naquela época eu estudava na Escola Benjamim Constant. Quando eu saí da padaria, vi quatro camaradas reunidos: era o Zeca Taboca, um rapaz que tinha o apelido de Brinco, Edgar, com aquela camisa de malandro característica dele, e o Rubem, que era muito alto, com aquelas orelhas de abano, aquela fisionomia meio grega, tudo lá cantando samba. Eu cheguei e perguntei: "O que é isso?". E disseram: "Isso é um samba moderno que o Rubem fez". E cada um dizia um verso de improviso. Mas eu não me lembro como era o samba, não. O primeiro a gravar esse tipo de samba foi o Bide, que gravou *A malandragem* com o Francisco Alves.[55]

Alcebíades Barcelos, o "Bide"

A escolha de *A malandragem* para ser objeto de análise se dá por ter sido o primeiro samba gravado em disco de um compositor do grupo do Estácio, que rompe com o estilo até então difundido como samba, o de Donga, Sinhô etc.

O samba do Estácio vinha sendo praticado por aquele grupo de sambistas, que incluía Bide, Ismael Silva, Armando Marçal, Nilton Bastos, entre outros. Disto conclui-se que o desenvolvimento daquele tipo de samba foi coletivo, como no caso de *Pelo telefone*. Ambos têm o recorte feito pelo registro fonográfico. A diferença, entretanto, paira sobre Donga ter ido à Biblio-

---

[53] Cabral, *As escolas de samba*, p.30.
[54] Ibid., p.28.
[55] Idem, p.92. A autoria desse samba é de Alcebíades Barcelos, com letra dita do próprio Francisco Alves. Há uma polêmica sobre este ter comprado do primeiro a parceria, caso comum à época, e que será observado em outro capítulo.

teca Nacional registrar o samba em seu nome e Bide ter sido procurado por Francisco Alves e a ele ter cedido a parceria. Outros tempos, outros acordos.

Veja-se o que diz o próprio Bide:

> Meu primeiro samba foi lançado mesmo lá no Estácio. *A malandragem*. Francisco Alves foi me procurar para gravar. Na Estrela D'Alva, no Rio Comprido. [...] Eu não vendi. Eu conversei com ele no Largo do Rio Comprido, ele marcou comigo, me deu o endereço onde morava na Lapa, eu fui lá, ele marcou com Rogério Guimarães para escrever a música.

E, perguntado se Francisco Alves entrou como autor, Bide respondeu: "Entrou. Você queria que ele não entrasse?"[56]

Um estudo da partitura e da gravação de *A malandragem* mostra que esse samba, embora contenha elementos que se pareçam com *Pelo telefone*, tem também outros que dele diferem. De fato, todos aí se encontram desde a música religiosa negra.

A análise musicológica incluiu a gravação de fevereiro de 1928[57] por Francisco Alves (disco Odeon 10113-B), com a Orquestra Pan American e cópia da partitura original editada pela Casa Vieira Machado à mesma época.

Há uma diferença na rítmica da melodia, entre a interpretação do cantor e a partitura, como demonstra o ex. 38, que expõe os compassos de número 5 a 14 da partitura.

ex. 38

---

56 *História das escolas de samba*, disco 8.03-401-001.
57 Disco da coleção Nova História da Música Popular Brasileira, Emi-Odeon 60.607.122.

Enquanto na partitura as terminações são colocadas a tempo, na gravação elas são antecipadas pela síncopa. Na segunda parte da música ocorre fato semelhante, entretanto, sem adicionar maiores dados à argumentação.

Essa observação infere na seguinte problematização: na partitura, lê-se em negrito "grande sucesso do carnaval de 1928". Existia mercado para venda de partituras e como tocar de forma sincopada seria difícil, as modificações poderiam servir para facilitar a execução, atendendo aos padrões técnico e comercial da época. Mas outra possibilidade, e mais plausível, inclui ainda o fato de os que escreviam as partituras o faziam da forma como achavam que deveria ser, ou seja, a forma do sucesso já obtido.

Entretanto, ocorre que a melodia tem figuras sincopadas colocadas de forma diferente das dos sambas anteriores, mas Francisco Alves, embora esboce aquela interpretação, ainda tem forte sotaque amaxixado, como nas gravações anteriores à em questão.[58]

Há outro problema a ser explicado, o qual é a interpretação do acompanhamento em *A malandragem*. Este sim, feito na forma do maxixe.

Os negros que trabalhavam prestando serviços não obtinham ganhos para comprar instrumentos de sopro,[59] em geral mais caros. Restringiam-se então, ao violão, ao cavaquinho e à percussão. Por outro lado, havia os músicos que tocavam aqueles instrumentos nos teatros de revista, orquestras de dança e demais formas de entretenimento, muitos dos quais vindos da Europa. Esses músicos, via de regra, eram os que formavam as orquestras que participavam das gravações. Em relação a eles, sabe-se que não se adequavam à ginga necessária para tocar aqueles ritmos e tanto os instrumentistas quanto os arranjadores tinham, havia muito, incorporado uma forma de escrever e tocar o que para eles era tido como o samba. Por exemplo, o uso da tuba tocando a figura semicolcheia colcheia semicolcheia, seguida de duas colcheias.

Portanto, é compreensível que o acompanhamento de *A malandragem* ainda fosse um tanto quanto amaxixado, embora a melodia tenha traços de acentuação sincopada nas sílabas tônicas dos finais de frases rítmicas e principalmente na divisão rítmica presente no exemplo 38, muito diferente da forma amaxixada.

---

[58] Foram ouvidas todas as gravações de samba realizadas por Francisco Alves, listadas na discografia, até 1928.
[59] Exceção feita a casos de funcionários públicos, em geral mulatos, que praticavam o choro.

Isso significa que, embora esse samba já fosse outro derivado do samba perene, e tocado e cantado pela forma de seus criadores no seu ambiente, ao ser gravado por Francisco Alves e pela Orquestra Pan American, não apresentou *todos* os traços de sua ruptura.

Esse cantor, em busca de repertório para atender às exigências de renovação dos programas de rádio, não deu atenção à nova forma de samba. Gravou incontáveis sambas posteriores ao *A malandragem*, apresentando predominantemente a figura do ex. 39.

ex. 39

As figuras sincopadas passaram a integrar sua forma de cantar e de forma modesta apenas em agosto de 1929, com o samba *Para mim perdeste o valor*, de Ismael Silva (disco Odeon 10441-B) com a Orquestra Pan American. Vejam-se algumas das figuras no ex. 40.

ex. 40

O incremento da síncopa em sua interpretação aparece com mais nitidez no samba *Não quero mais mulher*, de Bide e Júlio dos Santos, em agosto de 1929 (disco Parlophon 13008-B), como mostra o ex. 41. Isso embora o acompanhamento ainda fosse amaxixado, o que corrobora a hipótese da interpretação antiga arraigada nos arranjadores e músicos das orquestras.

ex. 41

De acordo com as fontes encontradas,[60] o samba moderno foi, entretanto, compreendido e assimilado primeiramente pelo cantor Mário Reis.

---

[60] Foi realizada pesquisa cronológica das músicas de três dos principais compositores do Estácio: Alcebíades Barcelos, Nilton Bastos e Ismael Silva, até 1930.

A síncopa aparece por ele cantada na composição de Nilton Bastos, *O destino é Deus quem dá*, gravada em abril de 1929, com acompanhamento da Orquestra Pan American (disco Odeon 10357-B).

Vejam-se as indicações no ex. 42

ex. 42

Cabe, entretanto, uma observação sobre a música *O dinheiro faz tudo*, de Nilton Bastos, gravada por Januário de Oliveira em março de 1930, com Gaó, Jonas, Petit, Zezinho, A. Grany e Jararaca (disco Columbia 5184).

No final, um instrumento toca nitidamente as figuras do ex. 43, características do samba contemporâneo e dos tamborins.

ex. 43

No samba *Agora é cinza*, da talvez mais famosa dupla de sambistas do Estácio, Bide e Marçal,[61] gravado por Mário Reis com o grupo Diabos do Céu e lançado em outubro de 1933, portanto, apenas cinco anos após *A malandragem*, tem em relação a esta, características diferentes.

Não se encontra, por exemplo, a figura do maxixe, semicolcheia, colcheia, semicolcheia, seguida por duas colcheias, nem a marcação da tuba. O acompanhamento é leve, ouve-se mais a base. Nela, o violão e um instrumento de percussão apresentam figuras muito distintas das dos sambas de Donga e Sinhô. Veja-se:

---

61 Armando Vieira Marçal (1902-1947), compositor e percussionista carioca.

Ex. 44, percussão.

Ex. 45, violão.

Ex. 46, pandeiro.

Observe-se agora a melodia, transcrita da gravação de 1933 (ex. 47).

Agora é cinza

Alcebíades Barcelos e
Armando Marçal

Como se vê, os finais de frase ocorrem nas síncopas, coincidindo com as tônicas dos versos. No acompanhamento encontra-se uma série de figuras que não articulam no primeiro tempo de cada dois compassos.

A diferença no acompanhamento se deve ao fato de este ter sido realizado pelo grupo Diabos do Céu, liderado por Pixinguinha e que incluía, entre outros bambas do samba, o trompetista Bonfiglio de Oliveira. Músicos que detinham os conhecimentos e a ginga da forma de tocar aqueles ritmos.

Isso leva a concluir que, de fato, o samba "atual" nasceu naquele grupo de sambistas que coletivamente desenvolveu uma nova forma de tocar e cantar suas composições, mais sincopada. Tanto que em 1937, no samba *Fui louco*, de Bide e Noel Rosa, o mesmo Francisco Alves já canta dessa forma. Portanto, assimilou a forma de cantar do grupo de sambistas do Estácio. Nessa gravação, a base da orquestra e a percussão também já tocam da forma moderna, como nos exemplos 44 a 46, entre outras variações.

Veja-se *Mulher fingida*, de Bide e Athaulpho Alves, gravada por Orlando Silva com os Diabos do Céu e lançada em dezembro de 1936. Esta, em andamento mais rápido, conjuga todas as características do samba do Estácio.

É curioso que, em 1940, nas gravações realizadas para o disco *Brazilian Native*, Cartola e Zé da Zilda interpretam respectivamente *Quem me vê sorrir* (Cartola e Carlos Cachaça) e *Pelo telefone* de forma semelhante, ou seja, o samba moderno, sincopado. A explicação está no fato de que, embora se pudesse em qualquer época interpretar músicas em quaisquer das formas, preferiu-se a forma em vigor na sua contemporaneidade, ou seja, o samba moderno. Ao gravar dezesseis exemplos da "música nativa brasileira", os responsáveis pela produção selecionaram *Pelo telefone* por sua importância histórica, mas seus intérpretes a atualizaram na forma rítmica.

Não é por acaso que Cartola, Zé da Zilda e Eduardo das Neves, por exemplo, estavam mais próximos do samba moderno. Este não é uma continuidade evolutiva de *Pelo telefone* simplesmente porque lhe é posterior, mas porque se originam de uma mesma matriz. Para cada novo personagem, dentro de suas necessidades culturais, há uma nova interpretação dessa matriz; não era apenas na casa de Tia Ciata que o samba e a música religiosa negra se misturavam.

A influência do candomblé no samba daqueles que são considerados os "compositores do Estácio", demonstrada na análise musical, foi também observada por José Carlos Rego, para quem

> São comuns na história dos primórdios das escolas de samba episódios relacionados ao candomblé e à umbanda, na organização dessa manifesta-

ção de folclore urbano. Heitor dos Prazeres me relatou que a primeira vez em que confrontou-se com sambistas de diferentes comunidades foi ao final de um candomblé no bairro carioca de Bento Ribeiro, por volta de 1925.

– Encerrado o culto na sala – contou ele – o babalorixá serviu comida e bebida nos fundos da casa. Foram trazidos os atabaques, ganzá e o agogô do pegi (altar) e cantou-se samba e batucada até o amanhecer.

Na tarde de sepultamento de Nelson Cavaquinho (18/02/86), em companhia do compositor Ratinho (Caprichosos de Pilares e, mais tarde, Mangueira), Carlos Cachaça (Carlos Moreira) visitou minha casa no Engenho Novo. Situada numa ladeira, de seu muro alto pode-se ver o vale formado pelos morros da Cachoeirinha (fundos), do Barro Vermelho (à esquerda) e do Amor (à direita). Comovido, divisando aquelas encostas, Carlos Cachaça recordou de, rapazinhos, virem ele e Cartola a pé de Mangueira para descarregar despachos nas nascentes das cachoeiras, então abundantes naquela região. É que ambos eram cambonos (faz-tudo, espécie de secretário) do Terreiro de Tia Fé, que ficava na parte plana do morro de Mangueira, junto à rua Visconde Niterói, por onde hoje passam as linhas de trens da Leopoldina. [...]

– Havia muita afinidade do pessoal dos terreiros com o samba – lembra Carlos Cachaça – e Tia Fé aparecia num ou outro ensaio. Nunca desceu com a gente para o carnaval. Entretanto, ogãs (instrumentistas) de seu terreiro, como Júlio Moreira, o Julinho, se destacaram no samba. Teodoro era excelente mestre-sala e cantor. Julinho por muitos anos foi ensaiador das alas da Estação Primeira. Responsáveis pelo ritmo no culto da Tia Fé, muitas vezes eles traziam os atabaques para animar o samba.[62]

Partindo dessas declarações e associadas às análises realizadas da música do candomblé, parece não haver dúvida de que, com o decorrer do tempo, os instrumentos foram sendo adaptados à realidade e à necessidade dos sujeitos culturais, que desenvolveram tambores transportáveis durante evolução de um grupo carnavalesco que desfilava pelas ruas. É o caso do ritmo dos surdos que se assemelham ao atabaque grave, como já descrito em capítulo anterior.

Para efeito de comparação entre melodias dos sambas do Estácio e melodias do candomblé, foram transcritos trechos de ambas.[63]

---

[62] Rego, *Dança do samba exercício do prazer*, p.4. Em nota do capítulo 2, viu-se citação de Jota Efegê sobre os sambistas frequentarem os terreiros e a gravação dos pontos de macumba por Getúlio Marinho.

[63] A melodia do candomblé foi retirada do cântico de Iemanjá, constante na fita cassete indicada como fonte em capítulo anterior.

ex. 48.

Ary Barroso

"Para mim" – diz ainda Cruz Cordeiro – "foi Ary Barroso quem firmou verdadeiramente o samba brasileiro urbano, internacional já hoje".[64]

Nascido em Ubá, MG, em 1903, Ary Barroso trabalhava no Rio de Janeiro como pianista desde 1922 e teve sua primeira música lançada em 1929, o samba *Vou à Penha*, na interpretação de Mário Reis (disco Odeon 10.298-A), música que tem as características do "samba amaxixado"[65] tanto quanto

---

64 Vasconcelos, op. cit., p.10-12.
65 A título de sistematização, ora em diante estabelece-se que a expressão "amaxixado" identificará o ritmo que se assemelha ao dos sambistas da casa de Tia Ciata, como Donga e Sinhô; "samba do Estácio" identifica o samba moderno e "aquadradado" identifica um tipo de ritmo endurecido, sem a ginga que caracteriza os ritmos dos povos de cultura não europeia.

os sambas a seguir, listados cronologicamente: *Tu queres muito* (dezembro de 1928); *Amizade* (abril de 1929); *Tu qué tomá meu home*, em parceria com Olegário Mariano (agosto de 1929); *O amor vem quando a gente não espera*, em parceria com Cardoso de Menezes e Bittencourt (outubro de 1929); *O nego no samba*, em parceria com Luiz Peixoto e Marques Porto (dezembro de 1929); *Vá cumprir o teu destino* (dezembro de 1929); *Samba de São Benedito*, em parceria com Luiz Peixoto e Marques Porto (janeiro de 1930) e *Juramento*, em parceria com Luiz Peixoto e Marques Porto (janeiro de 1930). Um pouco diferenciados são os sambas: *É do outro mundo* (janeiro de 1931), com a introdução tocada pela orquestra na forma amaxixada e o canto acompanhado por um grupo com percussão, mais característico do samba. Já *Bahia* (junho de 1931) e *Faceira* (junho de 1931) se caracterizam por um tipo de acompanhamento de orquestra mais próximo do samba amaxixado, mas o piano apresenta algumas figuras formadas por dois compassos e a melodia é mais sincopada, cantada por Sílvio Caldas.

Algumas músicas gravadas em julho de 1931, como *Tenho saudade*, *Nega baiana*, em parceria com Olegário Mariano, e *É bamba*, em parceria com Luiz Peixoto, apresentam melodia e acompanhamento com as figuras do samba, embora este último um pouco "aquadradado", sem a ginga característica citada no caso do samba do Estácio.

De fato, há certa confusão de estilos nas músicas de Ary no decorrer dos anos 1930. Entretanto, o recorte em sua música ocorre no início daquela década, com a gravação de *Eu vô* (disco Odeon 10.572), em parceria com Francisco Alves e Nilton Bastos, e *Ô-bá* (disco Odeon 10.578). Classificado como "samba característico", este último tem semelhanças com *Na pavuna*, de Almirante e Candoca da Anunciação, em sua forma e no uso da percussão.

Na gravação, ouve-se um tambor grave do tipo de um surdo acentuando o primeiro tempo durante o canto, assim como as figuras do ex. 49 no acompanhamento e do ex. 50 na melodia, entre outras.

ex. 49

ex. 50

Na apresentação da melodia pela orquestra, a figura típica do samba, com a marcação do som aberto no segundo tempo e do som fechado no primeiro, aparece no tambor grave (surdo).

Eu vô traz as figuras do ex. 51:

ex. 51

Vai tratar da sua vida (outubro de 1931) e *Não faz assim meu coração* (outubro de 1931) são tipicamente amaxixados, mas é possível ouvir um instrumento que pode ser violão, cavaquinho ou banjo, tocando figuras rítmicas de dois compassos, ocasionalmente, como o ex. 52, embora a introdução seja tipicamente amaxixada.

ex. 52

Em *Pobre e esfarrapada* (dezembro de 1931) e *Não posso acreditar*, em parceria com Claudemiro de Oliveira (março de 1932), com marcante presença da percussão, são por ela acompanhados com elementos rítmicos do samba. *Sonhei que era feliz* (dezembro de 1931) é amaxixado e em *Nosso amô veio d'um samba* (março de 1932) há um híbrido no acompanhamento e na introdução, contendo elementos de ambos os estilos.

Curiosamente, a partir do advento do aparecimento do samba do Estácio na metade dos anos 1920, nos fins daquela década o violão e o piano passam a acompanhar usando as figuras que caracterizavam a percussão. E o diferencial nos sambas *Ô-bá* e *Eu vô* é exatamente o uso da percussão, que acompanha com figuras rítmicas típicas, como as que se encontram nos sambistas do Estácio. Os percussionistas que participavam das gravações dessas músicas eram os sambistas negros, como afirmou Almirante.[66]

---

66 Ver Cabral, *No tempo de Almirante*, p.64-65.

Concluindo o estudo deste caso, traz-se aqui a composição que significou o paradigma do samba, da música brasileira e de sua internacionalização. Trata-se de *Aquarela do Brasil*,[67] tida como sua mais célebre composição, com centenas de gravações no Brasil e no exterior. Em 1943, foi utilizada no filme *Alô, Amigos*, de Walt Disney. A gravação, com duração de cinco minutos e cinquenta e cinco segundos, é de agosto de 1939, com interpretação de Francisco Alves, acompanhado por Radamés Gnatalli e sua Orquestra, autor do arranjo.

Da percussão, podem-se ouvir as platinelas de um pandeiro, marcando as semicolcheias de forma contínua. A rítmica da orquestração acompanha o canto incluindo as figuras do ex. 53:

ex. 53

A melodia contém os seguintes elementos rítmicos:
Exs. 54 e 55.

ex. 54

---

67 "*Samba exaltação* [...] samba de melodia extensa e letra de tema patriótico, cuja ênfase musical recai sobre o arranjo orquestral, que busca um caráter de grandiosidade, inclusive com recursos sinfônicos. Modalidade muito cultivada por compositores profissionais do teatro musicado e dos meios do rádio e do disco a partir do sucesso da composição *Aquarela do Brasil* (Ary Barroso), gravada em 1939 por Francisco Alves. A música ocupava as duas faces do disco de 78 RPM Odeon n. 11.768 e trazia como indicação 'Cena brasileira', tendo o acompanhamento da Orquestra de Radamés Gnatalli, colaborador do autor na parte do arranjo." Marcondes, op. cit., p. 705.

Os gráficos musicais demonstram similitude com alguns dos demonstrados na análise da música religiosa negra. Um sem-número de sambas do grupo de compositores do Estácio, do início dos anos 1930, poderiam exemplificar o que se postula, mas, simplificando a questão, compare-se algumas figuras rítmicas nas melodias de *Agora é cinza*, de Bide e Nilton Bastos, com a *Aquarela do Brasil* no ex. 56. A letra está inserida apenas para facilitar a localização dos trechos indicados.

Como se percebe, *Aquarela do Brasil* é uma recorrência de um estilo ou gênero musical criado e desenvolvido por aquele grupo. Isso em absoluto significa a exclusividade de seu uso por seus criadores, mas o problema reside em negar a estes a autoria de sua criação através de subterfúgios e táticas de apropriação.

Concluindo-se, as evidências trazidas pelos capítulos anteriores demonstraram que o samba, caracterizado pelos pressupostos relacionados, tem sua matriz na música religiosa dos africanos trazidos ao Brasil. Estes, oriundos de diferentes nações, mas dentro de uma situação comum, redefiniram as tradições de sua cultura de origem, elaborando uma "cultura do escravo" dentro do mundo cristão ocidental. Essa mesma matriz forneceu os elementos para os gêneros da música popular desenvolvidos por diferentes sujeitos históricos em diferentes períodos, dos quais três casos foram analisados e apresentados como derivados do samba perene.

Lundu, jongo, maxixe, samba, portanto, se sucedem historicamente não em um processo evolutivo no sentido de uma série que se encaixaria e evoluiria progressivamente. Eles são, na verdade, formas musicais subtraídas das práticas da música religiosa dos negros no Brasil, pela percepção de sujeitos históricos em diferentes tempos históricos. Tais criações podem mesmo ser relacionadas aos ciclos de sobrevivência cultural do negro.

Samba moderno

O samba moderno teria surgido por volta de 1924. Nos registros fonográficos, foi gravado com o acompanhamento do samba amaxixado até a entrada dos instrumentos de percussão nos estúdios entre fins de 1929 e início de 1930. A presença daqueles percussionistas sambistas permitiram que, aos poucos, os arranjadores e músicos pudessem dividir ritmicamente a melodia e o acompanhamento de forma mais adequada à nova maneira de acompanhar, com figuras rítmicas de dois compassos. De forma coloquial, poder-se-ia dizer que uma diferença básica seria uma forma ritmicamente amarrada no samba amaxixado e outra ritmicamente fluente no samba moderno.

A questão da interpretação e do acompanhamento é de tal forma relevante que pode ser notada no caso de *Pelo telefone*, originalmente amaxixado e regravado com influência do samba moderno anos depois. De ambas as gravações desse samba acima mencionadas (a de Bahiano em 1917 e a de Zé da Zilda em 1940), fiz a transcrição da melodia para a partitura, como de algumas partes do acompanhamento, que se fizeram audíveis ou necessárias. Para efeito explicativo, fracionei a melodia da partitura em quatro partes, divididas em: 1) do compasso 9 ao 24, 2) do compasso 25 ao 40, 3) com anacruse do compasso 44 ao 60 e 4) do compasso 61 ao 76. O compasso é 2/4, com subdivisão em semicolcheias, formando células rítmicas de quatro compassos nos compassos 9 a 12 e 13 a 16, os quais são repetidos nos oito compassos seguintes; de dois compassos na segunda parte; de dois e quatro compassos na terceira parte e de dois compassos na quarta parte.

Na gravação de 1940, a melodia, sincopada, apresenta as terminações fraseológicas na última semicolcheia dos compassos 11, 15, 19 e 23 da primeira parte; nas últimas semicolcheias do compasso na segunda parte no compasso 25 e sua repetição nos compassos 29, 31, 37. Na terceira parte, as terminações estão na última semicolcheia do primeiro tempo dos compassos 46, 48, 53, 54 e 56. Na quarta parte, a terminação é na última semicolcheia do primeiro tempo, verificada nos compassos 62, 66, 69 e 74, e na última semicolcheia do compasso 75.

Três são as formas de início das células. Na primeira parte, elas se iniciam com pausa de semicolcheia (compassos 9 e 17) ou colcheia (compassos 13 e 21), obedecendo o texto da canção, e terminam, como foi dito acima, na última semicolcheia do compasso, ligando a nota sincopada à nota longa do compasso seguinte. Na segunda parte, dois grupos diferentes de células. A primeira começa a tempo e termina na última semicolcheia. A segunda começa em anacruse na segunda semicolcheia do segundo tempo e termina no segundo tempo, dois compassos depois.

Na terceira parte, inicia na segunda semicolcheia do segundo tempo e termina sincopadamente na última semicolcheia do primeiro tempo, dois compassos depois. Na quarta parte, inicia na terceira e na quarta semicolcheia do primeiro tempo e termina na última semicolcheia do primeiro tempo do compasso seguinte.

Tem-se ainda, na segunda parte, o acento rítmico no segundo tempo dos compassos 25, 29, 33 e 37, alicerçado pelo movimento da nota dó à nota mi uma terça acima. Essa mesma passagem apresenta um glissando para o agudo, como se encontra, na terceira parte, o glissando ligado nos compassos 61 e 65.

O deslocamento da acentuação para o segundo tempo é também facilmente verificado nas terminações no segundo tempo das células dos compassos 28, 32, 36 e 40; como nas terminações sincopadas em direção ao segundo tempo dos compassos 46 e 47; suas repetições nos compassos 54 e 56 e na antecipação com a colchcia pontuada, na segunda semicolcheia dos compassos 50 e 58. Essa mesma figura verifica-se no cântico a Iemanjá, conforme descrito no capítulo 2, em referência ao samba de partido-alto.

Como exposto, ritmicamente a melodia apresenta-se totalmente sincopada, com figuras básicas construídas sobre os motivos: pausa de colcheia com duas semicolcheias; pausa de semicolcheia com colcheia e semicolcheia; semicolcheia colcheia e semicolcheia – todas ligadas entre si dentro dos compassos e/ou de um para outro compasso. Lembro novamente que as mesmas figuras rítmicas se encontram na melodia do cântico a Iemanjá.

Uma vez apresentada a análise rítmica da melodia, a atenção se desloca ao acompanhamento.

Na gravação de 1940, ouve-se o violão, a flauta, o pandeiro e um instrumento de percussão que denominarei apenas como tambor, audível em alguns momentos.

Em movimento circular, o violão faz a função do baixo. Inicialmente, com a figura colcheia pontuada e semicolcheia na introdução e suas repetições, alternando com um grupo de semicolcheias no segundo tempo (compassos 21 e 22). Devido à precariedade da gravação encontrada, pouco se pode perceber das notas emitidas pelo violão, mas existem variações rítmicas, com as células já citadas acima e outras vezes como no que se descreve como tambor, a exemplo dos compassos 33 e 34.

A flauta, após a introdução com frase que se inicia com pausa de colcheia e termina na segunda colcheia do segundo tempo do compasso, acompanha a melodia de forma a fazer um contracanto. Este é invariavelmente sincopado e resolve majoritariamente no segundo tempo do compasso.

O pandeiro toca as semicolcheias ouvidas em suas platinelas, acentuando a terceira semicolcheia de cada tempo, ou seja, marcando o contratempo.

O som de tambor que se ouve na gravação apresenta variações rítmicas das quais se identifica as dos compassos 33 ao 38; 66 ao 68 e 86 ao 94. Nos compassos 28, 32, 33, 37 e 38 pode-se perceber uma nota-fantasma, na última semicolcheia do primeiro tempo, talvez tocada pela mão esquerda. Nos compassos 66 ao 68 e 86 ao 94, percebe-se dois sons distintos no tambor, um aberto e acentuado no segundo tempo e outro fechado no primeiro tempo, a exemplo da partitura do samba no livro de Edgar Rocca, já citada no capítulo anterior.

Como se relatou acima, em sua interpretação, Zé da Zilda já trazia a diferença. Ele canta de forma diferente e também o acompanhamento é diferente. Em ambos os casos, duas construções diversas acontecem em diferentes épocas. Elas são, contudo, produção negra de uma outra geração, que resultou em novo derivado. Zé da Zilda interpretou *Pelo telefone* de acordo com os padrões do samba à sua época, com a síncopa mais presente no acompanhamento e na interpretação da melodia. Isso demonstra novamente que, alterando o acompanhamento, muda-se o gênero.

O ritmo é de tal maneira importante na cultura de uma sociedade que na pronúncia do idioma é possível perceber quão fundamental foi a influência da língua africana. Esta, juntamente com as línguas indígenas, transformou o português no "português do Brasil", suavizando as palavras e dando às frases um ritmo musical.

Data-se assim o samba, na forma que se tornou símbolo da música nacional, com o grupo de compositores negros do bairro do Estácio, no Rio de Janeiro, a partir da década de 1920. Deu-se o que se pode chamar de "samba moderno", registrado em disco a partir da gravação por Francisco Alves de *A malandragem*, lançada em fevereiro de 1928 (selo Odeon), número 10.113, lado B). Entretanto, como já foi dito, em 1924, Rubens Barcelos, irmão de Alcebíades, já compunha sambas que, na óptica de seus pares, constituíam-se algo novo. De fato, a origem do samba moderno ou contemporâneo.

Esse samba, por sua vez, tornou-se internacionalmente conhecido pela obra de Ary Barroso. Como visto na análise de suas músicas, é uma recorrência ou cópia do samba do Estácio. Desse fato tem-se a questão de como uma construção cultural originariamente negra sai dessa comunidade, é absorvida por uma classe média e torna-se símbolo da brasilidade, ou seja, que caminho percorreu esse gênero musical desde algo reservado, de um grupo social recém-liberto da escravidão, para uma sociedade de consumo, para a internacionalização?

Capítulo IV
Estrutura das relações sociais no samba

Paralelamente à luta que o homem trava com a natureza para assegurar a sua própria existência, a evolução social e o movimento histórico têm mostrado que também uma luta entre os próprios homens tem lugar em sociedade. No caso do Rio de Janeiro no início do século XX, a maior parte de sua população ainda lutava pela sobrevivência e garantia das condições mínimas de vida; ex-escravos que, antes de lutar por um lugar na sociedade, precisavam combater séculos de preconceito.

A sociedade que se formou no Brasil em torno da cultura cafeeira, ao longo do século XIX, foi marcada por diversos aspectos de exclusão social. Afinal, em um extremo encontravam-se os fazendeiros do café e grandes importadores, enriquecidos pela espetacular expansão mundial do consumo dessa bebida e, no extremo inferior, situavam-se os escravos, a mão de obra que levava adiante a labuta nos cafezais. Nas cidades, espremidos entre esses polos, localizavam-se os homens livres que eram funcionários públicos, pequenos comerciantes ou trabalhadores autônomos.

Essa população urbana, notadamente no Rio de Janeiro, era constituída por pessoas das mais variadas etnias; a predominância da negra, porém, era uma de suas características mais marcantes. A capital do Império e, posteriormente, da República, atraía brasileiros de diversas partes do país. Muitos dos negros alforriados após a Guerra do Paraguai, oriundos do "norte", optavam por ficar próximos à sede do poder, o local onde possivelmente poderiam conseguir oportunidades melhores.

As condições de vida da maior parte daquela população eram precárias. Quem não residia em cortiços, ou ao lado deles, vivia nas encostas dos morros. A obra de Lima Barreto, *O triste fim de Policarpo Quaresma*, e o *Cortiço* de Aluísio de Azevedo propiciam bem uma ideia das condições de vida daquela época:[1] oficiais das Forças Armadas, funcionários públicos, trabalhadores autônomos, desempregados, malandros, músicos, todos frequentavam um mesmo ambiente social. Ficava evidente também que o tipo de cultura que se desenvolvia nos bairros populares era bem distinto daquele praticado nos meios sociais mais endinheirados. De forma geral, poder-se-ia intuir, da análise daqueles livros, que os padrões de vida não diferiam muito entre as pessoas do povo.

Mas os morros estavam reservados quase que exclusivamente aos negros libertos e formavam uma realidade social à parte. Ali, os laços étnicos mais estruturados permitiam a criação de uma cultura mais homogênea. A religiosidade, a culinária, a capoeira e o batuque faziam parte de um todo quase indivisível. Tais posturas permitiam àquela população um grau de autonomia maior em relação ao resto da cidade, não obstante a precária situação de desemprego e privações. Tal grau de autonomia, sob o ponto de vista preconceituoso, seria considerado como a marginalidade.

De fato, um país que se modernizava nos moldes da metrópole vivia as contradições da convivência do preconceito racial contra os negros e o mito em construção de uma democracia racial, por um lado, e do que se poderia fazer com toda aquela população que de fato era majoritária, de outro.

As implicações desses problemas se estendem na medida em que o país recebia novos contingentes de imigrantes, em busca de uma vida melhor do que a que tinham em seus países de origem. Vieram como mão de obra "especializada" que, de forma desigual, lutaria com os negros pelos postos de trabalho. Vieram para diluir a grande massa de habitantes descendentes de africanos. Traziam suas tradições culturais, que aos poucos seriam absorvidas pela população. Entrementes, seria uma outra cultura, de raízes profundas na sociedade brasileira, que por longo tempo ditaria as normas de conduta e procedimento. A sociedade brasileira de então era uma constelação de culturas autônomas, com identidades próprias e certa homogeneidade interna.

Porém não é apenas entre pobres e ricos que se há uma luta por sobrevivência. Há também um embate cultural, no qual, em um extremo, tem-se uma cultura dominante, formalizada pelos modelos da elite europeia e, no outro, uma cultura que resistiu por cinco séculos sob a escravidão, de características próprias, transmitida de forma oral. Aquela, através da in-

---

1 Ver também Santos (coord.), *O Rio de Janeiro de Lima Barreto*.

fraestrutura econômica, detém o domínio político e ideológico e determina os limites das demais culturas por meio de sua ideologia, enquanto esta, discriminada, tem sua prática cerceada pela primeira, através de seus mecanismos de repressão. Trata-se de uma luta pela preservação de bens imateriais, pela sobrevivência cultural e pela afirmação da própria identidade. O lado dominador trabalha o sentido de negar aos dominados formas de organização capazes de legitimar suas expressões lúdicas, religiosas etc. O materialismo histórico indica ser o governo do mundo, a marcha da história, determinada pelo interesse dos grandes elementos constitutivos da sociedade, o interesse das classes e a luta social provocada pela oposição desses interesses. No caso brasileiro, os interesses visíveis na sociedade são os de uma classe que pretende eliminar qualquer vestígio de uma cultura e de um povo que de fato construiu o país – ou o que havia dele – e que pode parecer comprometer um projeto nacional e identitário dito europeu ou branco.

Uma primeira questão que se observa é como, em dado momento histórico, um grupo social desprovido de recursos materiais desenvolve de forma natural e espontânea uma expressão musical. Esta, embora reprimida e combatida, aos poucos se torna produto de consumo daqueles que a reprimiam e combatiam. Pode mesmo ser expoente nacional de uma brasilidade? Como, mesmo reprimido, obtém tanta influência sobre a população urbana? As explicações sugerem que a formação do samba derivado, que se torna sucesso internacional, passa necessariamente por camadas sociais que se formam e se relacionam em um processo de criação, produção, divulgação e distribuição. Espaços permitidos por encontros alienatórios no ambiente da cidade, em um contexto de crescimento urbano, com demandas na área do entretenimento para uma população de renda média.

O processo de industrialização e o Estado[2]

Após a crise de 1882-1887, que expressa o colapso do regime de escravidão no Brasil, dois foram os traços que permitiram a reorganização da

---

2 Para uma visão mais detalhada, ver Foot, *História da indústria e do trabalho no Brasil*; Carneiro, *Revolucionário Siqueira Campos*; id., *História das revoluções brasileiras*; Saes, *A formação do Estado burguês no Brasil*; id., *O civilismo das camadas médias urbanas na primeira república brasileira*; Silva, *O ciclo de Vargas*; Rosa, *O sentido do tenentismo*; Carone, *O tenentismo*; id., *Revoluções do Brasil contemporâneo*; id., *O pensamento industrial no Brasil*; id., *A evolução industrial de São Paulo*.

vida social e econômica: uma crescente busca de mão de obra europeia e um processo confuso e generalizado de industrialização. Esses dois traços se combinaram para produzir um deslocamento da vida social brasileira desde a população negra, e anteriormente escrava, rumo a uma situação demográfica mais europeia, marcadamente quanto aos seus procedimentos de dominação e de hegemonia política.

Aparentemente, apoiar-se fortemente no movimento imigratório europeu deveu-se tanto ao colapso do tráfico negreiro quanto aos enormes excedentes de trabalhadores agrícolas existentes em certas regiões da Europa na segunda metade do século XIX. Dessa forma, a elite brasileira, formada basicamente por cafeicultores e controladores do comércio e do Estado, aparentemente organizou de modo deliberado um enorme movimento de entrada de colonos europeus. Nos anos 1890, houve momentos em que o número de imigrantes desembarcados no Brasil superou a população da então cidade do Rio de Janeiro. Era um movimento de grandes proporções, que visava tanto tornar branca a população agrícola e fabril quanto livrar-se do negro como força de trabalho. Na verdade, seu principal efeito foi fazer cair o preço da mão de obra. Enquanto o salário mantinha-se estável em termos reais na Europa e crescia nos Estados Unidos, no Brasil o preço da mão de obra tornou-se mais barato do que no período de escravidão.[3]

Por outro lado, essa expansão do mercado de trabalho deu consequência às políticas emissionistas da nascente República. Os primeiros governos republicanos abandonaram o controle restrito da emissão monetária que caracterizava o Segundo Reinado e adotaram políticas inflacionistas por diversas razões, entre elas: o custo dos conflitos para implantar a República, com diversas guerras civis; o surto de industrialização ocorrido no Rio de Janeiro, na Bahia, em Pernambuco e em São Paulo (que criou novos interesses junto às elites urbanas) e a luta entre diferentes facções da classe dominante para definir quem controlaria o novo Estado e qual seria a sua natureza.

Nesse cenário bastante confuso, graças à urbanização e à industrialização surgiu um novo componente social, as chamadas camadas médias (ou pequena burguesia), que retornaram à luta pelo poder com vigor nunca visto e abraçando novas bandeiras libertárias. O Hermismo transformou-se em Tenentismo e ganhou apoio de parte dos movimentos trabalhadores,

---

[3] Barbosa, O negro na economia brasileira... In: Munanga (org.), *História do negro no Brasil*, p.76-105.

manifestando-se em fortes crises políticas nos governos locais e no governo federal, preparando já a chamada Revolução de 1930. Nesse ambiente, colocou-se com clareza nos debates dos anos 1920 e 1930 o problema do destino do país, agora sob a luz dos acontecimentos mundiais da Primeira Guerra, dos extremismos do entreguerras, da crise mundial de 1929-1932 etc.

Eram condições que exigiam dos dirigentes das diferentes forças sociais um conjunto de propostas sobre o caminho futuro que o país deveria seguir. Entre essas propostas, era ponto comum considerar um crescente papel para o Estado, como planejador social e econômico, como manipulador de massas populares etc. Para tanto, tornava-se necessário reelaborar o conceito de cultura nacional e reencontrar um papel para o que fosse identidade nacional.

Compreende-se assim que o Varguismo, ao aferrar-se ao controle do Estado, derrotando diversas correntes de opositores, haja deles assimilado as características mais sensitivas e populares, a fim de incorporar para si um novo modelo de identidade nacional, com a proposta de um Estado perpétuo.

Reflexos da Abolição

As trocas culturais entre os negros se reforçaram através do processo migratório de escravos ocorrido do Nordeste ao Sudeste. Como já descrito no capítulo 2, essa migração foi estimulada principalmente pela queda do preço do açúcar, pelo movimento da produção de café e pelas secas ocorridas na Região Nordeste. Viram-se os escravos empregados no trabalho agrícola transferidos em grande número, principalmente para o Rio de Janeiro. Muitos eram hábeis nos ofícios de operários, pedreiros, carpinteiros, ferreiros, sapateiros, cocheiros, barbeiros e músicos, somando-se aos que lá já existiam.[4]

Segundo relata Gastão Cruls, com o desenvolvimento da lavoura cafeeira, Afonso de Taunay calculava em 256 mil o número de africanos trazidos pelo tráfico à Guanabara entre 1820 e 1828, mais de 53 mil somente no ano de 1829. Embora muitos estivessem no campo, os censos da época apontam para a cidade do Rio de Janeiro a média de dois terços de negros

---

4 Ver Karasch, op. cit.

na estatística geral.[5] Somavam-se, portanto, aos movimentos da população livre, em grande parte negra e mestiça.

Esses dados demonstram que a Abolição, ao mesmo tempo que rompe com um sistema de produção e determina ao Brasil a modernização do sistema de trabalho no contexto internacional, desvincula gigantesca massa de homens e mulheres, antes escravos de seus senhores, sem entretanto oferecer-lhes alternativas para que reorganizassem suas vidas em uma nova posição social.

Consequentemente, um grande contingente de mão de obra foi transferido para a região urbana. População sem posses de qualquer natureza via-se sem condições de penetrar no mercado de trabalho regular. Era uma massa de trabalhadores para prestar trabalhos domésticos e serviços diversos, gerando um engrossamento do exército de reserva, com efeitos depressivos sobre a remuneração do trabalho. Reduzia-se, ainda, as suas já precárias condições de sobrevivência por deixar-lhe como alternativa os mais brutos serviços, sem qualquer tipo de garantia ou benefício. Como observado por Mary Karasch, os senhores de escravos reservavam a estes, todas as "atividades manuais" e os serviços de "bestas de carga da cidade".[6]

Não se pode crer de forma ingênua que aquele tratamento fosse modificado a curto prazo, pois os senhores perderiam também uma "fonte de riqueza e capital".[7] Portanto, os negros, sem terem tido acesso à educação formal ocidental, passaram de uma classe na condição de escravos a outra de desempregados, deixados à própria sorte, sem moradia nem quaisquer recursos, ao mesmo tempo que, como concorrentes para os postos de trabalho livre, tinham-se então italianos, portugueses, espanhóis, franceses, poloneses, vindos de uma experiência histórica que os deixavam em vantagem. Assim, os elementos locais formavam a parte subempregada ou desempregada do proletariado.

A imigração intensa de operários rurais europeus, como muito já se discutiu, não visava simplesmente atender as demandas internas de mão de obra das primeiras indústrias brasileiras, uma vez que ela já existia em abundância. Essa imigração foi resultante principalmente das ideologias raciais, as quais viam no imigrante um agente culturalmente civilizador e regenerador racial.

---

5 Cruls, op. cit., p.319.
6 Karasch, op. cit., p.259.
7 Ibid.

O fim da escravidão tampouco significava ser livre. Os ex-escravos ficaram submetidos a situações que não os deixariam esquecer sua condição histórica. Deviam respeito, reverência e reconhecimento àquele que "permitiu" sua liberdade. Pagavam o preço de sua sobrevivência diante das limitadas oportunidades de trabalho. Uma real emancipação para a comunidade dos libertos era rara e quando houve foi para confirmar a regra geral da indigência e marginalização.[8]

A isso some-se o preconceito que concebe o negro como um elemento que não poderia se tornar parte de um país que se queria europeu, configurando-se como problema social por sua cor e sua condição de ex-escravo, tanto quanto um problema econômico, pois em uma sociedade capitalista não tinha salários para gastar, sobrevivendo da ajuda de suas comunidades. Tinha a oferecer apenas sua força de trabalho, avaliada por ínfimos níveis.

No final do século XIX já se evidenciava a marginalização socioeconômica do negro, quando sua exclusão sistemática podia ser percebida nas escolas e fábricas, que poderiam qualificá-lo como força de trabalho compatível com as exigências do mercado urbano. A desqualificação tanto tecnológica quanto cultural serviu de "*handicaps* negativos para os negros pelo processo socializante do capital industrial".[9]

Portanto, a despeito dos acontecimentos ocorridos em 1889, a Abolição não serviu para uma mudança do negro sob o ponto de vista da hierarquia social. Com uma burguesia em desenvolvimento e que buscava sua representação no aparelhamento do Estado, os desfavorecidos, cujo único bem econômico era o trabalho, cresciam numericamente sem qualquer "possibilidade de influir na transformação social ou no enquadramento político".[10]

De fato, a Abolição criou inúmeras dificuldades econômicas ao "povo negro do Brasil" que, sem meios de produção e sem terra, teve inviabilizada qualquer possibilidade de obter um modo de vida rural de autossuficiência, mais próprio à sua cultura. Atrelada aos fatores ideológicos e psicológicos, a "liberdade" concedida já na aurora da modernidade, sem a necessária condição mínima de sobrevivência, dir-se-ia ironicamente, sem o devido pagamento do "FGTS", converteu o negro em mão de obra barata para eterna disponibilidade.

---

8 Oliveira, *O liberto*, p.30-31.
9 Sodré, *Samba: o dono do corpo*, p.19.
10 Sodré, *As classes sociais no Brasil*, p.43.

Passagem do samba derivado por diferentes camadas sociais

No decorrer do século XIX, a cidade de Salvador passou a receber grande número de pessoas que migravam do campo, tanto pelo desenvolvimento das vias de transporte quanto pelos flagelos de 1868, 1871 e 1877. À migração somou-se um crescente número de negros forros que, na busca por trabalho urbano, aumentavam a oferta desse mercado.

Esse excesso populacional se evidenciava na falta de moradias, no fornecimento de alimentos e nas condições de higiene na cidade, onde bairros populares ficavam superlotados. Aglomerava-se um grande número de pessoas em pequenos espaços, geralmente reunindo "irmãos de nação", com hábitos de vida em comum a protegê-los nessa difícil fase de transição.

Como descrito no capítulo 2, houve também no cativeiro muitas famílias lideradas pela mãe, nas quais elas cuidavam de suas crianças sem o pai, quer seja pela venda daquele, quer seja pela arbitrariedade dos senhores na formação de casais para reprodução. Aqui se manifestava o desprezo que os senhores tinham pelas relações familiares de seus servos.

A falta de uma vida familiar nos moldes tradicionais criou, assim, condições para o florescimento de verdadeiras confrarias negras, no seio das quais

> [...] as tradições africanas ganhariam novo espaço necessário à sua perpetuação. Eram transformadas pela aventura brasileira, sincretizadas com o código religioso do branco de forma mais ou menos ampla. Havia apenas um disfarce legitimador ou, progressivamente, ia-se absorvendo o catolicismo como uma influência profunda nas religiões populares urbanas negras da modernidade.[11]

É nas festas e procissões da tradição europeia, particularmente portuguesa, que os grupos de negros encontram o espaço para se manifestar, mascarando sua festa com os símbolos que tomam emprestados. Observe-se a descrição de Froger para uma procissão medieval portuguesa:

> a do Santíssimo Sacramento, que não é menos considerável nesta cidade por uma quantidade prodigiosa de cruzes, de relicários, de ricos ornamentos e de tropas em armas, de corpos de ofícios, confrarias e de religiosos, como

---
[11] Moura, *Tia Ciata e a pequena África...*, p.20.

também ridícula pelos grupos de máscaras, de músicos e de dançarinos, os quais por suas posturas lúbricas atrapalham a ordem desta santa cerimônia.[12]

A afirmação do negro na cidade também se revelou no Natal, quando nas ruas ocorriam manifestações como as cheganças, os bailes, os pastoris, o bumba meu boi e os cucumbis. Na festa de primeiro de janeiro, na procissão de Nosso Senhor dos Navegantes, "patrocinada por capitães e pilotos dos navios negreiros, sendo também apropriada pelos batuques de rua, pelas rodas de samba e capoeira nas praças e em torno de sua Igreja".[13] Nos mesmos moldes ocorria a festa do Senhor do Bonfim, ou a festa de Oxalá. Essas festas, cumpridos os rituais, se profanizavam nas ruas.

O inconsciente coletivo africano dessa forma se perpetuava nas manifestações de encontro dos negros, seja nos cultos e candomblés, seja nas habitações coletivas, irmandades, confrarias e demais alternativas de sobrevivência surgidas pelo hábito da vida comum. E o espaço para a realização das grandes manifestações do encontro cultural dos diversos "códigos civilizatórios africanos" acabou por constituir-se a própria rua, local dominado para o povo e pelo negro, evitado pela aristocracia.

Esse inconsciente coletivo e essa prática cultural são difundidos para o Rio de Janeiro na segunda metade do século XVIII e retomados ao longo do século XIX, pelo movimento migratório gerado com o agravamento das condições de vida em Salvador e das possíveis oportunidades no centro de decisões do país e pelo refluxo dos escravos das lavouras do Vale do Paraíba, com a decadência do café nessa região.

Da Bahia, os que chegavam recebiam ajuda dos já estabelecidos, até terem condições de se manter. Esse grupo, coeso com as suas tradições e com larga experiência nas práticas de organização social, iria liderar o movimento de continuidade das manifestações culturais, místicas e lúdicas dos negros, propiciando uma nova síntese dessa cultura.

No Rio, estabeleceram-se na Saúde, no Santo Cristo e na Favela, locais de moradia mais barata e perto do cais do porto, espalhando-se posteriormente para a chamada Cidade Nova. Ali, desde 1900,

> começou a viver a alma musical. Lá habitava a classe média, gente simples, de diversões reduzidas, na vida amorosa de então [...] Restavam os bai-

---
12 Froger apud Moura, op. cit., p.20.
13 Moura, op. cit., p.21.

les familiares, as reuniões domésticas, as domingueiras dançantes [...] Lá habitavam as famílias baianas vindas do recôncavo, as chamadas "tias do samba", Tia Mônica, Josefa Rica e, nas proximidades, Gracinda, Tia Amélia de Aragão, e tantas outras. Tudo era motivo para festas, para reuniões de música e comida. Aos domingos, a Praça enchia-se de gente [...] Havia uma casa que era particularmente festeira: era o no. 117 da Rua Visconde de Inhaúna, onde morava a negra Hilária Batista da Silva, mais conhecida pelo nome de Tia Assiata. Tia Assiata era um produto do meio. Em sua casa se reuniam habitualmente, amigos e conhecidos, músicos e apreciadores dos candomblés baianos, amigos do jantar fácil e da alegria desmesurada que existia na residência.[14]

Ao mesmo tempo, para a Cidade Nova dirigiram-se novos moradores das classes populares, devido principalmente às reformas implantadas pelo prefeito Pereira Passos na cidade do Rio de Janeiro, as quais, de um lado, visavam uma higienização do centro da cidade, nos moldes da reforma de Paris, com o consequente deslocamento das populações pobres para a periferia,[15] e, de outro, atender as necessidades geradas pelo capitalismo, ao preparar a cidade para receber os novos investimentos industriais,[16] expulsando os pobres para a sua periferia.

As obras, que mobilizaram metade do orçamento da União, demoliram cortiços e casas habitadas por populares. Construíam-se avenidas, novos edifícios e mansões, ajustando a cidade às necessidades da estrutura política e econômica, e aos valores civilizatórios da burguesia. Para esta, os problemas da moradia, abastecimento e transporte das classes populares deveriam ser desconsiderados. Consequentemente, deslocou-as para o subúrbio e favelas que se formariam, configurando-se uma nova forma de ocupação dos morros cariocas, com barracos sem higiene. Espalharam-se pouco a pouco por todos os morros do centro e na zona sul da cidade, reunindo novas comunidades que, a partir dessas formas de organização oriundas da atividade religiosa e dos grupos festeiros, ganhariam unidade.[17]

---

14 Duarte, op. cit., p.40.
15 Entre outros, ver Needell, Belle époque *tropical*.
16 Sobre o processo das transferências de capital, ver Sodré, *As classes sociais no Brasil*, p.38 ss.
17 Para uma descrição sobre os bairros populares do Rio de Janeiro, ver Moura, *Tia Ciata...*, p.30-41.

Nos domingos e dias de festa, as comunidades de toda parte seguiam para o encontro na Praça da Penha, local de divertimento popular. Lá, a Irmandade da Penha organizava missa solene, com os festejos que incluíam comidas típicas portuguesas, jogos, apresentações de músicos e dançarinos.

Inicialmente local de romeiros portugueses, a Penha passou a receber os negros que aproveitavam a franquia dos feriados religiosos. Tornou-se um lugar de encontro regular na cidade, depois da Abolição. Havia até mesmo a facilidade de locomoção, propiciada pela inauguração de uma linha de trem na vizinhança do local. A festa, já no final do século XVIII, passou a ser comemorada no primeiro domingo de outubro. Da segunda metade do século XIX em diante, passou a se estender por todos os domingos de outubro. Os negros revitalizaram os festejos, nos quais

> [...] ao lado dos portugueses que comiam e cantavam seus fados na grama estimulados pelo vinho generoso nos tradicionais chifres de boi ou pela cerveja preta "barbante", começariam a se ouvir os sambas de roda, animados pela "branquinha" nacional, a se armar nas batucadas "em liso" ou "pra valer" jogadas pelos capoeiristas, principalmente quando a noite caía e subia a temperatura etílica da festa.[18]

A festa passa, assim, a expressar as necessidades específicas da comunidade negra e nordestina. Misturavam à cerimônia cristã a mística do candomblé e, após o fim dos preceitos e reverenciados os orixás, as "tias" baianas preparavam suas receitas. Os homens tocavam seus instrumentos e formavam-se as rodas de samba, de capoeira, e organizavam-se concursos de música popular com a presença dos seus mais importantes representantes. Ali circularam Donga, Catulo da Paixão Cearense e Pixinguinha. A festa tornou-se a principal festividade popular carioca fora dos dias do carnaval, atraindo até membros da burguesia urbana, tanto pela música e dança, como pela culinária dos negros. Transformou-se no primeiro local de encontro da massa negra com as demais classes urbanas.[19]

É próprio da cultura, receber e compartilhar com os que à festa comparecem, sendo a cultura de então de sentido dinâmico, que não se cristalizava em formas tradicionais fixas, sensível aos encontros culturais.

---

18 Ibid., p.71.
19 Sobre a festa da Penha, ver ibid., p.71-75.

As festas ou reuniões familiares, onde se entrecruzavam bailes e temas religiosos, institucionalizavam formas novas de sociabilidade no interior do grupo (diversões, namoros, casamentos) e ritos de contato inter-étnico, já que também brancos eram admitidos às casas.[20]

Por suas próprias características, a colônia baiana constituiu-se praticamente no principal grupo popular do Rio de Janeiro, com tradições comuns e coesão, determinante em sua influência por toda a comunidade heterogênea das regiões habitadas pelas classes populares. A casa de tia Ciata[21] permitiu, portanto, que a reelaboração dos elementos da tradição cultural africana gerasse significações

> [...] capazes de dar forma a um novo modo de penetração urbana para os contingentes negros. O samba já não era, portanto, mera expressão musical de um grupo social marginalizado, mas um instrumento efetivo de luta para a afirmação da etnia negra no quadro da vida urbana brasileira.[22]

Vê-se que, paradoxalmente, a "expulsão" dessas classes pela modernização da cidade aliada à situação de transição nacional, reúne indivíduos de diversas experiências sociais, raças e culturas. Eles se encontram nas filas da estiva e outros locais em busca da sobrevivência, e permitem a difusão de uma cultura subalterna contagiante, responsável pelas formas de extravasamento popular. Ou seja, permitiu a existência de "Tradições redefinidas por essa situação precisa de encontro na sociedade brasileira da virada do século, por uma gente que realmente funda uma democracia racial propiciada pela miséria e pela experiência nacional de tortuosa proletarização".[23]

Dentre os criadores das novas e necessárias soluções à preservação das tradições do grupo, um personagem de destaque, por sua determinação e influência no meio, foi Hilário Jovino Ferreira. Em entrevista ao *Jornal do Brasil* em 18 de janeiro de 1913, Hilário conta que em 1893 fundou o rancho

---

20 Sodré, *Samba o dono do corpo*, p.19.
21 Mais do que um fenômeno isolado, a "casa da Tia Ciata" deve ser entendida como um modelo com múltiplas incidências no período, mas que, diferentemente de outros casos, foi preservado em nome pelo ulterior prestígio midiático de sua família.
22 Sodré, *Samba...*, p.20.
23 Moura, *Tia Ciata...*, p.58.

Rei de Ouro,[24] e que decidiu não sair com ele no Dia de Reis, 6 de janeiro, porque o povo não estava acostumado, preferindo transferir para o carnaval, época em que quem fazia o carnaval eram os cordões velhos, os Zé-Pereiras. De fato, a proximidade das manifestações dos negros com as festas do Natal, do Dia de Reis e a forma como o negro se apropriava das festas católicas acabaram por gerar protestos. Estes buscaram transferi-las para o carnaval época de maior liberação dos gestos e atos, categorizando sua profanização.

O confronto entre a tradição europeia e a africana também ficou expresso na Festa da Penha. Ali, não raro, problemas surgem entre os portugueses e os negros que dividiam os espaços, alguns dos quais serviam para escamotear o fato de que o domínio popular, com seus canais de integração social, tomava o controle do evento em detrimento da Igreja. Isso gerava em certos meios uma violenta campanha contra a festa.[25]

As festas e manifestações culturais dos negros passaram uma vez mais a ser associadas com a desordem, em contraposição aos padrões daquilo que se queria como cidade ideal. Isso acarretou uma série de protestos por parte das elites. O grosso da população por sua vez, protestava contra a violência a que se via submetida, diante de uma situação em que o trabalho era escasso, penoso, malpago e a miséria crescia. Teve-se, assim, a rebelião contra a vacina obrigatória em 1904; o levante dos cadetes militares em 1907, e a Revolta da Chibata em 1910, contra o recrutamento obrigatório e a violência dos castigos de então na Marinha.

As elites, por sua vez, reagiram de forma violenta contra os movimentos populares. Elas classificaram o violão, a modinha e o maxixe[26] como adulterações da verdadeira arte, proibindo a sua entrada na "boa sociedade". Só toleravam as manifestações da cultura popular quando restringidas aos subúrbios e às favelas. "Entretanto, toda essa retórica elitista, destina-

---

24 Hilário concedeu, ao Vagalume, outra entrevista sobre o mesmo assunto em 27 de fevereiro de 1931, para o *Diário Carioca*, a qual encontra-se em grande parte transcrita em Cabral, *As escolas de samba*, p.11-15.
25 Ver Velloso, op. cit., p.20.
26 A dança nos palcos e salões do Rio de Janeiro era principalmente o maxixe, primeira dança brasileira que "resistiu bravamente ao combate dos moralistas e puritanos, naqueles tempos extremos". E embora tenha ido a Paris, talvez por sua origem negra "não conseguiu penetrar nos nossos salões familiares", Alencar, Sinhô do Samba, *Guanabara em revista*, n.117, p.31-33. No início do século XX foi declarada uma verdadeira guerra ao maxixe. No *Jornal do Brasil* de 15 de setembro de 1907, uma charge de Luiz Peixoto mostra o então ministro da Guerra proibindo o maxixe nas bandas militares, dizendo "Nada de Maxixe! Vá saindo da banda que aqui não há disso".

da a distinguir o bárbaro do civilizado, não consegue obter êxito completo. A 'cidade real' cresce, a sociedade brasileira se complexifica, as mentalidades se modificam [...]".[27]

Configurando-se como a fronteira entre o Rio de Janeiro civilizado e o subalterno, a Cidade Nova oferecia locais de encontros musicais em seus bares e gafieiras[28] (estas, a "diversão possível ao pobre"[29]). Nestas e naqueles, a vida noturna permitia certas liberdades, como a difusão de novos gêneros musicais que, de início ignorados ou censurados pelo moralismo, acabariam por contagiar a cidade.

Era, assim, "um produto do meio", como observa Francisco Duarte, não só a Tia Assiata, mas João da Baiana, Donga, Caninha Verde, Pixinguinha, Sinhô e tantos outros da primeira geração do samba carioca.

> Morador da Praça, e com grande influência sobre o meio simples que a habitava, existia Assumano, negro alto e que fazia orações estranhas sobre uma pele de carneiro, que só podia ter mulher três dias ao mês e que dominava Sinhô, Caninha Verde e outros. Foi do meio religioso de candomblés e festas domésticas que nasceu o samba, muito de maxixe e tanguinho brasileiro. Foi das camadas baixas que ele foi subindo até atingir os salões elegantes.[30]

Formou-se ali um ponto de encontro, onde Tia Ciata reunia sua gente, montava sua barraca nos fins de semana festivos. Com o passar do tempo, os negros tomaram a Praça nas festas, que mais parecia um arraial africano.

Principalmente com a festa do carnaval e o sucesso de *Pelo telefone*, trazido à Praça em 1917, as diferentes manifestações da cultura popular adquiriram espaço, trazendo às ruas, no final da década de 1910, "a moderna burguesia citadina", que "passa a frequentar a Festa da Penha, os 'chopes berrantes' do Passeio Público, os teatros de revista da Praça Tiradentes e o carnaval da Praça Onze".[31]

---

27 Velloso, op. cit., p.24-25.
28 Segundo José Ramos Tinhorão, as gafieiras surgiram no final do século XIX, como salões de dança para a gente do povo, como "consequência da reestruturação social ocorrida após a abolição da escravidão. Tinhorão, *Música Popular*, p.173-183.
29 Segundo Barão, músico e pesquisador da cultura popular, em entrevista concedida ao autor em novembro de 2002.
30 Duarte, op. cit.
31 Velloso, op. cit., p.25.

Era na Festa da Penha, por exemplo, que os compositores tinham a possibilidade de mostrar ao povo suas músicas, quando ainda não existia o rádio.

Das rodas de samba dos partideiros com o objetivo único de se divertir e divertir os seus, a atenção da cidade faria que muitas das músicas ali cantadas, e principalmente aquelas já construídas nos moldes modernos da canção, sambas e marchas, fossem popularizadas no Carnaval carioca. A festa passaria a atrair músicos e grupos profissionais ou em vias de profissionalização, para quem seriam organizados concursos com o patrocínio do comércio e a cobertura da imprensa.[32]

Outras transformações se operam com a assimilação pela classe dominante da modinha e pelo respeito de alguns à cultura popular, a exemplo de Nair de Teffé, esposa do presidente Hermes da Fonseca, que programou a execução do *Corta-Jaca*, música de Chiquinha Gonzaga, em uma recepção aos chefes das missões diplomáticas estrangeiras em 1914.[33]

Um centro de divertimento e lazer se ergue para a nova burguesia em zonas "liberadas" da Praça Tiradentes e da Lapa, oferecendo alternativas de sobrevivência às pessoas dos subúrbios e favelas nos serviços de garçom, porteiro, cozinheiro e até mesmo compositores, cantores e músicos que dividiam os palcos com artistas das companhias estrangeiras que aqui chegavam.

Penetrando nesse mundo que se descortinava, as músicas dos negros deixaram aos poucos de ser consideradas indesejáveis, entrando nos "salões elegantes da sociedade e fazendo com que a grã-finagem o abraçasse como um bom menino", aproximando os sambistas das pessoas de prestígio, como os cantores da época. "Foi assim que, aderindo ao novo ritmo, Francisco Alves, acompanhado pelo *Grupo dos Africanos*, gravou em 1919 o samba 'Fala, Meu Louro', de autoria de Sinhô (José Barbosa da Silva), que acabou sendo o grande sucesso do carnaval de 1920".[34]

Iniciava-se uma aproximação entre o mundo do povo e o de uma burguesia com poucas opções, mas ansiosa por novas sensações e aventuras em um ambiente de rápidas mudanças.

---

32 Moura, op. cit., p.73.
33 Cabral, *A MPB na era do rádio*, p.12-13. O incidente provocou grande escândalo à época.
34 Muniz Jr., op. cit., p.53.

Em 1928, Sinhô lançava Mário Reis, estudante de Direito que, ao gravar seus sambas, bateu recorde de vendagem de discos, tornando-se o "Fixador do Samba".[35] A introdução de Mário Reis significava a integração definitiva do ritmo na classe média, surgindo dentro do

> cenário da música popular brasileira, em período em que o ritmo samba já tinha sido amoldado às características peculiares de uma população, onde a ascensão social iria determinar os sub-sambas, surgindo compositores e intérpretes para todos os gostos.[36]

De fato, o sistema elétrico de gravações[37] possibilitou que uma nova forma de cantar pudesse ser introduzida, a qual, segundo Sérgio Cabral, fez com que Mário Reis, "cantando de maneira coloquial, muitas vezes quase recitando", pudesse tornar-se "o pai da moderna interpretação da música popular brasileira".[38]

Estavam dados, assim, os elementos necessários para que o samba se tornasse digno o suficiente para atender a "chamada elite social, mestiça de todas as raças, [...] uma grande dama apaixonada pelo seu criado esbelto, o qual, para poder ser apresentado nos grandes salões, precisava somente de roupa nova e loção no cabelo".[39]

Quatro questões são sugeridas a partir do exposto acima.

(1) A inclusão da música dos negros nos "salões elegantes" não significou que eles obtiveram uma mobilidade social, mas sim o surgimento da mesma.

(2) Tampouco que as festas realizadas nas praças e mesmo nas suas casas houvessem sido liberadas. João da Baiana, sambista filho da

---

35 Ibid.
36 Alves, op. cit., p.59. A respeito da expressão "sub-sambas", Muniz Jr. nos dá a seguinte indicação: "Verificar as definições do samba e suas variantes, cada qual moldada a uma categoria social". Muniz Jr., op. cit., p.180. Entretanto, não especifica onde verificar, nem quais são essas variantes ou as categorias sociais.
37 O sucesso de Mário Reis, que possuía um jeito diferente de cantar, sem gritar, como se fazia até então, foi possibilitado pelas inovações tecnológicas que permitiram a gravação elétrica, fato que mudou os rumos da música popular brasileira. Com produtos de melhor qualidade, grandes quantidades e preços competitivos, um público cada vez maior foi se formando.
38 Cabral, *A MPB na era do rádio*, p.19.
39 Barbosa, *Samba*, p.47.

baiana "Tia" Presciliana, após ter seu pandeiro tomado pela polícia na festa da Penha, ganhou outro autografado com a seguinte inscrição: "Com a minha admiração, ao João da Baiana – Pinheiro Machado". O pandeiro, presenteado pelo fã senador e general, a partir de então ganhou, com seu dono, trânsito livre.[40] Portanto, as festas continuavam reprimidas, embora exceções pudessem existir. Donga afirmava que *Pelo telefone* foi gravado apenas em 1917,

> Porque o samba, considerado coisa de negros e desordeiros, ainda andava muito perseguido. Apesar disso, era cantado pelos boêmios renitentes e pelos ranchos, como os de Tia Sadeta e Tia Aceata, na Rua Visconde de Itaúna. [...] Moças e rapazes saíam cantando marchas, mas, no meio da rua, davam início a evoluções com passos de samba.[41]

(3) Ao mesmo tempo, o sucesso crescente nas camadas sociais não populares acaba por gerar o interesse dos cantores brancos, a exemplo de Francisco Alves, mais adequado aos padrões dos consumidores de discos. Assim, gradualmente, os intérpretes negros vão cedendo espaços aos brancos, num movimento proporcionalmente inverso. Entretanto, o grupo de músicos é formado por negros, pois ainda não existiam músicos brancos que pudessem tocar aqueles ritmos.

(4) Uma derivação do samba adaptou-se ao gosto das classes média e alta da sociedade do Rio de Janeiro, levada a cabo por Sinhô, considerado o "Rei do Samba", que viu no cantor Mário Reis um intérprete para suas músicas e conseguiu que este, por ele levado à Odeon, gravasse dois de seus sucessos (*Que vale a nota sem o carinho da mulher* e *Carinhos de vovô*). Essa adaptação não foi casual, como se pode verificar pela declaração de Donga ao semanário *Paratodos*, em outubro de 1956:

> Até 1916, o samba era considerado música indesejável, mas não pelo povo. A presença de um sambista naquela época significava quase sempre a presença da polícia, pois o samba estava proibido pelo Código Penal. E que fazer para desvestir o samba da má fama que adquirira por parte de certa gente? Pois foi preciso fazer dele um "bom moço",

---

40 *O Jornal*, 26 abr. 1964, 3º caderno, p.4.
41 Donga apud Sodré, Donga – aquele que gravou o primeiro samba, *Manchete*, p.101.

envernizá-lo, penteá-lo, usar dessas manobras, para que ele se impusesse sem qualquer concessão [...].[42]

Muniz Sodré explica que "não é exagero falar-se de *experiências*, de táticas, com recuos e avanços, quando se considera que, desde o final do século XIX, o samba já se infiltrava na sociedade branca sob os nomes de tango, polca, marcha etc.".[43]

Aquele autor entende que, através dos ranchos, os grupos de negros fizeram uso da "tática de penetração coletiva" para obter uma "livre circulação das intensidades de sentido da cultura negra", rompendo os

> limites topográficos impostos pela divisão social do espaço urbano aos negros. [...] Com essa base institucional e territorial, artistas negros e mestiços (Pixinguinha, João da Baiana, Donga, Sinhô, Patrício Teixeira, Heitor dos Prazeres e outros) começaram a atuar profissionalmente e a penetrar gradativamente em orquestras, emissoras radiofônicas, gravações fonográficas, aulas de violão para grã-fino etc. O samba era uma referência permanente, que se podia recalcar ou exibir, de acordo com as circunstâncias.[44]

Essa nova situação permitiu que, em mundo com poucas oportunidades ao negro, este encontrasse alternativas de sobrevivência, profissionalizando-se na área do entretenimento, seja trabalhando em casas de espetáculos, gafieiras, festas em casas de membros da elite (caso do senador e general Pinheiro Machado) e também em gravações.

O modo de vida do negro, com sua festa periódica, possibilitou a existência de uma forma musical que iria tornar-se parte da vida do branco e, posteriormente, o mito que identificaria o brasileiro. A festa é, assim, lazer e preservação.

Verifica-se, portanto, a contradição de que a segregação do negro pelo branco, e a luta daquele por sua sobrevivência espiritual, lúdica e cultural torna a música do negro mais forte e acaba sendo adotada por uma população crescente que necessitava de entretenimento no ambiente urbano. Resolve-se dessa forma o problema da mão de obra musical para os clubes, bares, teatros, e principalmente da produção musical para tal e o problema

---

[42] Donga apud Muniz Jr., op. cit., p.25.
[43] Sodré, *Samba...*, p.30.
[44] Ibid., p.31.

do mito para a construção de uma brasilidade capaz de aglutinar as diferentes etnias em prol de um Estado nacional.

Raça e classe social[45]

Outra questão necessária de se observar é o porquê de os negros, criadores do samba cultuado como expressão da cultura nacional, terem ficado "encalhados" na história do Brasil. Ou seja, não têm o devido lugar na História, não participam do poder, não têm cargos políticos ou com alta remuneração, não exercem funções de destaque nos diversos setores da produção.

A compreensão desse problema se dá pela admissão de que negros não se constituem apenas como parte de uma classe social, mas também modos de ser de uma população. O comportamento desses povos, o seu modo de ser – como uma cultura e uma população independente e própria – fazem com que o poder de dominação da etnia branca os exclua das forças produtivas do capital, marginalizando-os.[46] Como foi exposto no começo deste capítulo, excluídos do mercado de trabalho, eles são aceitos apenas para o trabalho desqualificado e, dir-se-ia até, semiescravo. No caso brasileiro, a escusa para isso se dá através dos interstícios do bacharelismo, em que se reconhecia no negro a incapacidade para bater carimbos e manter o decoro letrado necessário a cargos administrativos.

A pobreza, como se sabe, está intimamente relacionada com as ocupações manuais (não qualificadas ou semiqualificadas) e à comparativa inferioridade – jurídica de fato – em relação a respeito e privilégios.

Apenas a título de ilustração, pode-se observar, a partir dos dados mostrados por Fausto Cupertino, que, na população de 10 anos e mais,

---

[45] Classe aqui compreendida como grupo de homens no qual um pode se apropriar do trabalho do outro em virtude da posição que ocupa num regime determinado da economia social.

[46] Em um grupo de pessoas de cultura própria, seus hábitos, costumes e práticas, por não estarem de acordo com o que se exerce na sociedade de dominação cultural, são considerados marginais. Dessa forma, os encontros de negros para praticarem suas danças e cerimônias eram tidos como afronta aos seus dominadores e, a partir daí, cria-se o estereótipo do malandro como alguém que não obedece a lei por exercer seus hábitos tradicionais. A expressão da cultura dos negros, em particular, não obtém espaços para se legitimar, exercendo uma constante e infindável luta para sua preservação cultural.

em 1940, o índice de ocupação na região urbana era de 50,8%, em um total de 9.441.232 habitantes.[47] Já o *Anuário Estatístico do Brasil* de 1938, revela que, no Distrito Federal, em 1920, havia 904.784 habitantes com 10 anos e mais e, do total de 1.157.873 habitantes, 447.621 que não sabiam ler nem escrever, representando 38,65% do total da população.[48] Levando em conta que raros seriam os negros incluídos na lista dos alfabetizados, deduz-se que os serviços a eles destinados eram os mesmos que exerciam à época da Abolição.

Poder-se-ia questionar que, embora com a condição ocupacional, econômica e legal semelhante, os habitantes da etnia negra não se organizavam como classe social. Isso se explica por eles representarem antes uma coletividade étnica do que uma classe social qualquer real.[49]

Como sabido, os escravos africanos trazidos ao Brasil eram de diferentes nações ou comunidades, com idiomas e culturas diversos. Esses grupos constituem pré-classes que, reunidas tornam-se um todo, uma comunidade identificada por negação, pois não deveriam pertencer à sua própria cultura ou exercerem seu próprio modo de produção.

Tornaram-se também uma comunidade de expropriados, dentro de um sistema econômico colonial e escravista, o qual ao mesmo tempo que impunha condições comuns a todos os grupos, os unificava através do intercâmbio de experiências na produção e da adaptação à língua luso-brasileira, transformando esse coletivo no "povo negro do Brasil".

Dado o pressuposto de que a raça seja, como postulado inicial, um acidente, uma categoria secundária,[50] que não pode explicar os fenômenos sociais, tem-se, do ponto de vista das classes sociais, a constituição do "povo negro do Brasil" como uma comunidade de imigrantes involuntários, vítimas das práticas de racismo, deliberadamente expropriados dos meios de mobilidade social e de autossuficiência. Sua consciência como unidade e existência, portanto, não se dá enquanto uma classe social propriamente, mas como um povo, uma comunidade.

Na estrutura social, os que não fazem parte da estrutura do capital, de fato, estão sobrando. Ou seja, os negros não tinham negócios, com raras

---

47 Cupertino, *Classes e camadas sociais no Brasil*, p.62.
48 *Anuário Estatístico do Brasil*, p.121-122.
49 Sobre as classes sociais, ver Sorokim, Que é uma classe social?. In: Bertelli et al.(orgs.), *Estrutura de classes e estratificação social*, p.77-84.
50 Ver Barbosa, Materialismo histórico e questão racial, *Revista de Estudos Afro-Asiáticos*, p.21-27.

exceções. Tampouco se interessavam por isso, pois tinham prioridades próprias, sem a busca do excedente. Embora produzissem mercadoria para o comércio, viviam no seu próprio mundo.

Estrutura social, o negro e o samba

Pode-se compreender estrutura social como um conjunto de regras que determinam o comportamento das pessoas que se relacionam mutuamente. Essa estrutura determina, ainda, a repartição dos bens e valores da sociedade.

O julgamento dos homens no domínio da vida em sociedade é determinado pelo interesse social. Portanto, as opiniões estão atreladas aos interesses de quem as emite. É assim compreensível que tratar o samba, ou qualquer outra expressão cultural de negros, índios e pobres em geral, como algo desprezível, marginal, inqualificável e outros adjetivos similares é prática utilizada por correntes ideológicas de dominação unicultural. No sentido de negar a cultura do outro.

Na medida em que o samba passa a fazer parte do entretenimento da classe média e mesmo alta, determinadas relações de produção e consumo acabam por se estabelecer. Nessas relações, os papéis ficam bem claros e, para compreender o funcionamento dessa estrutura, é preciso compreender que as relações sociais no samba colocam, de um lado, aquele que o produz e se situa em um dado setor da sociedade e, de outro, aquele que não o produz, mas o consome. É evidente que uma parte será consumida pelo próprio produtor, numa relação produção/autoconsumo.[51] Esta não é, de fato, a parte importante do ponto de vista das relações sociais e sim a parte que é transformada em mercadoria, legada a um local de lazer, onde se dança, ou ainda, a uma eletrola dentro de uma casa.

Há, então, uma dialética produtor/consumidor de samba. O produtor/criador é um indivíduo do setor social pobre, empregado de serviços, biscateiro, mão de obra subcontratada para tarefas do tipo pedreiro, pintor, que, após completar um serviço, ficará à própria sorte.

---

51 Nesse caso, tem-se em uma mesma classe o papel de produtores culturais – ocupado por homens intimamente relacionados às práticas religiosas – e o de consumidores, que são homens e mulheres empregados em serviços esporádicos e domésticos, que convivem em locais da periferia e morros. Por exemplo, uma empregada que vai sambar no morro é consumidora, mas não paga necessariamente por isso. Apropria-se diretamente enquanto cultura. Faz parte da festa.

Na outra ponta, o consumidor de samba é aquele que pode comprar uma eletrola, dar um baile, uma festa em casa, aquele que administra uma casa de show, um clube de dança, um teatro – onde se apresentam peças que precisam de músicos e músicas para o espetáculo ou para os intervalos.

Forma-se, nas relações que se estabelecem, uma série de setores específicos no processo de criação, distribuição e consumo. Os principais são:

- Produtor: o criador do samba.
- Intermediário: indivíduo que atua como empresário, que contata os compositores e os leva às gravadoras ou aos cantores que precisam de músicas para gravar.
- Comprador de samba: indivíduo que compra a parceria da música, pagando um valor que ele mesmo estabelece para ter seu nome na partitura e/ou no disco. Recebe também sua quota de direitos autorais, quando não todo ele.
- Produtor fonográfico: a gravadora que detém os direitos de reprodução dos fonogramas e do disco.
- Editora: a empresa que adquire os direitos de reprodução das partituras e da reprodução da música ao vivo ou no rádio. Parte desses direitos são devidos aos autores da música.
- Consumidor do samba: indivíduos que podem comprar um toca-discos, os discos, dar uma festa em casa.[52]
- Fornecedor de entretenimento: proprietário de clubes de dança, bares ou teatros onde músicos e músicas são necessários para as peças ou para entretenimento nos intervalos dos espetáculos.

Göran Therborn explica que as relações de produção que determinam o conteúdo de classe das relações sociais apresentam três aspectos. Distribuição dos meios de produção, objetivo da produção e estrutura das relações sociais que ligam os produtores imediatos entre si e aos que se apropriam dos frutos da sua mais-valia.[53]

Como já explicado, o produto samba gênero musical é uma produção intelectual e lúdica de seus criadores, negros e afro-descendentes. Entrementes, para tornar-se mercadoria vendável, passa pelo processo de in-

---

[52] Os membros das comunidades pobres também consomem o samba, mas isso ocorre em uma estrutura de autoconsumo, não se estabelecendo, aí, relações de mercado, naquela fase histórica.

[53] Therborn, *Cómo domina la clase dominante?*, p.40.

dustrialização do disco e da partitura. Esses mecanismos de produção e reprodução não lhes pertencem e sim à classe alta da sociedade, à elite, aos detentores dos meios de produção.

O objetivo da produção pode ser analisado pelo lado criativo e a necessidade espiritual dos autores – mesmo após consolidado o sucesso do gênero – pelo lado da sobrevivência, e, pelo lado da indústria fonográfica, da obtenção de lucro, da acumulação.

Quanto à estrutura das relações sociais estabelecidas pelo samba, de um lado vê-se o produtor/criador no setor pobre da sociedade, enquanto todos os demais tipos elencados acima se encontram no setor que acumula ou pelo menos consome.

Pois, para o sambista, não há à época qualquer mobilidade social. Quando ocorre, há apenas uma melhoria das condições de vida.

Difração das classes sociais no samba

Com a expansão da cidade do Rio de Janeiro, surgiram demandas na área do entretenimento, na qual havia os serviços musicais, em sua maior parte, com membros músicos da população negra.[54]

Os músicos eram então prestadores de serviços. Os barbeiros músicos eram requisitados para funerais, cultos e mesmo festa de políticos e homens ricos. Esses barbeiros-músicos negros, escravos ou mesmo libertos, assim como seu proprietário ou patrão, pode-se presumir, mantinham certa intimidade com seus clientes. Vê-se o contato físico presente, quer ao barbear, quer ao aplicar sangrias. Portanto, nada mais natural do que contratar os seus serviços musicais para animar uma festa...

Donga e *Pelo telefone* foram o início de uma nova forma de relação, a da mercantilização de um produto cultural que até então era restrito a um grupo étnico determinado.

Talvez até por sua simplicidade formal, ao surgir no ambiente urbano como resultado de diferentes musicalidades, o samba possibilitou, primeiro ao setor de trabalhadores urbanos e depois ao conjunto da população da cidade, uma forma de expressão coletiva para a qual podiam convergir

---

[54] Embora a prática musical como lazer já fizesse parte das famílias mais ricas, aquela prática se restringia à execução de músicas impressas em partituras, geralmente polcas, valsas e canções europeias.

as diferentes expressões corporais, musicais e lúdicas. Ele efetiva, portanto, como elemento de reunião das massas trabalhadoras, o encontro de diferentes experiências musicais no ambiente do "terreiro", da "gafieira", das "festas", sendo gradualmente assimilado pelos meios de radiodifusão e pelo mercado fonográfico.

A autofagia e o renascimento do samba implicam sua crescente estilização. Abstraído de sua temática inicial, o samba poderia então avançar como forma musical de todos, eminentemente urbana e capaz, portanto, de expressar uma identidade nacional, contraposta a outras metropolitanas.

Esse processo de reconhecimento acabou por incorporar um novo samba, forma, com novos autores, novo ideário e novas representações sociais, posteriormente trabalhados e moldados em *mass media*.

A transformação, portanto, do meio cultural onde o samba se expande num mercado capitalista, fazendo do samba mercadoria, implicou em contraparte a identificação dessa forma musical com as necessidades novas de criação de espetáculos e de lazer coletivo, correspondendo a uma convergência de necessidades sociais e desejos individuais.

Assim, ocorrem movimentos relativamente independentes dentro do samba.

Um primeiro movimento expressa as necessidades específicas de festa da comunidade negra urbana, que, como já exposto, recebia reforços de elementos originais da área rural no período 1860-1940.

Nem tudo era passível de sair do âmbito da comunidade. Por exemplo, em *Figuras e coisas da música popular brasileira*, Jota Efegê recorda que Eloy Anthero Dias, o Mano Elói (1888-1971), não só frequentava a Favela e o Morro de Santo Antonio para encontrar o samba, mas

> [...] frequentou macumba e acabou sendo *ogan*. E foi justamente do seu terreiro, onde Luiz Candido Jonas era *babalaô*, que Getúlio Marinho, o *Amor*, o levou para um estúdio a fim de, pela primeira vez, serem apresentados em disco dois *pontos*: de Ogum e de Inhassã. Saiu tão fiel, tão expressiva a gravação que Francisco Alves convidou Eloy para juntos editarem nova *chapa*. A proposta do *branco*, porém, não despertou interesse.[55]

Outro movimento expressava a relação de expoentes e/ou intermediadores dessa comunidade, com relação às casas de espetáculos, bandas,

---

55 Efegê, *Figuras e coisas da música popular brasileira*, p.176.

peças teatrais e outras formas, que compreendiam a possibilidade de prestígio ou ganhos monetários fora da comunidade.

A morte de Tia Ciata em 1924 e a repressão policial proibindo as festas haviam afastado o grupo de sambistas, que acabam por encontrar uma forma de ganho se profissionalizando. Simultaneamente, o mundo subalterno permanece em constante reorganização e redefinição de seu universo cultural, com ritmos, músicas e interesses próprios renovando seus significados a partir de sua constante prática religiosa. Como, por exemplo, o candomblé. Isso pode explicar o aparecimento de uma nova geração de compositores com criadores de novas formas. Caso da turma do Estácio, que funda a primeira escola de samba, e desenha novos instrumentos, como o tamborim e o surdo, que atendem suas necessidades musicais e facilitam o movimento durante a evolução pelas ruas.[56]

Um terceiro movimento explica-se pelos sambas compostos pelo grupo de sambistas do Estácio. Constituíam-se aqueles em uma nova derivação, existente dentro do mundo das gafieiras da periferia do Rio de Janeiro e que fez grande sucesso a partir da gravação de *A malandragem*, por Francisco Alves.

Importante fato foi a obtenção da parceria da música por Francisco Alves como condição para este gravá-la. Ele, um cantor famoso e Bide, um compositor desconhecido. Na verdade, o cantor buscava renovar o repertório por imposição dos programas de rádio. Esse episódio marca o estilo de um longo período de negociações, com compra e venda de sambas.

Cantados por brancos e mestiços, atendiam à demanda da classe média carioca. Esta, a partir da condição de desenegrecimento ou mestiçagem, podia aceitar o novo samba. Representou, portanto, a parceria pela compra entre os cantores brancos e os compositores negros, importante papel na penetração do samba moderno na camada média carioca, que passa então a ter o seu próprio samba. Mais tarde, elaboraria esse setor a bossa-nova.

Ao percorrer um longo caminho desde a África até os "salões elegantes", mesmo sem ter perdido suas características rítmicas, o samba teve que ser "maquiado", ligeiramente domesticado e interpretado por cantores brancos, como Francisco Alves e Mário Reis. Este último "o cantor que seria o símbolo do novo jeito de interpretar o samba e outros gêneros musicais brasileiros".[57]

---

56 Dentre as muitas fontes, ver principalmente os depoimentos dos responsáveis pelas transformações citadas em depoimentos de Bide e Ismael Silva. *História das escolas de samba*, disco n. 8-03-401-001, faixas 2 (Bide) e 6 (Ismael Silva).
57 Cabral, *A MPB na era do rádio*, p.18.

A concessão de parceria foi uma forma daqueles autores originais penetrarem no mundo do rádio e do disco. Entretanto isso não significou mobilidade social aos sambistas como regra geral. Não resultou uma ascensão das comunidades produtoras de samba, nem as retirou da condição de pobreza. É certo que alguns poucos autores obtiveram uma melhoria de vida, deixando até de ser favelados e adquirindo bens de consumo.[58]

Entretanto esse fato marca o momento da profissionalização do sambista, intensificado na década de 1930 a 1940, período da "época de ouro" do samba.

A passagem do samba derivado por diferentes camadas sociais e seu papel na formação na cultura citadina atual foi possibilitada pela industrialização e pelo crescimento demográfico. Também as camadas produtoras do samba se transformarão em camadas consumidoras formais, consumidoras mercadológicas. Por exemplo, enquanto, até os anos 1930-1940, frequentava-se terreiros e quadras das escolas de samba, novas gerações compram discos de samba para ouvir em casa, em encontros comunais de fim de semana.

O próprio setor produtor do samba, ao se inserir na sociedade industrial – arranjar empregos industriais, produzir filhos e netos que fazem parte da estrutura da sociedade industrial –, também gerará camadas de consumidores formais, consumidores mercadológicos. Isso tem importante papel na formação da cultura citadina atual.

Enquanto em 1920 ou 1930 o samba era um dos ruídos da cidade em transformação, em 1980 ou 1990 o samba é o ruído básico da cidade em transformação.

Nesse movimento dialético em que o samba se transforma no seu contrário, ou seja, de marginal a mercadoria, diferentes sambas vão ter lugar, cada qual para setores de classe determinados. O movimento que estabelecia a relação entre os intermediadores da comunidade negra com as casas de espetáculos e outras formas de entretenimento é o componente que faculta o encartamento do samba como instrumento de uma política de Estado, na luta para a efetuação de uma identidade oficial brasileira. Nesse

---

58 Cartola, por exemplo, só saiu da Mangueira por quatro anos (1947-1951), quando viveu em Cascadura. Depois voltou; sempre viveu na pobreza, apesar de haver criado, nos anos 1960, o famoso Zi-Cartola. Na velhice, morou em Jacarepaguá, que não era considerado um "bairro nobre". Sobre a falsa interpretação de uma mobilidade social global dos sambistas, ver Lopes, *O samba, na realidade...*

sentido, o potencial renovador que o movimento comunitário continuava a carregar consigo parece legitimar hipoteticamente conceitos de Bakhtin,[59] que permitiriam transcender o processo de estilização pelas necessidades mercantis.

Tem-se, com isso, um *embranquecimento do samba*, necessário às exigências de uma ideologia que ansiava por cooptar a população marginal para o trabalho e a construção de um país que se queria moderno, industrial.

A questão de por que o samba tem duas respostas. De um lado, é o gênero musical que de certa maneira unifica as classes, propiciando entretenimento às camadas média e alta com o trabalho dos negros e gera ainda, lucros para a indústria fonográfica e de divertimento. De outro, é um mito idealizado para cooptar politicamente a grande massa de negros em todo o território nacional.

A experiência histórica mostrou que os movimentos insurrecionistas produziram mitos, ou seja, os líderes eram os mitos que os insurretos elegeram para se identificar.[60] O samba acabou por se tornar o símbolo de uma brasilidade que visava unificar e construir um Estado nacional, ao ser despojado do poder de rebeldia que até então possuía. Onde quer que exista o samba, este será apresentado ao negro como o elemento da brasilidade, com o qual o negro irá se identificar.

Através da mediação do Estado, essa cultura que, na origem, era apenas de negros, fora do mercado se transforma na cultura de toda a sociedade urbana, autodeclarada sociedade brasileira. Isso ocorre pela necessidade que o Estado teve, em certo momento, de se identificar com o samba, ou melhor, identificar o samba com um de seus objetivos, reconhecer o brasileiro como mito, e o sambista como condição mítica e consumidor de samba. É uma invenção, naquele estilo que descrevem Hobsbawm e Turner: as tradições são inventadas. Fabrica-se, repete-se e as pessoas se acostumam com isso, como à saia do escocês.

Ao ser inventada, passa a ser, porque depois é o que é. Existe uma massa amorfa que vem de diferentes lugares e há necessidade de retirar-lhe a amorfia, dando-lhe uma forma que se escolheu. Mas a forma já estava escolhida; é o Estado ou uma forma de poder que escolhe a forma que tentativamente será dada à massa. O Estado, por exemplo, diz: "você será sambista". A partir daí forja-se, ou intenta-se, um indivíduo sambista. O

---
59 Bakhtin, op. cit.
60 Por exemplo, Antonio Conselheiro e o movimento de Canudos, entre outros.

poder nacional o cria à sua imagem e semelhança. Quer dizer, à imagem e semelhança dos mitos que o poder escolhe, ou pode escolher.

Nesse contexto, Ary Barroso, de família de políticos mineiros, teve papel fundamental. Tendo estudado piano com sua tia-avó, por quem fora criado após a morte de seus pais, chega ao Rio de Janeiro com uma herança de 40 contos para estudar Direito. Em 1921, entrou para a faculdade e, à noite, frequentava as rodas boêmias da capital. Reprovado em 1922, (retornou em 1926 e concluiu em 1929, sem ter deixado a carreira de músico) tratou de sobreviver, tocando em cinemas e orquestras de jazz e de dança. Em 1929, teve suas primeiras composições nos teatros musicados, atividade que se estendeu até 1960. A estreia de Ary Barroso em disco se deu também em 1929, com o samba *Vou à Penha*, gravado por seu colega de faculdade, Mário Reis. Mas a mais importante contribuição dele foi a criação do *samba-exaltação*, de melodia extensa e apoiado em grande aparato orquestral. Desse estilo, seu samba mais famoso foi *Aquarela do Brasil*, gravado originalmente em 1939, por Francisco Alves. Posteriormente, houve centenas de gravações.[61]

Conscientemente ou não, Ary Barroso é quem constrói o protótipo da música popular brasileira contemporânea para o Brasil e o mundo. A gravação de *Aquarela do Brasil* feita por Francisco Alves com arranjo orquestral de Radamés Gnatalli, populariza em definitivo a música, tanto no Brasil como no exterior. O samba-exaltação de Ary Barroso tornou-se o representante do Brasil.

O ideário da urbanização, como já se referiu, em pleno processo de se constituir, tomou e abandonou diferentes formas musicais, verificando-se no período ser o samba a expressão máxima da "ginga", o contraposto nacional do "*swing*" jazzístico. Assumida pelo samba a feição de maioridade, capacitou-se o mesmo, como se verifica, por exemplo, com Carmen Miranda e o Bando da Lua, a ser instrumento de exportação e de elaboração de estratégias de boa vizinhança, como se verificou no caso da Segunda Guerra Mundial. E não por acaso Carmen Miranda foi eleita a "Imperatriz do Samba".[62]

Dessa forma, o samba transforma-se de elemento espiritual da etnia negra, que tem um modo de elaboração próprio, em elemento de reprodução do capital e da ideologia dominante. Torna-se o seu contrário.

---

61 Marcondes, op. cit., p.75-78.
62 Ver Cardoso Jr., *Carmen Miranda*.

É curioso lembrar que, originalmente, o samba é uma criação espontânea para abrilhantar encontros festivos; é o "sujeito" da história no final do século XIX e para atender ao mercado, utilizando fórmulas de sucesso, transforma-se em "objeto" do capital no século XX. Viu-se que no ambiente citadino da capital do país, antigos e novos segmentos populares se confrontaram com a implantação de um processo de proletarização. Como consequência, este levou homens pobres de diversas etnias ao convívio com os negros e aqueles puderam, dessa forma, absorver as práticas culturais destes, influenciando e sendo por eles influenciados.

O surto de industrialização que começou a tomar ímpeto após a proclamação da República, possibilitou uma mudança nas condições sociais da cidade sem, contudo, alterar suas características básicas. A criação das primeiras indústrias, além de acelerar a formação de uma classe média, abriu novas oportunidades de trabalho para importante parcela da população até então marginalizada. O "malandro" pouco a pouco iria perdendo terreno para o "operário".

A industrialização, por outro lado, permitiu a implantação no Brasil de um novo padrão de consumo, copiado dos países centrais. Verificou-se a massificação tanto de bens materiais, tais como tecidos, bebidas, móveis, quanto de bens não tangíveis, os culturais. Muito disso pode ser percebido na mudança verificada na difusão musical. Até o início do século XX, as músicas eram negociadas em partituras. Posteriormente, com a introdução dos gramofones, a produção musical passou a ser vendida em discos. A massificação da música, entretanto, somente iria encontrar seu auge com a introdução do rádio, na década de 1920.

A ampliação da difusão musical em muito facilitou a introdução da música dos negros em ambientes até então europeizados. O samba, que estava restrito aos meios marginalizados, mesmo perseguido, passou a ser cada vez mais admirado fora das fronteiras do morro.

A Festa da Penha, por sua vez, tornara-se um mecanismo de preservação da cultura dos negros, em que parte da sociedade carioca encontrava entretenimento. Mas com a dispersão progressiva da festa a partir de 1920, e sua transformação pelos capelães, e com a morte do grande símbolo do apogeu negro, Tia Ciata, em 1924, novas formas de elaboração musical foram desenvolvidas pelas gerações posteriores. Entre as quais estava a de Bidi, Marçal etc., que se destacam com a construção do samba moderno. Nas ruas, o samba tornou-se um meio de comunicação com o povo.[63]

---

63 Ver Duarte, op. cit., p.40 ss.

Nas primeiras décadas da República, a organização administrativa e burocrática do Estado e um progresso industrial fizeram surgir camadas médias urbanas, para a qual montou-se uma indústria de divertimento e informação com casas de espetáculos, peças teatrais e outras formas de atividade. Essa "classe média",[64] desprovida de formas musicais próprias, tem nos ritmos da música negra sua principal fonte de extrapolação corpórea, dentre os quais o maxixe foi um dos principais exemplos. Este tomou outros nomes, como tango, tango brasileiro, tanguinho, pela forte rejeição de sua negritude, caracterizando um processo de negação do papel criador do negro na cultura brasileira, com um consequente desenegrecimento do samba.

Branqueamento do samba

A forma musical samba, ao derivar-se, acaba por passar por interessante processo histórico. Criado dentro de uma comunidade pobre e negra, até mesmo pelas necessidades de sobrevivência cultural, ao tomar para si as ruas e praças, acaba por tornar-se parte da vida de camadas pobres nas gafieiras e da vida de classes altas nos salões elegantes.

Nesse caminho, passou o samba por um processo de branqueamento ideológico e físico, no qual um novo mito, o da música popular urbana, apropria-se dele, que faz sucesso. Ao mesmo tempo, esse novo mito o imobiliza na "ciência" do folclore, este sim das comunidades negras.

Vejam-se alguns exemplos desse embranquecimento premeditado.

Em 1932, Herivelto Martins fora incumbido de produzir e animar para a Rádio Nacional, um programa que reproduzisse, em São Paulo, o clima de festa do carnaval carioca. Organizou uma miniescola de samba, inspirada em grupos que havia observado no morro de São Carlos. Não obstante o sucesso do programa, o diretor artístico da rádio, Sérgio Vasconcelos, moveu-se para contratar um novo grupo para substituir os artistas negros escolhidos por Herivelto, que estranhou o fato, uma vez que havia

> reunido a nata dos artistas do ramo. E os que mantínhamos na reserva para uma emergência eram tão bons como os titulares. Aos poucos, entretanto,

---

[64] Diferentes quanto ao seu papel social, as camadas médias participam de patamares de rendimento similar, o que lhes faculta o reconhecimento cotidiano como "classe média", por certo algo mitificado...

Sérgio Vasconcelos revelaria a verdade. O que ele queria era embranquecer o grupo. Foi um choque. Eu vinha de uma família que não se permitia sequer falar em racismo. Minha primeira namorada fora uma escurinha meiga lá de Barra do Piraí. Também a primeira esposa, Dalva de Oliveira, mãe dos meus filhos Ubiratã e Peri Ribeiro, era mulata. [...] Relutei, insisti, mas os interessados no anúncio começavam a chegar à Rádio Nacional.[65]

O problema do embranquecimento do samba abrange um fator ideológico e outro econômico. O lado ideológico é notado pelo exemplo acima e também pode ser observado na literatura. A composição "samba" podia ser apresentada no rádio, mas era considerada inconveniente a presença de muitos negros no estúdio ou no auditório na condição de artistas. Dessa forma, o preconceito mascarava e servia de biombo tanto para manter o estigma de que os negros eram incapazes (substrato ideológico), quanto para eliminar a concorrência de sua mão de obra como artistas.

Um caso interessante encontra-se na *História da música brasileira*, de Renato Almeida, influente estudioso da música brasileira. A primeira edição data de 1926, e a segunda, de 1942, ambas da F. Briguiet & Comp., Editores, Rio de Janeiro. Na edição de 1926, o texto é discorrido sem a divisão em subitens que se encontra na edição de 1942. Em 1926, esse autor escrevia que

> O africano, que veio escravizado e foi vendido aos golpes da chibata dos capitães negreiros, bronco e rude, mas com uma larga sensibilidade, apurada num contínuo sofrimento, quando tocava e cantava desforrava-se e na sua imaginativa acanhada acendiam-se os brilhos quentes da terra primeira, em ritmos fortes e coloridos. [...] Suas festas eram os *candomblés*, em que celebravam a chegada à pátria dos que tinham morrido cativos. Batuque cabalístico, dançado com desenvoltura, eis a forma de sua música, que deu as notas mais vibrantes dos nossos cantos populares [...] O samba é de uma variedade infinita, e as suas cadências sincopadas e vivas têm um caráter absolutamente inconfundível. Essa influência foi decisiva e fecunda, como dissemos, e a maior parte da nossa música popular revela a origem africana. No meio de notas melancólicas, a sua barbaridade foi um achado precioso.[66]

---
65 Rego, *Dança do samba, exercício do prazer*, p.21.
66 Almeida, *História da música brasileira*, 1.ed., p.30-2 (grifos nossos).

Entretanto, na edição de 1946, os "ritmos fortes e coloridos" foram transformados em "ritmos variados". Os dois parágrafos acima, enaltecendo a música negra foram retirados, dando lugar a um enaltecimento do mestiço, em quem as

> qualidades se aprimoraram, ou antes, se adaptaram melhor à alma nacional, *perdendo um pouco a violência crua*, para dar lugar à melodia langorosa e sensual. A musicalidade do nosso negro é um fenômeno interessantíssimo, *contrastando com o seu espírito artístico rudimentar*.[67]

Ou seja, embora influente, as "qualidades (só) se aprimoraram" com o mestiço, que melhor se adaptou "à alma nacional". O autor infelizmente não explica como um ser com espírito artístico rudimentar pode possuir uma musicalidade que seja um fenômeno interessante.

Há, por outro lado, uma estereotipação do que é ser um brasileiro, que perde a violência crua do negro e traz uma melodia com traços do europeu, pois ao falar sobre a contribuição da música portuguesa, é tendencioso ao ocultar a importância das contribuições dos negros na cultura, afirmando que:

> A música portuguesa foi logicamente o meio dominante da nossa música, pela contribuição trazida e como elemento de fusão dos outros cantos. O primado luso se manifestou já pela superioridade do colonizador. *O preto quis sempre imitar o branco* e, desde logo, em toda a magia negra se infundiram os traços dos costumes e da religião dos brancos, de modo irregular, absurdo, contraditório, mas efetivo e real. Os negros transformaram em coisa sua e deram caráter próprio a várias contribuições lusas, que afinal passaram a pertencer-lhes de fato e com justiça.
>
> As formas melódicas mais expressivas nos vieram de lá e se não são constantes são as mais comuns. Igualmente os elementos fundamentais do ritmo, a que a música negra emprestou aliás fulgores novos. No estudo das modalidades de nossa música popular, poder-se-á ver como é intensa e larga a marca originária lusitana.[68]

O interessante é que alegações como esta, de que "O negro sempre quis imitar o branco", não têm explicações ou exemplos que as demonstrem.

---

67 Ibid., 2 ed., p.9 (grifos nossos).
68 Ibid., 1942, p.6-7 (grifos nossos).

A produção cultural do negro é vista pelo lado étnico e folclórico, e não pela formação de um coletivo sociocultural, ou seja, vive à margem daquilo que de fato pode-se considerar constitutivo do processo formativo de uma cultura brasileira. E mais, é convicção do autor que apesar de existir alguma importância na vinda dos africanos, aqui ela foi modificada. Veja-se:

> Não creio, contudo, que a música de feitiçaria possa exercer qualquer influência direta sobre a música brasileira. É hoje exotismo. A que teve, naturalmente já se infiltrou na nossa musicalidade e agora serve apenas para documento. O Brasil já se libertou de todas essas formas de terror primitivo e há de continuar a depuração. Note-se, porém, que não digo que essa música não venha a ser aproveitada artisticamente, mas sua penetração na alma brasileira é impossível.[69]

Tais alegações têm como argumento as circunstâncias precárias da vida dos escravos, mas ao mesmo tempo fomentam a impossibilidade de se encontrar algo legítimo no que restou.

> O manancial da música negra recebeu as contribuições dos contatos com os costumes encontrados na terra nova onde os pretos se estabeleceram, deformados pelo próprio meio e pelas circunstâncias da existência precária que levavam os escravos. Verificar o que existe de legítimo no que nos chegou ao presente, é um esforço quase impossível. Naturalmente muito se perdeu e, quando começaram a ser anotados, os documentos musicais possíveis já vinham na tradição, portanto, longe da pureza primitiva. Nota-se, sobretudo, para mostrar a dificuldade da pesquisa, a circunstância de terem aportado aqui várias raças, que se misturaram e se fundiram, inclusive com elementos étnicos diferentes – bem como o fato de exercerem os negros, a princípio, atividades correlatas e depois, pouco a pouco, se dedicarem a misteres inteiramente diferentes em lugares diversos. A sua música pura se foi restringindo e desaparecendo pouco a pouco. Portanto, deverão dirigir-se as pesquisas aos planos de ordem psicológica, que poderão determinar tendências, sínteses e paralelismos, mas não lograrão, senão bem escassamente, fazer a diferença específica de matéria, no que se passou no inconsciente.

---

69 Ibid., p.14.

> Se esse tema é sedutor à musicografia orientada à luz dos novos estudos etnológicos, não me parece, contudo, essencial. O que necessitamos demarcar, tanto quanto possível, é o que nos chegou vivo e persistente, os elementos essenciais que constituem não direi a contribuição negra, mas afro-brasileira, para a nossa musicalidade.[70]

Interessante seria que o autor houvesse explicado a diferença entre a "contribuição negra" e a "afro-brasileira". Cabe principalmente observar a insistência em minorizar a importância do negro e tornar branco o que acabou por se constituir a cultura popular que por séculos foi mantida no Brasil. Há que se considerar fundamental, como citado por Renato Almeida, o estudo das diferenças entre os grupos étnicos africanos, desenvolvido desde Nina Rodrigues. Importa, do ponto de vista cultural, que após a escravidão, os negros se configuraram no amálgama, no mosaico étnico que se vê no Brasil. Fundamentalmente são africanos e negros.

O cerne da questão é que afirmações sem dados, sem registros sonoros ou gráficos, só podem ser explicadas ideologicamente, em uma simples e pura busca de ocultar ou negar a importância do outro na formação de uma cultura que se quer brasileira, mas não negra.

É fácil compreender que o discurso por uma cultura nacional e, por extensão, de uma identidade nacional, se pauta pela questão racial. Ao negar o outro, toma-se dele algo que se transforma em pertencente ao novo modelo. O outro lado da negação do papel do negro na construção de uma cultura popular é o embranquecimento da cultura do próprio negro, que se apresenta então como algo a ele estranha.

Até o final da década de 1920, havia uma tolerância com o samba, quando Sinhô, João da Baiana e seus pares frequentavam as casas das personalidades. Assim que o sucesso popular e comercial atingiu grandes proporções, foi necessário mascarar o samba.

A contradição entre a repressão e a condenação das práticas da cultura negra, de um lado, e sua exaltação e consumo como produto nacional, do outro, apresentaram como resultado a apropriação do samba pela cultura dominante, exigindo-lhe inevitável embranquecimento.

Nesse sentido, uma primeira forma de branqueamento foi estabelecer a formação de um elenco de cantores e artistas brancos e/ou mestiços. Ao

---

70 Ibid., p.10.

se listar os principais cantores da época, encontrar-se-ão Francisco Alves, Mário Reis, Sílvio Caldas e Araci Cortes, a primeira intérprete de samba, celebrizando a personagem da mulata brasileira.[71]

Orestes Barbosa escrevia em 1933: "Mário Reis, querido da cidade, forma com Francisco Alves e Aracy Cortes o triângulo de ouro do gênero musical cuja vitória deu motivo a este livro consagrador".[72]

Encontra-se no catálogo da gravadora Revivendo Músicas, CD intitulado *Reis do samba*, com Carlos Galhardo, Nelson Gonçalves, Gilberto Alves, Roberto Paiva e Déo, o que é por si sintomático.

Lembre-se, ademais, que em 1929 surgiu o Bando de Tangarás, com Almirante, Noel Rosa e Braguinha, e, em 1931, o Bando da Lua. E não se pode esquecer que, na década de 1930, Ary Barroso tornou-se o principal compositor brasileiro, com Carmen Miranda como a "Imperatriz do samba".

O embranquecimento do samba dá-se, assim, em contexto de racismo, que não daria ao negro qualquer crédito quanto ao seu papel criador e, portanto, degenera-se ou minimiza-se sua cultura. Como consequência, ocorre o enaltecimento da cultura sua opositora, que toma seus valores para si. Em *O cancionista*, Luiz Tatit escreveu que

> [...] em sete anos de atividade, Noel resolveu a equação da canção popular brasileira, produziu o que um bom compositor leva quarenta anos para concluir e lançou um dos modelos mais fecundos para as futuras gerações de cancionistas. Canção para Noel era o samba. E samba não era apenas um gênero, um ritmo ou uma batida. Se examinarmos suas criações, samba era uma conciliação de tendências opostas: de um lado, a complexidade da vivência pessoal e seu relato impreciso e aperiódico, de outro, a pulsação regular e os apelos reiterativos das melodias visando à memória do ouvinte e à ginga do corpo. O desafio de fazer samba era atingir a particularidade da experiência com manobras melódicas sem perder as constâncias musicais do gênero, sobretudo a pulsação periódica da batida.[73]

Logo podemos entender que, para Luiz Tatit, Noel Rosa foi o criador da cultura negra...

---

71 Ver Ruiz, *Araci Cortes*.
72 Barbosa, *Samba*, p.48. Sobre o enaltecimento de Francisco Alves e Mário Reis no samba, ver ibid., p.45-48.
73 Tatit, *O cancionista*, p.29.

Visava também o embranquecimento restringir o acesso dos sambistas negros aos ganhos reais do mercado musical, impossibilitando a mobilidade social daquele segmento da sociedade. Portanto, o viés ideológico ocultara o interesse econômico real.

Na década de 1931 a 1940, dentro do período conhecido como "época de ouro" da música popular brasileira, Jairo Severiano encontrou 2.176 gravações de sambas, representando 32,45% do repertório fonográfico.[74] Somadas às marchinhas, que muitas vezes eram compostas por sambistas negros, ultrapassava 50% da produção. Isso representava cifras consideráveis no mundo fonográfico, nos ganhos de impressão de partituras e de direitos autorais. Quer dizer, embora o samba responsável pela "época de ouro" tenha surgido no Estácio, criado por sambistas negros e pobres, estes permaneceram pobres.

A ascensão social do sambista é uma utopia; o que ocorreu foi um crescimento da representatividade das escolas de samba dentro da sociedade brasileira. Essa representatividade foi possível pela "infiltração" de "gente de outra cultura", "supostamente letrada", nos principais setores da direção das escolas. Isso acabou por subtrair ao sambista a orientação de seu próprio destino.[75]

O samba embranqueceu-se para atender à demanda das camadas médias, obtendo feições mais próprias para o corpo burguês carioca. Em uma sociedade racista, o samba não poderia ser negro e os dividendos do seu comércio tampouco poderiam ser divididos com sambistas negros.

---

[74] Severiano; Melo, *A canção no tempo*, p.86.
[75] Lopes, *O samba, na realidade...* Vide também, sobre esse assunto, Rodrigues, *Samba negro, espoliação branca*.

Capítulo V
A mercantilização do samba

Até generalizar-se o rádio como principal meio de propaganda, a música popular surgia por um processo que em si continha elementos de seleção e controle das produções musicais, emergidas da arte anônima das multidões. Cada produção musical desse gênero começava sendo lançada em um círculo muito diminuto de pessoas e irradiava gradualmente em proporção ao interesse, valor artístico e coincidência da peça musical em apreço com as tendências estéticas da coletividade. Em outras palavras, as produções da música popular eram filtradas através das próprias multidões e só conseguiam tornar-se vencedoras aquelas que obtinham, após um processo de seleção e crítica espontânea, o veredicto da grande maioria da população.[1]

O ensaísta Azevedo Amaral descreve o caminho do sucesso da música popular, com receio de que o rádio viesse a influenciar o gosto do público. Talvez isso não tivesse acontecido num primeiro momento, mas, como se sabe, o poder midiático do rádio e da TV definitivamente tornou-se influente formador de opinião e veículo de propaganda.

No caso aqui estudado, primeiramente o disco e depois o rádio foram instrumentos de divulgação de uma música que preencheu os espaços necessários em uma sociedade urbana que crescia no Rio de Janeiro. Ela talvez tivesse mesmo sido moldada aos fins a que se destinara.

---

[1] Apud Música Popular Brasileira: história, panorama e caminhos, *Diário de São Paulo*, 28 jul. 1968, 3º caderno, p.5.

A evolução das "máquinas de falar" e seu mercado[2]

O interesse pelas "máquinas de falar" tem acompanhado o desenvolvimento recente do homem, a invenção e o aperfeiçoamento destas são responsáveis por muitas inovações na vida moderna. Das pesquisas para essas máquinas surgiram mecanismos de comunicação, principalmente por sua relação com o desenvolvimento tecnológico na área de gravações. Conhece-se bem a importância do processo de gravação e reprodução nos dias de hoje, quer no campo do divertimento, com fitas cassete, de vídeo, LPs, CDs, DVDs, quer no campo das poderosas mídias utilizadas para bancos de dados.

Pelo lado econômico, basta recordar o volume de negócios que são realizados com venda de equipamentos, fábricas de aparelhos que tocam as mídias modernas ou mesmo as antigas. Esse capital muito representa no desenvolvimento de novas tecnologias e no processo acumulativo.

As gravações mecânicas

Sobre seu desenvolvimento histórico, há na bibliografia consenso sobre o aparecimento de uma máquina de gravar em 1857, criada por Leon Scott. Entrementes, em artigo publicado pela Associação Portuguesa dos Profissionais de Marketing encontra-se a informação de que o pintor francês "Leon Scott de Martinville, em 1857, criou um método de gravação de som, registrando-o como uma série de linhas sobre uma folha de papel escurecida com fumo. O engenho por ele criado permitia gravar sons, mas era incapaz de os reproduzir".

Em matéria publicada no *The New York Times* de 25 de março de 1999, lê-se que, em 1863, o inventor Leon Scott visitou a Casa Branca e gravou a voz do presidente Lincoln em um aparelho denominado *"phonoautograph"*. Era uma máquina que riscava (cavava) vibrações sonoras sobre uma folha de papel coberta de fuligem e enrolada em um tambor. O cilindro no qual esse papel foi gerado jamais foi encontrado, mas um *"phonoautograph"* se encontra no Smithsonian Institution, EUA, e outro na residência de Allen

---

2 As informações técnicas e os principais dados históricos foram obtidos na edição centenária do *Journal of the Audio Engineers Society*, v.25, n.10/11, Nova York, out./nov. 1977. No caso do Brasil, foram extraídas, entre outros, dos dois trabalhos de Humberto Franceschi listados na bibliografia.

Koenigsberg, colecionador de fonógrafos antigos, gravações e outros artefatos culturais e tecnológicos do século XIX.[3]

A escolha das citações acima se deu pela curiosidade do fato de que as fontes assinalam o invento de Leon Scott como o pioneiro nesse campo, mas, assim como se vê no artigo do jornal norte-americano, são omitidos tanto seu nome completo como sua nacionalidade.

Outra curiosidade pouco mencionada é que a criação do fonógrafo tem sido atribuída a Thomas Alva Edison, que o patenteou em 1877, como o primeiro meio para se gravar e reproduzir o som. Entretanto, a expressão *"phonograph"*, descrevendo um equipamento de gravação, surgiu com a patente obtida pelo inglês F. B. Fenby, em 13 de janeiro de 1863, para um *"electro magnetic phonograph"*. Era um mecanismo para gravar a manipulação de chaves em sequência, de instrumentos de teclado assim como ele fora tocado. A gravação era feita em rolo de papel. Após gravado, ao tocar, as chaves eram manipuladas pelo equipamento na mesma sequência em que fora tocado pelo artista. O próprio Thomas Edison não se aclamou inventor do fonógrafo, mas do que chamou de *"improvement in phonograph or speaking machines"* (aperfeiçoamento em fonógrafo ou máquinas falantes), na solicitação da patente de 24 de dezembro de 1877. Foi obtida esta como U.S. Patent 200.251, para gravar sons em caráter permanente, de forma que aqueles pudessem ser reproduzidos e ouvidos em tempo futuro.

A questão de por que o fonógrafo levou tanto tempo para ser desenvolvido, ou seja, quase vinte anos depois de sua aparição na França, pode ser explicada por não haver demanda para seu uso à época.

O desenvolvimento dessa máquina teve três fases distintas no seu início, sendo a patente de Edison a primeira, os investimentos no desenvolvimento de uma nova tecnologia para o *phonoautograph*, por Graham Bell, a segunda e, por fim, o aperfeiçoamento e a comercialização dessa máquina a terceira.[4]

Durante os treze anos que se seguiram ao surgimento da novidade, três foram os materiais usados como mídia de reprodução, tanto por Edison como por pesquisadores dos Estados Unidos, Inglaterra, França e Itália. O primeiro foi o papel de estanho; o segundo um tubo de papelão parafinado

---
3 Disponível em: <http://www.nytimes.com/1999/03/25/technology/in-love-with-technology-as-long-as-it-s-dusty.html?scp=1&sq=Leon+Scott&st=nyt>. Acesso em: maio 2012.
4 Isom, A Wonderful Invention but not a Breakthrough..., *Journal of the Audio Engineering Society*, p.657-659.

e, em 1890, o cilindro de cera maciço. Este último proporcionou o início da difusão comercial fonográfica.

Em 1888, Emile Berliner,[5] alemão radicado nos EUA, registrou e patenteou outra máquina de gravar e reproduzir sons, à qual denominou gramofone. A diferença era que, em lugar do cilindro, usava um disco plano. O disco era coberto com material resistente ao ácido e, durante a gravação, o diafragma vibratório fazia com que uma agulha removesse o material resistente ao ácido. Após o processo de gravação ácida, o disco era usado como uma matriz para estampar cópias em um material macio, que endurecia por processo de resfriamento. A impressão era feita em um sulco por amplitude lateral, enquanto no fonógrafo se gravava na forma vertical.

Dentre as vantagens desse novo aparelho, estavam a eliminação do mecanismo de propulsão, paredes endurecidas nas ranhuras, que permitiam reprodução com sons mais altos e longa vida, e a facilidade em fabricar milhares de cópias, a partir de uma única matriz. Ao passo que, no fonógrafo, era necessário executar a música e gravá-la no maior número possível de aparelhos que se pudesse reunir. Não se reproduzia a partir de uma matriz. De menor custo e mecanismo mais simples, o disco e a máquina de Berliner estariam em vantagem, não fosse a qualidade sonora inferior à do cilindro. Entretanto, um teste realizado em uma fábrica de botões prensando discos com "goma laca, negro de fumo e flocos de algodão"[6] teve um ótimo resultado e esse material foi utilizado até o fim da produção dos discos de 78 RPM (rotações por minuto).

O gramofone foi demonstrado no Instituto Franklin na Filadélfia, Estados Unidos, em maio de 1888. Apenas em 1893 sua comercialização teve início, quando da obtenção de um método satisfatório para a confecção das matrizes. Em 1898, Joseph Berliner, irmão de Émile, estabeleceu uma fábrica de prensagem de discos e uma fábrica de fonógrafos em Hannover, Alemanha. Ela posteriormente se transformou na Deutsche Grammophon A.G.

A comercialização da produção fonográfica teve início, de fato, a partir de um acordo realizado em 1901 entre as empresas Edison National

---

5 Berliner vendera a Alexander Graham Bell um invento de transmissão telefônica, o que lhe conferiu prestígio profissional e recursos financeiros que lhe permitiram desenvolver posteriormente uma alternativa para o sistema de gravar.
6 Franceschi, *A Casa Edison e seu tempo*, p.77. Esse livro, que descreve o processo histórico das gravações no Brasil, com inúmeras informações, documentos e fotografias, serviu como fonte para a exposição de parte desta seção.

Phonograph, Victor Talking Machine Company e Columbia Phonograph Company, as três detentoras das patentes.

Entretanto, não havia gravações de música erudita ou de artistas consagrados. Os catálogos de discos das três companhias eram constituídos por bandas militares, solistas de banjo, recitações e canções cômicas. No outro lado do Atlântico, a situação se desenvolvia de forma diferente. Na Rússia, os principais cantores da Ópera Imperial foram gravados e os discos, vendidos em edições de luxo com selo vermelho. O sucesso dessa produção inspirou a gravação, em Milão, de uma série de dez discos em abril de 1902, com o então famoso tenor Enrico Caruso. Estes se tornaram grande sucesso artístico e comercial e são considerados os primeiros discos Gramophone totalmente satisfatórios. Os discos tinham dez polegadas, gravados em uma só face. Foram responsáveis por estimular artistas e cantores da época a registrar suas vozes e instrumentos em algo duradouro. Nos Estados Unidos, já no ano seguinte a Columbia lançava a sua série denominada "Grand Opera Records".

A Columbia passou a fabricar em grande escala os discos e as máquinas, abandonando os cilindros. Uma briga pelo mercado que se formava fez progressos tanto nas máquinas de Edison quanto nos discos, até 1913. Então este apresentou seu "Edison Diamond Disc", um disco de celuloide para ser reproduzido em uma máquina apropriada. Entretanto os cilindros de Edison permaneceram em produção só até 1929.[7]

As gravações elétricas

Os primeiros experimentos com as gravações realizadas pelo sistema elétrico ocorreram em 1913, com James Owens e Albertis Hewitt, usando uma cabeça de gravação eletromagnética e, como fontes, o rádio e o microfone; foram tidas como tentativas equivocadas.

Onze anos depois, em dezembro de 1924, uma demonstração do sistema de gravações elétricas definiu o futuro do processo de produção fonográfica, com os direitos obtidos pelas companhias Victor e Columbia. O equipamento de gravação foi entregue em fevereiro de 1925, quando ocorreram as primeiras gravações experimentais pelo novo sistema. Em 11 de março, os artistas Olga Samaroff e Alfred Cortot, entre outros, foram

---
7 Lucci, El fonógrafo vs. el gramófono, disponível em: <http://www.todotango.com/spanish/biblioteca/cronicas/fonovsgra.asp>. Acesso em: maio 2012.

os primeiros a participar das gravações comerciais. O novo processo foi denominado pela Victor de *"ortophonic recording"*.

Vendida à Radio Corporation of America (RCA) em março de 1929, a Victor Talking Machine, em menos de trinta anos, teria o maior impacto no entretenimento doméstico, comercializando quase 700 milhões de dólares em equipamentos e discos. Utilizou 52 milhões de dólares em propaganda, proveu emprego para 10 mil trabalhadores e o retorno financeiro de mais de 1 milhão de dólares a pelo menos cada um de seus trinta investidores. A fusão com a RCA possibilitou à Victor resistir aos magros anos da Depressão melhor do que qualquer outra companhia de discos.

O mercado brasileiro

No Brasil,[8] segundo Humberto Franceschi,

> os primeiros fonógrafos apareceram no Rio de Janeiro em 1897, importados por James Mitchel. Nesse mesmo ano, terminou o período do fonógrafo de exibição. Começava a era das gravações de cilindro para venda, feitas por Frederico Figner a partir de cilindros previamente gravados. Em princípios de 1898, atingiram quantidade comercializável. É preciso notar que os cilindros desse período eram de cera e podiam ser raspados e polidos para novas gravações.[9]

A divulgação do aparelho no Rio de Janeiro se deu através do tcheco Frederico Figner, que lá chegou pela primeira vez em 1892. Ele havia aportado no Pará em agosto de 1891, para demonstrar em vários estados do Brasil, o fonógrafo que trouxera dos Estados Unidos.

Figner estabeleceu-se no Rio de Janeiro na década de 1890. Comprava todos os cilindros, fonógrafos e gramofones importados que chegavam, tendo apenas um concorrente na época. Em março de 1900, registrou a firma Fred Figner e batizou sua loja de Casa Edison, em homenagem ao inventor do fonógrafo.

---

8 A primeira demonstração do fonógrafo no Brasil se deu em julho de 1878, no Rio de Janeiro, durante uma "Conferência da Glória". Estas, criadas em agosto de 1872, eram conferências pedagógicas de interesse público que aconteciam nas manhãs de domingo, na Escola da Freguesia da Glória. A elas comparecia o imperador D. Pedro II e sua família.

9 Franceschi, op. cit., p.31.

O interesse pelas máquinas de reproduzir sons crescia. Já em 1901 fonógrafos eram usados pelo sistema de moedas em determinados locais, como descreveu Luiz Edmundo em *O Rio de Janeiro do meu tempo*.[10]

Fred Figner, segundo consta na *Discografia brasileira 78 RPM*, selecionou cantores e orquestras que estavam em evidência, para que, utilizando o sistema de Berliner, produzissem as primeiras chapas com artistas nacionais, lançadas em 1902. Os discos eram fabricados na Alemanha, pela Internacional Zonophone Co., e foram classificados como séries "Zon-O-Phone 10.000", com discos de sete polegadas de diâmetro e "X.1000" com dez polegadas.

Ainda segundo essa fonte,

> a aceitação do novo produto estava assegurada. O *Correio da Manhã*, de 05.08.1902, publicou à pg. 6: "A maior novidade da época, chegou para a Casa Edison, Rua do Ouvidor 107. As chapas (*records*) para gramophones e zonophones, com modinhas nacionais cantadas pelo popularíssimo Baiano e apreciado Cadete, com acompanhamento de violão e as melhores polkas, schottisch, maxixes executados pela Banda do Corpo de Bombeiros do Rio, sob a regência do Maestro Anacleto de Medeiros".[11]

O objetivo de Figner com relação à produção e vendas dos cilindros, discos e máquinas era estritamente comercial. Ele já havia fundado 27 clubes de gramofone desde o fim do século XIX. Em 1902, lançou o jornal *Echo Phonographico*, com tiragem de 12 mil exemplares.

Imaginando-se que apenas uma parte dos leitores possuísse uma máquina de reproduzir sons, ter-se-ia razoável quantidade de gramofones e fonógrafos no país, o que geraria considerável soma na vendagem dos discos.

Perspicaz nos negócios, Figner tornou-se exclusivo da Zonophone alemã, obrigando-se a comprar, por contrato, cinquenta aparelhos e duas dúzias de discos de sete polegadas por mês. Para as gravações, veio ao Brasil um técnico especialista chamado Hagen, enviado da Alemanha. Em janeiro de 1902, foram realizadas 175 gravações em sete polegadas e 75 em dez polegadas, das quais foram lançadas em disco, respectivamente, 174 e 51. Os primeiros discos não tinham boa qualidade na prensagem, independentemente da qualidade da gravação.[12] Mesmo assim, Figner, por contrato,

---

10 Ver Edmundo, *O Rio de Janeiro do meu tempo*, v.1, p.293.
11 *Discografia brasileira 78 RPM*, p.II.
12 Franceschi, op. cit., p.90-91.

teria que comprar 250 discos de cada cera gravada. Os problemas com a qualidade do material usado e com a prensagem foram aos poucos sendo superados, surgindo em seguida os discos com dois lados.

O mercado brasileiro crescia rapidamente. Em 1912, iniciou-se o movimento de descentralização da fabricação na Alemanha. A primeira fábrica montada na América do Sul foi a Odeon, instalada em 1913, no Rio de Janeiro, responsável pela prensagem das primeiras chapas brasileiras.

No âmbito da produção fonográfica, outros selos surgiram, ligados a Fred Figner ou a seu irmão Gustavo Figner, a exemplo da Odeon em 1904. Eles tinham discos prensados na Inglaterra e de melhor qualidade. A Phoenix, que inicialmente prensava em Porto Alegre, na fábrica de Savério Loenetti em 1914, a Faulhaber, Favorite, Columbia, Victor Record, entre outros. As gravações passaram a ser realizadas não só no Rio de Janeiro, mas também em São Paulo e no Rio Grande do Sul.

Humberto Franceschi acredita que até 1911 foram realizadas 3 mil gravações, com uma tiragem de aproximadamente 750 mil discos, considerando a tiragem inicial de 250 cópias por matriz. Entre 1911 e 1912, apenas Fred Figner teria vendido 840 mil discos.[13]

O projeto de instalação, vindo da Alemanha e longamente planejado, foi executado por Figner e previa uma produção de 1,5 milhão de discos por ano.

O que se denominou fase mecânica das gravações, terminou com a descoberta do sistema elétrico, cujo início dos lançamentos comerciais ocorreu em 1925 pela Victor e Columbia norte-americanas. No Brasil, o primeiro lançamento da fase elétrica ocorreu em 1927, gravado por Francisco Alves, cantando a marcha *Albertina* e o samba *Passarinho do má*, de autoria de Antônio Amorim Diniz, o Duque. Embora evidências indiquem que a primeira gravação elétrica lançada comercialmente tenha sido o samba *Sem amor*, de Sinhô, interpretado por Carlos Serra.[14]

Consta na *Discografia brasileira 78 RPM* que, de 1927 a 1964, período em que durou a fase elétrica de 78 RPM no Brasil, foram editados cerca de 28 mil discos.[15]

O sistema elétrico[16] propiciou a inclusão dos instrumentos de percussão nas gravações, levando muitos sambistas aos estúdios e dando ao sam-

---

[13] Ibid., p.195.
[14] Ver *Discografia brasileira 78 RPM*, p.III.
[15] Ibid.
[16] O sistema de gravação elétrico foi propiciado pelo desenvolvimento do microfone condensador, do amplificador eletrônico a válvulas e do corte do disco.

ba uma nova forma. Esse novo sistema tornou possível gravar todas as vozes e os instrumentos musicais, por não haver limitações na intensidade das fontes sonoras. Elas poderiam ser amplificadas, em contraste com o sistema *acoustomechanical*,[17] em que somente vozes e instrumentos volumosos poderiam ser captados e gravados.[18]

O rádio

Resultado do impacto do desenvolvimento tecnológico operado em vários países, a radiodifusão foi implementada de forma sistemática na Europa e nos Estados Unidos em 1920. No Brasil, ocorreram algumas experiências isoladas, mas o lançamento oficial do rádio aconteceu com a primeira transmissão, feita em 7 de setembro de 1922.[19]

Foi um acontecimento muito esperado por sua inovação quanto à comunicação sem fio e foi realizado durante a exposição do Centenário da Independência. Esse evento foi descrito *ipsis literis* pelo jornal *A Noite*, em sua edição de 8 de setembro daquele ano:

> Uma nota sensacional do dia de ontem foi o serviço de rádio-telefonia e telefone alto-falante, grande atrativo da Exposição. O discurso do Sr. Presidente da República, inaugurando o certame foi, assim, ouvido no recinto da Exposição, em Niterói, Petrópolis e São Paulo, graças à instalação de uma possante estação transmissora no Corcovado e de aparelho de

---

17 No sistema de gravação *acoustomechanical*, as ondas produzidas pelas fontes sonoras são captadas pela corneta (campana). O resultado da ação transformadora da corneta é um aumento na pressão sonora sobre o diafragma, que é acoplado à agulha. O cilindro de gravação é girado a uma velocidade constante por um motor. O movimento da agulha produz uma modulação vertical nas ranhuras helicoidais do cilindro, que correspondem à variação da pressão nas ondas produzidas pela fonte sonora original.
18 Sobre o funcionamento e as especificidades relacionadas aos equipamentos de gravação, tais como microfones, pré-amplificadores, gravadores etc., há vasta literatura, da qual indica-se aqui Ballou (org.), *Handbook for Sound Engineers*.
19 Há relatos de experiências com a transmissão por ondas eletromagnéticas no Brasil, desde o século XIX, em Tinhorão, *Música Popular*, p.33-34. Mas o padre brasileiro Landel de Moura, em 1883, já havia feito transmissões sem fio e a falta de patente não lhe concedeu a primazia do invento. Ver Ernani, *O incrível padre Landell de Moura*, p.42. Sobre a história do rádio no Brasil, conferir os LPs da coleção da BBC Serviço Brasileiro, *O rádio no Brasil*.

transmissão e recepção, nos lugares acima. Desse serviço se encarregaram a Rio de Janeiro and São Paulo Telephone Company, a Westinghouse International Company e a Western Elecric Company. À noite, no recinto da Exposição, em frente ao posto de Telefone Público, por meio do telefone alto-falante, a multidão teve uma sensação inédita: a ópera *Guarani* de Carlos Gomes, que estava sendo cantada no Teatro Municipal, foi, ali, distintamente ouvida, bem como os aplausos aos artistas. Igual coisa sucedeu nas cidades acima.[20]

Sérgio Cabral, lembra que "Foram distribuídos e instalados 80 receptores para alguns cidadãos considerados importantes do Rio de Janeiro e em lugares públicos nas cidades citadas".[21]

Para Roberto Murce, o nascimento real do rádio no Brasil teria ocorrido com a fundação da Rádio Sociedade do Rio de Janeiro, prefixo PRA-A, por Edgar Roquette-Pinto e Henrique Moritze, em 20 de abril de 1923. Em 17 de outubro do mesmo ano, Elba Dias fundou a Rádio Clube do Brasil – PRA-B, juntamente com Moreira Pinto, Augusto Joaquim Pereira, João Cardoso Alves, George Gotis e Carlos Lira Filho, entre outros.[22] Em janeiro de 1926, foi fundada a Rádio Mayrink Veiga e um ano depois surgiu a Rádio Educadora.

Mesmo com as quatro rádios em funcionamento, foi relativo o impacto causado por esse novo meio de comunicação. As condições eram difíceis, pois o custo dos aparelhos era excessivo para a grande parte da população e pretendia-se então fazer uso do rádio como meio de se impor uma cultura de elite, tocando música erudita, transmitindo palestras e coisas de pouco interesse popular. Isso limitava a sua expansão. O samba estava aí proibido.[23]

Sérgio Cabral observa que se, por um lado, Renato Murce assim via a situação quanto ao número de aparelhos na época, por outro, o radialista Almirante descrevia a cidade como uma floresta de antenas, onde "não havia residência que não ostentasse sobre o telhado, ou pelos quintais, os fios horizontais para a captação das ondas hertzianas".[24] É ainda Cabral quem observa que até então, "a legislação da época proibia a posse de recepto-

---

20 Apud Murce, *Bastidores do rádio*, p.18.
21 Cabral, *No tempo de Almirante*, p.28.
22 Murce, op. cit., p.18-19.
23 Ibid., p.17-30.
24 Apud Cabral, *No tempo de Almirante*, p.35.

res de rádio por particulares. O próprio governo, porém, se encarregou de abrir exceções, concedendo 536 licenças para o uso do aparelho no Rio de Janeiro, só em 1923".[25]

Não cabe aqui discutir o exagero de um testemunho ou a falta de observação de outro. O mais provável é que a maioria daqueles aparelhos era feita de forma doméstica, como descreve José Ramos Tinhorão: Os primeiros aparelhos, denominados "galenas [...] eram montados em casa, quase sempre pelos próprios candidatos a ouvintes, usando normalmente caixas de charuto. Isso se tornava possível pelo fato de os aparelhos de galena serem compostos, fundamentalmente, de apenas cinco pequenas peças (cristal de galena; regulador de contato da galena; indutor; condensador variável de sintonia e fones de ouvido), e que para funcionar pediam apenas uma antena externa – geralmente esticada entre duas varas de bambu – e uma tomada de terra, invariavelmente a torneira da pia mais próxima."[26]

Considerando-se estudo de Maria Elvira Bonavidio Federico, no período de 1922 a 1924 destaca-se desde a instalação da primeira emissora até o "impulso disseminatório inicial". Essa autora entende que

> A primeira fase realmente se iniciou em 1925 e vai até 1934, considerando-se a ideologia presente no pressuposto (ideais) de utilização do veículo, características e formas de atuação (situação real), e impulso para as mudanças.
>
> A segunda fase considerada entre 1935 e 1955 reporta-se à consolidação do veículo (década de 40), fase áurea (década de 50), fatores conjunturais e novos impulsos para a mudança com a concorrência publicitária da TV e a introdução do videoteipe (1955).[27]

É relevante para o presente trabalho como e por que foi concebido o rádio no Brasil, no que ele se tornou e como se relacionou com o desenvolvimento comercial da música popular.

Do ponto de vista formal, o rádio foi trazido ao Brasil por um educador. O Roquette-Pinto quando viu o rádio, pela experiência em outros paí-

---

25 Ibid., p.29.
26 Tinhorão, *Música popular*, p.36-37.
27 Federico, *História da comunicação*, p.32. Esse trabalho traz detalhes históricos importantes sobre o desenvolvimento tecnológico e estrutural do rádio.

ses, viu a possibilidade do Brasil ser educado através da palavra falada, já que era um país de analfabetos. As pessoas tinham dificuldade de leitura e levar a palavra através das ondas era mais fácil para educar a população. Ele utilizou esse expediente para difundir o rádio como forma de educação da população brasileira. Ele e o professor Moritze. Eles usavam o rádio para leitura de jornais, tocar música clássica, ler textos diversos, poesias, contos, novidades tecnológicas, curiosidades, tudo que pudesse ser absorvido de maneira fácil. Uma programação que não era profissional. Era o veículo sendo utilizado de maneira informal, e ainda muito tênue, pois ainda não havia muitos aparelhos receptores. Eram poucas as emissoras, e poucos os aparelhos receptores. E a tecnologia também não era muito fácil de lidar, o tipo de aparelho era mais complexo, depois foi-se sofisticando até chegar ao estágio de hoje.[28]

O objetivo de Roquette-Pinto era utilizar o rádio como um "movimento civilizador" e educador da população. Em seu livro *Ensaios brasilianos*, de 1943, narra como procedeu procurando Henrique Morize, professor da Escola Politécnica do Rio, na idealização do que veio a ser a Rádio Sociedade (PRA-2). Segundo ele, nessa época as "miseráveis Galenas" eram apreendidas e houve exaustiva propaganda que contou com a colaboração de Amadeu Amaral para se abrir o "surto da radiofonia".[29]

Lembra Sérgio Cabral que, ao doar sua emissora ao governo em 1936, Roquette-Pinto declarou que ela não fora fundada para irradiar o que o público queria, mas o que precisava, aproximando-se do pensamento do diretor da BBC de Londres, J. C. W. Reith. Este, em 1924, declarava sua posição quanto ao rádio – "uma descoberta científica tão importante" – não ser usado apenas para fins de entretenimento.[30]

As primeiras rádios eram mantidas por sócios pagantes, que contribuíam com a quantia média de cinco mil-réis. Por essa razão, também eram conhecidas como "rádio clube". Como já mencionado, a programação era muito limitada, e culturalizadora no sentido de uma propensa erudição. A partir da década de 1930, passou por uma transformação, com o in-

---

[28] João Batista Torres Rocha, gerente de administração, programação e produção da Rádio Cultura AM/FM e professor de Jornalismo na PUC São Paulo, em entrevista concedida ao autor em setembro de 2003.
[29] Roquette-Pinto, *Ensaios brasilianos*, p.71-75.
[30] Cabral, *No tempo de Almirante*, p.37.

cremento nas vendas dos aparelhos com válvulas e uma competição pela audiência.

No início não se via o rádio como um negócio. Anos depois, o rádio nos Estados Unidos passou a colocar anúncios para dar resultado a quem investia. Nos Estados Unidos era um modelo mais dinâmico e de negócios. Na Europa era mais cultural. Através de pagamentos, as pessoas se associavam para bancar as emissoras de rádio, ou taxas que pagavam através dos impostos, até hoje várias emissoras europeias ainda funcionam assim. Então os comerciais eram dispensáveis e produziram-se muitos programas culturais. É um rádio mais lento, [...] diferentemente dos Estados Unidos que é um rádio ágil, cujo modelo o Brasil adotou. Com a chegada da possibilidade da comercialização, da industrialização, o rádio virou um negócio. Virou também uma coisa chamada entretenimento. Mudou a concepção. Além do caráter educativo e cultural que tinha, passou a ser um veículo informativo e também de entretenimento. Essa passagem foi dos anos 20, e foi rápida. O momento vamos dizer "purista" do rádio foi muito curto.

Até então não era uma atividade profissionalizada. Aí começou a se profissionalizar. Para isso, precisava entrar no processo industrial. Por exemplo, no tempo de Roquette-Pinto, o período de transmissão era de algumas horas e se desligava por um tempo. Não havia um compromisso com uma sequência permanente. Quando vem o processo industrial, dá-se uma linha de montagem. Tem-se uma programação. No início as rádios ficavam em um horário mais curto. Várias emissoras, por exemplo, não funcionavam à noite.[31]

Maria Federico argumenta que embora um decreto de 1932 tenha regulamentado a inserção comercial, esta era inicialmente precária e incipiente, pelo desinteresse em se anunciar. Foi no início de 1931 que a Record de São Paulo anunciou sua primeira inserção (Casa Radiovox) e dentre as que se incluíram em seguida, estavam as casas gravadoras e de discos. Essa autora lembra ainda que

O rádio já conseguia seus primeiros ídolos, na maioria vindos da indústria fonográfica. [...] A profissionalização, que muitos dizem coincidir com o início do período comercial, não tinha ainda despontado e os cachês

---

31 João Batista Torres Rocha, em entrevista concedida ao autor.

eram ínfimos, quando havia. Os únicos a receberem ordenados fixos eram os *speakers*.[32]

A consolidação da radiodifusão como meio e veículo de publicidade se iniciou com a transformação operada no seu conceito, incluindo mudanças estruturais. Tal como a criação dos departamentos comercial e de divulgação, dirigindo-se para uma crescente audiência. O incremento de emissoras deu-se entre 1925 e 1934, quando quarenta estações foram então instituídas.

As "mudanças estruturais" operadas no sistema de radiodifusão se ligam ao fato de o rádio se consolidar como veículo publicitário e ter acrescentado

> fator introdução e consolidação do rádio como veículo publicitário, à disseminação e abrangência do raio de ação das emissoras e cadeias, aos processos de codificação e programação instituídos e, especialmente, ao contingente diversificado de áreas e especialistas necessários para estruturação dos programas, enfim, todos os elementos que foram acrescentados e mudaram substancialmente o que se entendia por rádio e que são específicos dos meios de massa.[33]

A radiofusão passou, assim, de um extremo a outro, no qual atendia aos interesses dos negócios que se instauravam, e também servia a uma demanda de entretenimento da classe média urbana. Esta que, tendo demanda pelo entretenimento, alimentava aquela "indústria" fazendo surgir o "rádio moderno", que nas palavras de José Ramos Tinhorão, pretendia atender ao "gosto massificado dos ouvintes" e vender "mensagens publicitárias".[34] Ao mesmo tempo substituía o teatro de revista e a festa na rua no lançamento dos sambas que, como forma, antes chegavam ao sucesso.

As transformações ocorridas na concepção de se conduzir a programação do rádio, assim como descreve João Batista, fez com que os cantores e as cantoras da preferência do público fossem levados aos programas. Estes por sua vez tornavam-se mais populares e poderiam obter mais patrocinadores. Dessa forma, toda a estrutura das rádios poderia ser mantida, com

---

32 Federico, op. cit., p.52-54.
33 Ibid., p.56-57.
34 Tinhorão, *Música popular*, p.43.

orquestras, equipamentos, artistas, programadores e demais profissionais envolvidos, sofisticando-se cada vez mais e gerando até lucro.

O dinamismo inerente ao veículo tornava necessária uma renovação constante, que se vê, por exemplo, com a criação dos programas de calouros – uma alusão aos novatos da faculdade de Direito –, os quais, como consequência, abriram portas para vários artistas que posteriormente ficariam famosos. Acenava com a possibilidade de se obter uma carreira e, consequentemente, uma vida melhor. E havia os "programas de auditório", idealizados pelo cronista carioca Caribé da Rocha. Estes se caracterizavam pela participação dinâmica do público e surgiram "quase como consequência" dos programas de calouros. O sucesso dos primeiros programas de auditório gerou uma verdadeira concorrência entre a Rádio Nacional e a Rádio Mayrink Veiga.

José Ramos Tinhorão observa que

> como os auditórios de rádio iam ganhar com o passar do tempo o caráter de casas de diversão e teatro das camadas mais pobres da cidade, os programas de calouros acabariam transformando-se desde cedo na grande miragem daqueles que, entre esse mesmo povo, acreditavam possuir qualidades artísticas capazes de projetá-los no mundo maravilhoso da "gente do rádio".[35]

De certa forma, esses programas contribuíram para o estabelecimento de uma música popular direcionada à massa do público. Dentre os muitos programas, *Calouros em Desfile* desde 1936 era apresentado pelo compositor Ary Barroso e, no modelo de programa de auditório, *Caixa de Perguntas*, por Almirante.

A mais importante constatação da necessidade de renovação pelos programas de rádio ficou expressa no *Programa Casé*, o de "maior popularidade".

> A partir de 1936 passou-se a exigir que seus artistas a cada domingo apresentassem um número inédito, proibindo reprises. Com isto a caça por sambas se intensificou. Sem acesso aos meios de comunicação ou às gravadoras, os sambistas mais humildes só tinham como ganhar dinheiro vendendo suas composições.[36]

---

[35] José Ramos Tinhorão. *Música popular – Do gramofone ao rádio e TV*, p.57.
[36] *História do samba*, p.202.

Embora poucos fossem os que "compravam" o samba, ou a autoria, os direitos autorais ou a parceria, muitos foram os que venderam seus sambas.

Pouco depois o rádio foi responsável por outra forma de mercadorização do samba, através dos *jingles*. Estes eram músicas feitas para os comerciais, ou anúncios cantados. Devido ao sucesso popular, os compositores de samba eram os escolhidos para escrever essas músicas, que deveriam ser cantadas na rádio. Veja-se, por exemplo, o que segue:

> Cartola, o Divino Cartola, em 1940 fez, durante três meses, um programa chamado *A Voz do Morro*, na Rádio Cruzeiro do Sul, do Rio de Janeiro, em companhia de Paulo da Portela. O patrocinador era a Alfaiataria A Cidade e a dupla compôs para ele um *jingle*: "Vestir bem gastando pouco / Eis um problema louco / Que nós temos a resolver / Prestem atenção / Estou autorizado a dizer / Pagando só o feitio / Eis um plano inteligente / De uma casa aqui no Rio / Não pode haver maior facilidade / Só na Alfaiataria A Cidade".[37]

Os produtores de samba[38]

Entende-se aqui por produtor de samba aquele que compõe uma música com características próprias desse gênero, inspirada em seu ambiente cultural, ou mesmo aquele que, sem compor, o canta nas festas, rodas de samba e demais formas de encontros comunitários, seja para fins religiosos, lúdicos ou culturais.

Anacleto de Medeiros (Anacleto Augusto de Medeiros)

Compositor, regente, instrumentista, nasceu em Paquetá, Rio de Janeiro, a 13 de julho de 1866, filho de uma escrava liberta. Aos nove anos, entrou na Companhia de Menores do Arsenal de Guerra e simultaneamente estudou música. Aos dezoito anos, entrou para a Imprensa Nacional e se matriculou no Conservatório de Música. De suas obras, uma das mais

---

[37] Ibid., p.216.
[38] Os dados biográficos foram obtidos em Marcondes, *Enciclopédia da música brasileira erudita, folclórica e popular* e da coleção *História do samba*.

célebres foi *Iara*, que recebeu versos de Catulo da Paixão Cearense, com o nome de *Rasga o coração* em 1912. Foi utilizada por Villa-Lobos como tema do *Choros n. 10*. Foi organizador da Banda do Corpo de Bombeiros do Rio de Janeiro, que gravou alguns dos primeiros discos brasileiros a partir de 1902.

Bahiano (Manuel Pedro dos Santos)

Nasceu em Santo Amaro da Purificação, Bahia, a 5 dezembro de 1887. Com ele "nasceu" a profissão de cantor, pois foi o primeiro a gravar em disco no Brasil. Como já sabemos, também foi a primeira voz a gravar *Pelo telefone*. Embora cantor de sucesso, desabafa ao final de *Quem eu sou?*, gravado no fim de sua carreira: "Canto há tantos anos e nunca arranjei nada. Finalmente consegui um empregozinho nesta casa, com o que vou vivendo, graças a Deus".[39] Faleceu em 15 de março de 1944, no Rio de Janeiro.

Eduardo das Neves (Eduardo Sebastião das Neves)

Nasceu no Rio de Janeiro em 1874. Foi guarda-freios da Estrada de Ferro Central do Brasil, soldado do Corpo de Bombeiros, demitido por aderir à boemia. Em 1895, apareceu como palhaço e cantor em circos e pavilhões. Viajou pelo Brasil, tocando violão e cantando músicas que compunha nestas viagens, muitas de sucesso à época. Foi contratado da Casa Edison desde 1902 e faleceu em sua cidade natal, em 11 de novembro de 1919.

João da Baiana (João Machado Guedes)[40]

Neto de escravos, único carioca de doze irmãos baianos, nasceu em 17 de maio de 1887 e faleceu em 12 de janeiro de 1974, no Rio de Janeiro. Filho de Tia Prisciliana de Santo Amaro – uma das famosas Tias Baianas –, com quem aprendeu a tocar pandeiro e prato e faca. Nas reuniões realizadas em sua casa, praticava o samba e o candomblé. Foi quem introduziu o pandeiro no samba, aos dez anos, saindo no Rancho Dois de Ouro e no Pedra Sal, pioneiros no Rio de Janeiro. Sua primeira composição é de 1923. No ano

---

[39] *História do samba*, n.2, p.27.
[40] Na *História do samba*, n.1, verso da capa, sua biografia o denomina João Machado Gomes.

seguinte, teria composto em parceria com Pixinguinha e Donga. Era ajudante de cocheiro e animava festas desde os quinze anos. Em 1928, ingressou no rádio como pandeirista e foi músico pioneiro nas emissoras Cajuti, Transmissora, Educadora e Philips.

Sinhô (José Barbosa da Silva)

Nasceu no Rio de Janeiro em 18 de setembro de 1888. Por estímulo de seu pai, estudou flauta, posteriormente optando pelo piano e violão. Dificuldades financeiras o levaram a tocar nas sociedades dançantes, tornando-se profissional em 1910. Frequentava a casa de Tia Ciata e trabalhou como pianista da Casa Beethoven, demonstrando as partituras para venda. Polêmico, protagonizador de provocações e confusões no ambiente musical carioca, foi coroado "Rei do Samba" em 1927. De suas 150 composições, mais de 100 foram gravadas, algumas de caráter urbano, outras de inspiração afro-baiana. Morreu de hemoptise na barca que o levava da Ilha do Governador ao Rio, em 4 de agosto de 1930.

Donga (Ernesto Joaquim Maria dos Santos)

Nasceu no Rio de Janeiro, em 5 de abril de 1890. Filho de um pedreiro e de Tia Amélia, do grupo das baianas do bairro da Cidade Nova, tocava cavaquinho e violão. Frequentador da casa da Tia Ciata, em 1916 registrou como "samba carnavalesco" a partitura de *Pelo telefone*. Em 1919, entrou para os Oito Batutas, grupo com o qual viajou pela Europa em 1922 a convite de Pixinguinha. Com este posteriormente formou uma orquestra e atuou nos grupos de gravações da época. Aposentado como oficial de justiça, morreu no Rio de Janeiro em 25 de agosto de 1974.

Cadete (Manuel Evêncio da Costa Moreira)

Compositor e instrumentista, nasceu em Tibagi, no Paraná, a 3 de maio de 1874. Mudou-se para o Rio em 1887, para se matricular na Escola Militar. Ali adquiriu seu apelido. Indisciplinado, optou pela boemia, juntando-se aos chorões e seresteiros. Foi também um dos primeiros a gravar e ser contratado pela Casa Edison. Viajou pelo Brasil e voltou à cidade natal, onde formou-se em farmácia. Morreu em 25 de julho de 1960, deixando grande coleção de discos.

Heitor dos Prazeres

Nasceu no Rio de Janeiro em 23 de setembro de 1898. Seguiu o ofício do pai, que era marceneiro e tocava clarineta e instrumentos de percussão na banda da Polícia Militar. Educou-se entre a Praça Onze e o Mangue, junto aos chorões e os sambas da casa de Tia Ciata. Mesmo trabalhando desde os 7 anos, aos 13 foi preso na colônia correcional da Ilha Grande por dois meses. Aprendeu a tocar cavaquinho e a compor suas primeiras músicas. Fez parte do grupo que manteve a tradição de compor samba perene, como se definiu no capítulo 1.[41] Em 1937, iniciou-se na pintura, chegando mais tarde a participar de importantes exposições. Na década de 1950, foi ritmista da Rádio Nacional. Em 1966, foi selecionado para representar o Brasil como pintor – o samba, malandros e mulatas eram temas de suas telas de estilo primitivista – no Festival de Arte Negra de Dacar, Senegal. Morreu em 4 de outubro de 1966.

Elton Medeiros (Elton Antônio de Medeiros)

Compositor, cantor, instrumentista, nasceu no Rio em 22 de julho de 1930. Iniciou-se como compositor e músico no final da década de 1940, tocava trombone e bateria. Empregou-se como funcionário público em 1948, ano que conheceu Zé Keti, seu parceiro e amigo. Colaborou na seção rítmica dos discos de Paulinho da Viola.

J. B. de Carvalho (João Paulo Batista de Carvalho)

Nasceu no Rio de Janeiro em 24 de dezembro de 1901. Iniciou sua carreira em 1931, na Rádio Cajuti, liderando o conjunto Tupi. O conjunto, um dos primeiros a ter programas de umbanda no rádio, era frequentemente interrompido pela polícia por levar as pessoas ao transe. Foi preso inú-

---

41 Alguns dos principais compositores que mantiveram uma tradição de compor samba perene infelizmente não se encontram na enciclopédia que se utilizou como fonte, são eles: Getúlio Marinho, compositor que teve inúmeras músicas gravadas; Fernando Senna, que é apenas mencionado como um dos que iniciou o Trio de Ouro e foi substituído, Príncipe Pretinho, Martiniano da Costa, Gastão Viana, entre outros. Estes são mencionados como compositores do estilo "afro-brasileiro" no jornal *Diário de São Paulo*, dentre suas composições *No Terreiro de Alibibi* de Gastão Viana é "considerada pelos entendidos uma das obras-primas da discografia popular brasileira". *Diário de São Paulo*, 28 set. 1968, 3º Caderno, p.5.

meras vezes e só deixou de ser perseguido, segundo ele, por sua amizade com Getúlio Vargas. Também conhecido como Batuqueiro Famoso, gravou grandes sucessos. Faleceu em 24 de agosto de 1979, em sua cidade natal.

Baiaco (Osvaldo Caetano Vasques)

Compositor e instrumentista. Nasceu no Rio de Janeiro, em 1913, onde faleceu em 1935. Parte do grupo do Estácio, foi um dos fundadores da primeira escola de samba, a Deixa Falar, em 1928. Foi contratado como ritmista pela Columbia.

Bide (Alcebíades Maia Barcelos)

Compositor e instrumentista, nasceu em Niterói a 25 de julho de 1902. Aos seis anos, foi com a família para o Estácio de Sá, no Rio de Janeiro. Trabalhou como sapateiro ao lado do irmão Rubem. Frequentou as rodas de samba do Estácio, com Ismael Silva, Baiaco e Brancura, sendo um dos responsáveis pela "modernização do samba". No disco com a histórica gravação de *A malandragem*, por Francisco Alves, não constou seu nome. Foi importante também para a introdução do surdo e do tamborim na escola de samba. No final da década de 1920, deixou a profissão de sapateiro, profissionalizando-se na música. Muitos de seus sambas foram sucessos nos carnavais da década de 1930. Abandonou o meio artístico no início dos anos 1960. Morreu praticamente cego e paralítico no conjunto residencial dos músicos de Inhaúma, no Rio de Janeiro, em 18 de março de 1973.

Ismael Silva (Ismael da Silva)

Compositor e cantor, nasceu em Niterói em 14 de setembro de 1905. Filho de pai operário e mãe lavadeira, mudou-se com a família para o Rio de Janeiro, aos três anos. Aos 17, já no bairro do Estácio, passou a frequentar os pontos de encontro dos sambistas da época e logo se tornou conhecido. Seus primeiros sucessos gravados – *Me faz carinho* e *Amor de malandro* – foram lançados por Francisco Alves, cujo nome consta nos selos como intérprete e autor, pois este adquirira a parceria através de pagamento em 1927, quando esteve internado por doença. Foi um dos principais criadores da escola Deixa Falar. Esquecido na década de 1940, reapareceu na década seguinte, com o movimento de revalorização da música popular brasileira, cantando em dois discos com suas músicas. Morreu em 14 de março de 1978, no Rio de Janeiro.

Marçal (Armando Vieira Marçal)

Compositor e ritmista, nasceu no Rio de Janeiro, em 14 de outubro de 1902. Principal parceiro de Bide na época, para quem fazia as letras dos sambas, veio de família pobre e de infância difícil. Desde cedo trabalhou como lustrador de móveis, emprego que manteve enquanto atuava como ritmista em emissoras de rádio desde 1934, passando à Rádio Nacional a partir de 1939. Morreu de ataque cardíaco, no escritório da Victor, em 20 de junho de 1947, sem nunca ter deixado suas duas atividades: ritmista e lustrador de móveis.

Nilton Bastos

Compositor, nasceu no Rio de Janeiro, em 12 de julho de 1899. Sem concluir o primário e estudar música, tocava piano de ouvido e frequentou as rodas de samba. Foi torneiro mecânico no Arsenal da Guerra e a partir da década de 1920 passou a frequentar os pontos de encontro dos sambistas do Estácio. Começou a compor em parceria com Ismael Silva e morreu de forma prematura, vítima de tuberculosa pulmonar, em 8 de setembro de 1931.

Mano Edgar (Edgar Marcelino dos Passos)

Compositor, nasceu no Rio de Janeiro em 1900. Trabalhou como ajudante de caminhão da Companhia Sousa Cruz, na Usina da Tijuca. Foi um dos pioneiros do Estácio, ao lado de Ismael Silva, Bide e outros já citados. Morreu em 25 de dezembro de 1931, assassinado em uma briga de jogo.

Mano Elói (Elói Antero Dias)

Instrumentista, compositor e cantor, nasceu em Engenheiro Passos, estado do Rio, em 1888. Com quinze anos, foi para o Rio, onde trabalhou como estivador no cais do porto e aprendeu a tocar cavaquinho, pandeiro e tamborim. Frequentador dos terreiros, foi um dos pioneiros na década de 1930 a gravar pontos de macumba. Morreu em 10 de março de 1971.

Mano Rubem (Rubens Barcelos)

Compositor, nasceu no Rio de Janeiro em 1904. Irmão de Bide, era sapateiro e sambista do Estácio. Sua contribuição para a transformação do "samba amaxixado" em "samba moderno" data de 1923. Morreu aos vinte e 23, de tuberculose, no Rio de Janeiro em 15 de junho de 1927.

Wilson Batista (Wilson Baptista Oliveira Nascimento)

Compositor, nasceu em Campos, no Rio de Janeiro, em 3 de julho de 1913. Estudou marcenaria e, no final dos anos 1920, mudou-se para o Rio com sua família. Frequentando cabarés e pontos de encontro de compositores e marginais, começou a trabalhar como eletricista e ajudante de contrarregra no Teatro Recreio. Seu primeiro samba, *Na estrada da vida*, foi composto quando tinha 16 anos e lançado por Araci Cortes; no teatro, foi gravado em 1933, por Luiz Barbosa. Seu primeiro samba gravado, porém, foi *Por favor, vai embora*, em 1932. Naquele ano tornou-se *crooner* e pandeirista da orquestra de Romeu Malagueta. Histórica é a polêmica com Noel Rosa, de quem ao final ficou amigo. No fim dos anos 1930, a proibição da exaltação da malandragem fez mudar sua temática, chegando a ganhar o concurso de músicas carnavalescas do Departamento de Imprensa e Política do governo federal (DIP) em 1940. A partir dessa época, teve vários parceiros e muitos sucessos. Vendeu sambas e fazia parcerias comerciais. Trabalhou como fiscal da UBC (União Brasileira de Compositores), a qual ajudou a criar, até sua morte, em 7 de julho de 1968, no Rio de Janeiro.

Carlos Cachaça (Carlos Moreira de Castro)

Compositor, nasceu no subúrbio do Rio de Janeiro, em 3 de agosto de 1902. Aos doze anos, já saía nos blocos carnavalescos formados pelos frequentadores do morro. Aos 16, era pandeirista do conjunto de Elói Antero Dias. Também trabalhava na Estrada de Ferro Central do Brasil. Em 1922, conheceu Cartola, um de seus grandes parceiros, com quem formou o Bloco dos Arengueiros, embrião do que, em 1928, veio a ser a escola de samba Estação Primeira de Mangueira. Seu primeiro samba data de 1923. Dedicou-se a sambas-enredo e samba de terreiro. Em 1932, a Mangueira foi campeã do carnaval com *Pudesse meu ideal*, sua primeira parceria com Cartola.

Cartola (Angenor de Oliveira)

Compositor, cantor e instrumentista, nasceu no Rio de Janeiro em 11 de outubro de 1908. Com o pai, aprendeu a tocar cavaquinho e desde menino participou das festas de rua, tocando com o rancho Arrepiado, e dos desfiles do Dia de Reis. Boêmio desde os 15 anos, trabalhou em tipografias e como pedreiro. Fundou a escola de samba Estação Primeira de Mangueira com Carlos Cachaça, Saturnino Gonçalves, Marcelino José Claudino, Francisco Ribeiro e outros. Passou a ser conhecido fora da Mangueira a partir de 1931, quando Mário Reis lhe comprou os direitos de gravação do samba *Que infeliz sorte*. Este foi gravado por Francisco Alves, que também lhe comprou outros sambas, mas não a autoria e sim os direitos sobre a vendagem de discos. No período 1947-1953, esteve afastado do morro da Mangueira, não participando das atividades da escola de samba. Isso deveu-se a motivos sentimentais do famoso sambista. Após 1953, voltou à Mangueira, onde se reengajou nas atividades da escola, ao lado de Carlos Cachaça. Havendo desenvolvido alergia às tintas com que trabalhava, Cartola tornou-se guardador e lavador de carros, trabalhando no Passeio Público e no Monroe. Economicamente, foi a fase mais difícil de sua vida. "Redescoberto" em 1960 por Vinicius de Moraes, voltou a projetar-se através de shows e palestras junto ao movimento estudantil. Como resultado dessa nova fase, logrou inaugurar a casa de espetáculos Zi-Cartola, onde atuou ao lado do conjunto A Voz do Morro (de Elton Medeiros, Paulinho da Viola, Clementina de Jesus e Nelson Cavaquinho). Gravou seu primeiro LP em 1974, quando obteve reconhecimento nacional através de programa da Rede Globo e de shows com João Nogueira. Morreu de câncer em 30 de novembro de 1980.

Como se percebe, os produtores de samba eram, de forma geral, negros e mulatos pobres prestadores de serviços. Em alguns casos, serviços de diversão pública, como os palhaços cantores, a exemplo de Eduardo das Neves. Na primeira fase, alguns vindos da Bahia e outros já nascidos no Rio.

Mesmo no caso dos sambistas do Estácio, que poderiam ser considerados da segunda geração, eram ditos amadores. Reuniam-se nos locais onde habitualmente realizavam suas "rodas de samba", nas quais apresentavam suas composições. Embora obras individuais, tratava-se, até então, de uma manifestação espontânea, sem os objetivos comerciais, sem a preocupação de obtenção de lucro.[42]

---

42 "A comercialização do samba e a profissionalização do músico negro se faziam evidentemente, no interior de um modo de produção, cujos imperativos ideológicos fazem do *indivíduo* um objeto privilegiado, procurando abolir seus laços com o campo social como um todo integrado. *Compositor* se define como aquele que organiza sons segundo um projeto de produção individualizado. Em princípio, o músico negro teria de individualizar-se, abrir mão de seus fundamentos coletivistas (ou comunalistas), para poder ser captado como força de trabalho musical." Sodré, *Samba*, p.32.

Anônimos alguns até hoje, criaram e definiram o caminho do sucesso da música popular brasileira, gerando incalculável riqueza aos que fizeram dela mercadoria – os seus comercializadores, incluindo aí intermediários, editoras e gravadoras. O mesmo não aconteceu aos seus criadores, que, via de regra, morreram na pobreza.

Os comercializadores de samba

Estes eram os que de alguma forma se beneficiavam com o comércio da música, seja comprando os direitos, vendendo os discos, promovendo festas etc.

O comércio da música produzida pela comunidade negra no Rio de Janeiro teve início com as primeiras gravações de Bahiano e Eduardo das Neves. Estes tinham uma grande quantidade de material disponível para gravação. Pouco mais de uma década após a Abolição, as músicas dos negros eram material abundante, quer de lundus, jongos ou denominações, tantas quanto o comércio necessitasse. Estavam disponíveis de imediato.

A Casa Edison foi sem dúvida uma das mais beneficiadas pelo retorno financeiro do comércio das músicas. Entre 1911 e 1912, segundo o próprio Fred Figner declara: "No primeiro ano que tomei conta do meu negócio, vendi 840 mil discos e tive um lucro líquido de 700 contos".[43]

Também foram beneficiados com esse comércio, casas de venda de partitura, como a Casa Beethoven, Casa Standard, Bevilacqua & Cia editores de música, Carl Lindstrom, que montou a fábrica Odeon no Rio de Janeiro, Casa Buschman Et Guimarães, donos de teatros, bares, gafieiras e demais locais onde essas músicas eram apresentadas.

Já naquela época havia uma rede de interesses. Sérgio Cabral relata que

> As lojas de disco não eram apenas locais de venda, mas também de divulgação. Como revelaria, em 1977, à revista *Manchete*, Antônio Pinheiro da Silva, o velho Silva da loja "Ao Pinguim", os balconistas serviam também de orientadores do público consumidor. E completou: "No fundo, a gente determinava o sucesso. O Rádio se limitava a reproduzir as músicas que nós emprestávamos aos programadores".[44]

---

[43] Figner apud Franceschi, op. cit., p.195.
[44] Cabral, *No tempo de Almirante*, p.68.

Outros que fizeram do samba um grande negócio foram aqueles que ficaram conhecidos como "compositores", os compradores, quer de samba, quer de direito de venda dos discos, caso de Francisco Alves e Mário Reis. Não cabe neste trabalho realizar julgamento moral, mas apenas observar o caráter mercadológico de um "produto", que, no caso, é uma música composta por autores que vivem na periferia da cidade. Pelo sucesso delas no ambiente da "classe média", os verdadeiros autores buscavam uma forma de minorar suas condições precárias de vida. Para quem compunha músicas com tamanha facilidade, desfazer-se de uma parte da sua produção não iria extinguir sua "mina". Francisco Alves, por seu turno, teria percebido que era mais lucrativo comprar as músicas e aparecer como autor, do que apenas gravá-las,[45] pois recebia duplamente.

O mercado de discos no Brasil teve papel importante na indústria internacional dessa mídia, quer quando ainda se firmava durante a Primeira Guerra Mundial, quer quando a já robusta indústria mundial do disco entrou em crise durante a Segunda Guerra Mundial. A recuperação desta deu-se a partir justamente dos países neutros como o nosso, pois as empresas estrategicamente se estabeleceram como firmas nacionais nesses países. A fábrica Odeon, por exemplo, chegou a ter onze departamentos e autossuficiência industrial, empregava 150 operários e podia produzir 125 mil discos por mês. Em turnos de doze horas, prensava-se um disco a cada quatro minutos.[46]

Os direitos autorais

A questão do pagamento dos direitos autorais tem caráter e papel importante no processo de comercialização da música; até mesmo pelo volume dos valores envolvidos. Os direitos autorais e de fonograma eram – e ainda são hoje em dia – propriedade da editora e/ou gravadora.

Durante o período das gravações mecânicas, havia um contrato entre as cinco gravadoras e os autores para evitar que um concorrente gravasse músicas já gravadas por outro. Os direitos, nessa época, eram pagos de forma adiantada.

Segundo Franceschi, os valores no início eram normalmente de 100, 200 ou 300 réis por face do disco, mas podiam chegar a 500 réis. Em 1920

---

45 *História do samba*, p.202.
46 Franceschi, op. cit., p.203.

passou-se a colar selos na etiqueta dos discos, que eram assinados pelo autor. Franceschi lembra um caso ocorrido com Chiquinha Gonzaga, que em viagem à Europa encontrou suas composições lá editadas. Ao investigar, chegou a Fred Figner, que havia então autorizado a reprodução mesmo sem ser o representante da autora. O resultado foi que este pagou àquela a quantia de 15 contos de réis e igual soma ao editor dela, Buschman Et Guimarães.

O cálculo feito por Franceschi, avaliando o preço da partitura na época, leva a 300 mil cópias apenas pelo que Figner pagou (trinta contos de réis). E Chiquinha Gonzaga ainda viria a declarar, em 1913, que Figner, com apenas um de seus tangos, ganhou mais de trinta contos enquanto ela nada havia recebido.[47]

Considerando-se exageros de todas as partes, o caso é que o negócio da música era e é altamente lucrativo para os que estão na ponta do processo, fabricando e comercializando os produtos. Enquanto isso, com raras exceções, na outra ponta os compositores, músicos, técnicos e outros que são responsáveis pela produção artística apenas reproduzem a sua condição, sem possibilidades de acumular riqueza. Encontra-se, por exemplo, em carta do cantor e compositor Eduardo das Neves, a informação de que este, economizando 500 mil-réis de sua excursão ao sul do país, tentaria comprar, por 3 contos de réis, "duas casinhas" no bairro de Piedade.[48] Apenas com esses dados é possível se ter ideia do que representava às gravadoras e editores o montante arrecadado.

Se os produtores de samba eram negros ou mulatos pobres que viviam no morro ou no subúrbio, a categoria dos compradores e revendedores de samba encontra-se no outro extremo. Viviam da riqueza gerada pela obra dos primeiros. Eram brancos, europeus ou descendentes destes, que, de uma ou outra forma, apropriavam-se da cultura daqueles e faziam dela um produto para consumo de uma população principalmente de "classe média". Eles não dividiam com seus verdadeiros criadores a riqueza que de fato se gerava.

Do samba de terreiro ao samba-mercadoria

O samba, na origem meio de comunicação com o mundo espiritual, tem como características principais: ser de autoria coletiva; produção espontânea; sem predeterminações e transmitido tradicionalmente de forma

---

47 Ibid., p.221-225.
48 Ibid., p.66-67.

oral. Ele tem função cultural para as festas de uma comunidade predominantemente de negros favelados, produzido por trabalhadores pobres da cidade. O músico ou compositor e a sua criação, o samba, são o sujeito da evolução musical.

O samba-mercadoria, por outro lado, já se caracteriza por ter autoria conhecida, individual. Chega mesmo a ser comprado e tem que necessariamente seguir o modelo que faz ou fez sucesso. É transmitido através do disco etc. Ele tem função comercial, produzido para o mercado consumidor. O compositor deve atender às especificações desse mercado.

O samba, portanto, passa de elemento cultural da etnia negra a entretenimento das camadas médias, profissionalizando músicos e compositores. Promove, nesse sentido, certos indivíduos da massa popular à condição de artistas. Ocorre nesse processo o fenômeno do aumento da tolerância para com esse samba, inicialmente perseguido e proibido, e da transformação do sujeito do final do século XIX em objeto, como consumidor, nas primeiras décadas do século seguinte.

Essa transformação foi mediada pelo disco, pelo rádio e o consequente mercado que se formou. Estes aumentaram o público, que teve acesso ao produto musical. Isso permitiu uma evolução paralela no entendimento, na recriação daquele mesmo produto cultural.

A modernização das mídias sonoras e a produção em escala industrial proporcionaram a ampliação do mercado consumidor. Este chegou a atingir o próprio segmento da sociedade em que se encontram os produtores de samba. Ou seja, negros pobres acabam por se constituir, em um período, volumosa parte daquele mercado.

As condições históricas dadas no período de 1929 a 1940, foram responsáveis pela profissionalização do sambista.

Resta lembrar que esse samba que se transforma em mercadoria não faz desaparecer o samba de terreiro, que, com sua perenidade, produz continuamente novos derivados.

Ciclo produtivo do samba, ciclo reprodutivo do capital[49]

Quando a indústria fonográfica ainda era incipiente, o lucro não era convertido em bens de produção. No Brasil, até 1913, quando se inaugu-

---
[49] Sobre as categorias produção e reprodução, ver Barbosa, *A acumulação de capital no Brasil*.

rou a primeira fábrica de discos, estes vinham da Alemanha. O negócio se caracterizava, então, como transação comercial e a acumulação era, portanto, adquirida na diferença obtida entre o pagamento ao artista (mais-valia) e a venda do disco.

Para a continuidade de novos ciclos produtivos havia a necessidade de uma nova quantidade de trabalho vivo, ou seja, novas gravações pelos artistas. A garantia da reprodução a custo mais baixo se deu através do assalariamento, pela relação de emprego criada entre a Casa Edison e seus principais artistas, Eduardo das Neves e Bahiano, como encontra-se descrito por Humberto Franceschi:

> Eduardo das Neves constava da folha de pagamento dos funcionários da Casa Edison como um dos três da Seção de Gravação, recebendo Rs 100$000 mensais; os outros eram João Baptista Gonzaga, com Rs 400$000, e Manoel Pedro dos Santos – o cantor Bahiano –, com Rs 150$000.[50]

Gonzaga era o gerente do setor de gravação e os demais, como se sabe, cantores e compositores. Portanto sobrevaloriza-se aquele que tem função administrativa em detrimento daquele que de fato produz e reproduz o disco, o qual, no fim do ciclo, é o que gera novos lucros.

Na outra ponta do processo, encontrava-se a fábrica de discos na Alemanha, que dependia ou era condicionada pela produção paralela a ela destinada, ou seja, o mercado brasileiro, principalmente durante o período da Primeira Guerra Mundial, foi responsável por parte expressiva da acumulação obtida nessa área, também na matriz.

Na época do início do gramofone, o advento do disco talvez fosse mais importante do que o conteúdo. Não havia uma produção para abastecer o mercado e, portanto, buscou-se a música que estava ali, pronta, dos negros, que ainda era fonte farta de produção e relativamente desprotegida quanto à propriedade. Deu-se a partir daí uma transformação, que foi operada pelo sucesso daquela música, pois eram feitas, no mínimo, 250 cópias de cada matriz.

O desenvolvimento da indústria fonográfica no país beneficiou-se fundamentalmente da arte e/ou cultura de artistas pobres e negros, para constituir seu mercado. E a possibilidade de uma vida com menor carência

---

50 Franceschi, op. cit., p.66.

levou aqueles artistas a vender o seu trabalho, fosse na criação, fosse na gravação. A música popular, e em particular o samba, nesse caso perde sua condição natural e passa à condição mercantil.

Vejam-se alguns dados quantitativos obtidos de Humberto Franceschi: no início, Figner pagava, por canção gravada, Rs1$000, e vendia a Rs 5$000. Em 1898, o custo do cilindro era de Rs 1$500.

No período em que se importavam os discos, entre as décadas de 1900 e 1910, Figner alegou ter recebido lucro líquido de Rs 700:000$000 em um ano, vendendo 840 mil discos. Havendo apenas um concorrente, mesmo que este tenha atingido a metade da produção de Figner, teríamos mais de 1 milhão de discos por ano. O salário mais alto pago a um artista era o de Bahiano. Cada disco tinha, por contrato, uma tiragem mínima de 250 exemplares e, provavelmente, mais de 3 mil matrizes eram produzidas, sendo que cada uma rendia em média Rs 208$000. Gravando uma matriz por dia útil, somente no caso de Bahiano, o lucro de Figner teria sido de Rs 4:160$000, apenas com um artista. Sem ter que investir na produção das músicas, pois estas vinham de uma fonte inesgotável.

Sobre isso, relata o músico e pesquisador Barão:

> Não se tinha a figura do cantor profissional. Poderia chamar de profissional o cantor que vinha com as companhias líricas. Então quando Fred Figner abre a Casa Edison, ele vai pegar os seresteiros de rua e uma figura como Eduardo das Neves, que era palhaço de circo. E tem essa coisa. Invariavelmente quase todo palhaço é músico. Eduardo das Neves era compositor, fazia lundus, modinhas... Então todo aquele repertório que vinha desde meados do século XIX foi gravado, porque estava na tradição oral, na memória dessas figuras. Bahiano, Eduardo das Neves, Mário Pinheiro [...] Uma das coisas fantásticas que temos na história do Brasil, é que o primeiro disco foi gravado quatorze anos após a Abolição da escravatura. Quando tínhamos os negros por todo o Rio de Janeiro, pela Cidade Nova, batuques de terreiro [...] todo esse repertório de lundus, modinhas. O Fred Figner foi onde a coruja dorme, como diz a malandragem. Tinha que gravar disco, pegou o pessoal e gravou todo esse repertório. Então tem um monte de lundus [...] o primeiro disco é uma música de um mulato, lógico, eram os seresteiros de rua, que, em sua maioria, eram mulatos [...].[51]

---

51 Barão do Pandeiro, músico e pesquisador, em entrevista concedida ao autor em setembro de 2003.

O objetivo de Figner era o enriquecimento. Nessa busca, encontrou na cultura dos pobres do Rio de Janeiro o meio de obtê-lo e acabou talvez involuntariamente por torná-la sucesso mundial. Isso explica, por exemplo, que, no Brasil, país que importava bens de consumo produzidos em escala industrial, o desenvolvimento do comércio na área fonográfica, inclusive em nível nacional, foi propiciado pela cultura popular e, em particular, pelo samba ou seus derivados. Haja vista a quantidade de lundus e choros listados nas primeiras gravações brasileiras. Conclui-se daí, que o desenvolvimento do mercado fonográfico no Brasil, se deu, portanto, na relação dialética entre indivíduos de tradição e modos de produção e de vida opostos: o interesse comercial de Fred Figner e o potencial artístico – em especial – da comunidade do samba, da comunidade negra ou de seus descendentes.

Os discos vendidos revertiam em riqueza ao produtor fonográfico e não ao criador da música. Parte do lucro do produto era acumulada para um novo ciclo produtivo, no qual o sucesso de uma música vendida no limite do número de aparelhos para tocar os discos gerava a necessidade de um outro sucesso para o substituir. Quer dizer, o lucro resultante assegurava um novo ciclo produtivo propiciado pelos recursos acumulados do produto social (a música). Esses recursos acumulados precisavam de uma nova quantidade de força de trabalho (ou criação musical) para ser incorporada à nova produção.

> A totalidade do ato de compra e venda da força de trabalho só pode ser compreendida por aquele que o examina como fenômeno de constante repetição, atos sistemáticos, e não como um ato único e isolado. Torna-se então evidente que o capital variável é uma forma histórica particular que assume o fundo de meios de subsistência dos operários. Ao deixar de se manter por conta própria enquanto produtor individual, o operário, ao vender sua força de trabalho ao capitalista, é responsável por sua própria reprodução.[52]

O criador de sambas compunha novas músicas para sucesso sem, entretanto, obter suficiente quantidade de riqueza que lhe permitisse adquirir os meios de produzir os próprios discos. Mantinha-se, assim, a classe produtora como desapossuída, quer de bens materiais de produção, quer de qualidade de vida que lhe permitisse uma ascensão social. Por exemplo, adquirir

---

52 Barbosa, *A acumulação de capital no Brasil*, p.5.

um imóvel em uma região "nobre" da cidade, ou uma máquina de gravação. Há duas implicações fundamentais na relação da música com o mercado.

Na primeira, a música só existe para o mercado se ela for gravada, tocada, vendida na forma de partitura, ou seja, ela tem que se materializar em algo sólido, vendável, comprável. É também o caso do compositor. Este tem a agravante de possuir um papel secundário perante o público, para o qual a referência é o intérprete. É comum ouvir-se do público leigo o comentário sobre a música de determinados cantores, os quais não compuseram as músicas que gravaram. Nesse contexto, o compositor só existirá se sua obra entrar no mercado.

Na segunda, ao existir para o mercado, a música deixa de pertencer ao seu criador e a gravação, de pertencer ao intérprete. Tal se dá porque o autor vende a parceria e fica com parte da obra, tendo a partir daí um editor que controla a arrecadação dos direitos autorais e é dono da edição. O produtor fonográfico ficará com os direitos de reprodução e venda, os compositores – no caso analisado aqui, os sambistas – perdem o controle de sua obra.

Eis a filosofia por trás desse comércio. É melhor ser dono de parte de uma música que se compôs e vai para o mercado, vende, retorna com algum benefício financeiro e torna seu autor reconhecido em alguns setores sociais, do que de uma música que, como meio de comunicação social, não existe. Perde-se, portanto, para poder ganhar. Nessa dialética da exploração, reside o dilema do compositor pobre e negro. E aqui o não compositor torna-se compositor pelo poder de compra. Há uma desapropriação da criação.

O sistema ou seus executores aproveitam-se, assim, da condição precária da vida dos sambistas para, ao explorá-los, enriquecer. Na aparente imobilidade, há uma contradição, que é o fato de a música dos sambistas se converter dialeticamente em um produto comercial que alimenta a acumulação. O sistema coloca seus criadores na situação em que se encontram, de pobres e explorados.

Observe-se, por exemplo, o caso de Ismael Silva, relatado em vários trabalhos sobre o tema:

> Ismael Silva contava que começou a vender sambas para Francisco Alves, quando, doente num hospital, foi visitado pelo compositor Bide, que em nome do cantor lhe ofereceu cem mil-réis por um samba de sua autoria. Por ser a quantia muito mais do que receberia em um mês de trabalho, Ismael fechou o negócio imediatamente, transferindo os direitos

de *Me faz carinhos* para Chico Alves, e iniciou uma série de transações q‹ incluíram depois o parceiro Nilton Bastos. Ao perceber que levavam desvantagem no negócio, Nilton passou a exigir o nome dos dois nos discos e, nos anos seguintes, em quinze sambas da dupla, teve Francisco Alves como parceiro-fantasma.[53]

Considerando que, somente pela partitura, os direitos pagos variavam de Rs $100 a Rs $500 e tomando como base a média de Rs $200 a Rs $500 por cada partitura, apenas com os direitos de 400 partituras editadas cada samba já seria pago. E ao se constatar que Bahiano recebia da Casa Edison Rs 150$000 e o gerente de gravação, Rs 400$000, não é necessário realizar cálculos complexos para se perceber a grandeza da exploração que era feita sobre os criadores das obras ou seus intérpretes, de etnia negra ou dela descendente.

Novas necessidades na área do entretenimento e cultura fizeram com que o samba fosse fundamental para o processo industrial do mercado fonográfico brasileiro e para o próprio rádio, seja o samba como ficou conhecido internacionalmente, seja na sua forma de lundu, maxixe, choro etc. A confirmação dessa assertiva verifica-se pela quantidade de gravações desses gêneros nos primeiros anos dessa nascente fonte de riqueza.[54]

Na Europa, os primeiros discos gravados a fazer sucesso foram os gravados pelo tenor Enrico Caruso, após experiência bem-sucedida com os cantores da Ópera Imperial da Rússia. No Brasil, porém, o mercado para essa música erudita era restrito a uma pequena elite. Fred Figner, com sua visão comercial, recorreu ao que era de maior interesse popular, o que se tocava nos teatros, o que se cantava nas festas realizadas nas ruas. Coincidentemente era música que vinha de fonte inesgotável.

Para vender os produtos, por outro lado, era preciso constituir um mercado consumidor para as máquinas e os discos e cilindros gravados e simultaneamente abastecê-los com renovados sucessos ou até mesmo curiosidades. Lembre-se que a qualidade da reprodução, embora melhorasse com as inovações, ainda era limitada.

Três fatores são fundamentais para a compreensão do fenômeno histórico operado no período entre a segunda metade da década de 1910 e a primeira metade da década seguinte:

---

53 *História do samba*, p.203.
54 Ver Funarte, *Discografia brasileira 78 RPM*.

- O modelo cultural da elite ainda estava fortalecido pelas tradições[55] que, no Brasil, sofriam influência da Europa. Essa elite, que se queria europeia, entendia a cultura popular como exótica e folclórica, coisa "da arraia-miúda".
- O surgimento da consciência do compositor Donga, e em seguida da de seus pares, ao registrar *Pelo telefone* como música de sua autoria, ou seja, ao iniciar, nesse meio até então caracterizado por um modo particular de produção, um processo próprio da sociedade do capital, pois um indivíduo retira uma obra de um coletivo e a torna sua propriedade. Com isso, inicia-se também a profissionalização do compositor popular.
- A Primeira Guerra Mundial fere profundamente o mercado musical, pois nessa época as fábricas de discos encontravam-se na América, na Grã-Bretanha e na Alemanha, países que se tornaram inimigos de fronte. Com isso, usou-se o subterfúgio de uma pseudonacionalização das fábricas, caso do Brasil, onde o mercado não se retraiu, comparativamente ao europeu. Isso contribuiu para uma certa manutenção das matrizes. Fato propiciado pelo uso da música popular, em especial do samba.

O rádio, surgindo na década de 1920, trouxe nova possibilidade de divulgação aos cantores e compositores. Ao mesmo tempo, em determinado momento, torna-se um competidor do disco. Posteriormente, iria se tornar um consumidor e divulgador das músicas gravadas.

A cada transformação técnica do fonógrafo, tanto no entreguerras quanto no pós-guerra, multiplica-se o mercado. A sua difusão para melhoria técnica dá-lhe um diferencial. E um meio ativo, em que o consumidor escolhe o que quer ouvir, enquanto no rádio o ouvinte é passivo e ouve o que o rádio lhe oferece.

Pode-se estimar que, em 1940, o Brasil possuía 1 milhão de fonógrafos e que, de 1930 a 1950, seu mercado tenha se multiplicado três vezes, estimando-se um crescimento de cerca de 5,6% ao ano, fazendo deste um importante segmento na economia nacional.

O desenvolvimento das técnicas de gravação e reprodução, associado às determinações do rádio, resultou na profissionalização de músicos

---

55 Ver Mayer, *A força da tradição*.

amadores[56] brancos das camadas médias e no surgimento de novos atores sociais que mediassem as relações entre público, cantores, compositores, gravadoras, rádios etc.; esses interlocutores que desenvolviam atividades "intelectuais" ou produtores.

A música africana veio ao Brasil na memória dos escravos e caracterizou-se por agrupar a diversidade cultural das nações para aqui trazidas. Desse encontro, resultou a música negra do Brasil.

Tornada profana pela visão do colonizador, que pretendeu separar o inseparável, ou seja, o lúdico do sacro, a música tocada e cantada por aquele grupo étnico ganhou diferentes denominações e estilos.

Com o fim da Guerra do Paraguai, o advento da Abolição, as crises geradas pela estiagem na atual Região Nordeste, associados ao desenvolvimento do Rio de Janeiro como sede do país, grande contingente de negros para lá se transferiu, reunindo-se e mantendo relações de sociabilidade próprias.

Nesses encontros, a música cantada e tocada congregava a "festa".

Com o estabelecimento de algumas lideranças na cidade, suas casas passaram a receber as pessoas, que se reuniam para manter suas práticas religiosas. Perseguidos pela polícia e pelo poder estabelecido, faziam uso de táticas como, por exemplo, realizar os bailes na parte da frente, as rodas de samba e capoeira e o candomblé nos fundos.

Daquela prática surgiam músicas cantadas em coro, caracterizando composições coletivas. Foi quando, em 1916, um daqueles participantes resolveu dar nome e registrar como de sua autoria e propriedade particular o que ficou conhecido como o samba *Pelo telefone*. Este, como se demonstrou, possuía características musicais encontradas na música religiosa

---

56 João Máximo e Carlos Didier recordam que, ao abrir-se o mercado, as gravadoras recorreram a "grupos amadores como o Flor do Tempo, para enriquecerem seus ainda modestos catálogos de lançamentos. Rapazes de classe média – muito mais interessados na novidade do disco do que nas incertas vantagens financeiras que podiam obter da música – passaram a ser vistos nos estúdios, cantando, tocando. São 'artistas' baratos, se é que custam alguma coisa. Eles próprios fazem rigorosamente tudo, compõem, cuidam dos arranjos, ensaiam, cantam e se acompanham, de modo que, para as gravadoras, a não ser no que diz respeito aos gastos materiais (estúdio, eletricidade, cera, acetato), um disco saía praticamente de graça. Se acontecer de fazer sucesso, tudo é lucro. Se não, pouco se perde". Máximo; Didier, *Noel Rosa*, p.102. Ainda segundo esses autores, o amadorismo era consciente, pois viver de música não era coisa bem-vista. O próprio Almirante, segundo Máximo e Didier, afirmava que "Não podemos deixar que nos confundam com profissionais". Ibid., p.103.

negra. Esta era a fonte de inspiração quando se avalia a partir do ponto de vista da separação entre o sagrado e o profano.

As festas do grupo étnico negro foram aos poucos ganhando espaço nas ruas, chegando até a igreja da Penha, local onde se realizavam as festas católicas.

A igreja tornou-se importante ponto de encontro cultural dos negros, local onde se realizavam os concursos de samba para o carnaval.

O crescimento da cidade, entretanto, deu lugar a outros pontos de encontro para a realização das festas do carnaval, e dentre eles, a Praça Onze.

Espalhados pela geografia da cidade, diferentes grupos de negros foram formando seus redutos e assim, no bairro do Estácio, um desses grupos desenvolveu uma forma diferente de tocar e cantar o samba.

Pelos idos do meio da década de 1920, um grupo de sambistas daquele bairro desenvolveu um tipo de acompanhamento rítmico para as melodias que criavam para o seu entretenimento coletivo, inspiradas em suas práticas lúdico-religiosas.

Desses sambistas, Rubem Barcelos foi quem provavelmente estabeleceu a figura rítmica de dois compassos para acompanhar aquele samba, a exemplo daqueles que primeiro surgiram nas gravações da década seguinte.

Aqueles sambistas, utilizando aquelas músicas, saíam no carnaval, para o qual desenvolveram instrumentos que pudessem tocar enquanto dançavam pela rua. Por exemplo, o surdo, criado por Bide.[57]

Durante o ano, aqueles sambas eram apresentados nas gafieiras, para o entretenimento da comunidade.

O samba amaxixado, agora orquestrado, foi esgotando seu mercado para a indústria fonográfica e teatros de revista, ao mesmo tempo que os programas de rádio exigiam novidades, músicas inéditas a cada programa semanal, fazendo com que os intérpretes buscassem novo repertório constantemente.

Concomitantemente, o grupo de músicos do Estácio aglomerava grande quantidade de pessoas durante o carnaval, a exemplo do que afirmara Ismael Silva sobre os desfiles dos blocos.[58]

---

[57] Vide depoimento de Bide em *História das escolas de samba,* Som Livre Rio Gráfica e Editora Ltda., 1975, 8-03-401-001.

[58] Vide depoimento de Ismael Silva em *História das escolas de samba,* Som Livre Rio Gráfica e Editora Ltda., 1975, 8-03-401-001.

Francisco Alves, um dos cantores que buscavam novo repertório para atender às exigências dos programas de rádio, oportunamente procurou os sambistas do Estácio em busca de novas músicas.

Entretanto, a forma de se tocar o samba amaxixado já incorporada nos músicos, cantores e arranjadores, prevaleceu nas primeiras gravações do samba moderno, como foi o caso de *A malandragem*, de Alcebíades e Francisco Alves.

Embora este aprendesse a cantar os sambas com os autores, de início, os músicos não se adaptaram e tanto estes como aqueles que escreviam os arranjos mantiveram, pode-se dizer, certo "sotaque" amaxixado.

Mário Reis adotou a forma sincopada já em 1929, e logo após também Francisco Alves aos poucos se adaptava à nova forma de dividir ritmicamente a melodia.

As transformações na base rítmica do acompanhamento começaram quando os percussionistas entraram no estúdio e aquele grupo passou a influenciar tanto os músicos negros da geração anterior como os de sua própria. Tal qual o caso dos grupos liderados por Pixinguinha, como o Diabos do Céu.

Isso explica a mistura entre a forma de cantar às vezes percebida na forma amaxixada e a de tocar os ritmos do samba do Estácio, ou do "batuque", como em *Na pavuna*.

Ary Barroso adere ao novo samba quando da parceria com Nilton Bastos, compositor do grupo do Estácio, em *Eu vô*, no início dos anos 1930.

Tocado por brancos, o samba manteve algo de exterior, sendo quadrado, sem a ginga inerente ao negro e à sua cultura. Fato que não passou despercebido por Ary Barroso e seus parceiros, que escreviam: "No samba, branco não tem jeito; no samba, nego nasce feito".[59]

Dessa forma, o samba obtido em registro fonográfico recorta a história da música popular brasileira com a inclusão dos sambistas negros do Estácio, os que até então detinham, pode-se dizer, exclusivamente, uma nova forma de tocar, um novo samba, o samba do Estácio, o samba moderno.

Basta observar que em 1932, em *Fui louco*, de Bide e Noel Rosa, interpretado por Mário Reis, a modernidade do samba se expressa no acompanhamento da percussão com as figuras de dois compassos, assim como em

---

[59] *O nego no samba*, composto em parceria com Luiz Peixoto e Marques Porto, gravado em dezembro de 1939 por Carmen Miranda, acompanhada pela Orquestra Victor Brasileira.

algumas linhas dos sopros, com o Grupo da Guarda Velha. Mas em *Agora é cinza*, de Bide e Armando Marçal, em gravação de 1933 com Mário Reis e o grupo Diabos do Céu, está definitivamente estabelecido um samba que pode-se ouvir até os dias atuais.

No final daquela década, o samba *Aquarela do Brasil* de Ary Barroso, com arranjo de Radamés Gnatalli, tornou-se um símbolo da música brasileira, apresentando os caracteres de recorrência do samba moderno. A brasilidade do samba curiosamente se deu quando este se apresentou como música de brancos.

Capítulo VI
Instrumento de política de conciliação

Identidade

As preocupações com a instituição de uma nacionalidade no Brasil e a relação entre esta e o problema da heterogenia sócio-racial têm registros desde o início do século XIX e se tornaram mais evidentes a partir da segunda metade daquele século, com propostas de diferentes soluções para se formar a futura nacionalidade brasileira. Os ideólogos dos projetos nacionais de matriz emancipacionista, imigrantista e abolicionista viam, em geral, na exclusão do negro a solução para o problema, em parte pela experiência do Haiti, mas principalmente pela perspectiva de obter uma base cultural europeia e branca.[1]

Do período que antecedeu o fim do Império, mais exatamente desde Sílvio Romero, a idealização de uma identidade passou por diversas correntes de pensamento até o início do período Vargas.[2] Na década de 1930, outros pensadores brasileiros encararam o problema. Foi o período em que os estudos sobre o Brasil tiveram sensível crescimento.[3] Mais recentemen-

---
[1] Acerca do medo da repetição no país da revolta do Haiti e os diferentes projetos dos ideólogos da época visando a solução da questão, ver Azevedo, *Onda negra, medo branco*.

[2] Para entender o processo cronológico da idealização de uma identidade no Brasil, ver Romero, *Introdução à história da literatura brasileira*; Cunha, *Os sertões*; Abreu, *Capítulos de história colonial*; Prado, *Retrato do Brasil*; Oliveira Vianna, *Ensaios inéditos*.

[3] Dentre os estudos, são clássicos: Freyre, *Casa-grande & senzala*; id., *Sobrados e mucambos*; Holanda, *Raízes do Brasil*; Prado Jr., *Formação do Brasil contemporâneo*, e Azevedo, *A cultura brasileira*. Estudos sobre os pensadores do período podem ser encontrados

te, interpretações novas da realidade étnico-social oferecem interessantes perspectivas da compreensão dessa identidade.[4]

Kabengele Munanga entende que a ideia de uma nação e de um povo começa a se estruturar de forma nítida no Brasil, a partir de

> [...] sua independência e principalmente com a abolição da escravatura e a integração jurídica dos ex-escravizados negros na sociedade [...]. Ela está atrelada à questão da identidade nacional. Esta última encontra dois obstáculos no seu caminho: a diversidade racial e a diversidade étnica ou cultural, consideradas fatores negativos à formação de uma solidariedade e de uma união.[5]

A formação da nação e de seu povo não pode ser vista à margem da questão da identidade racial.[6] A quase inexistência de uma história cultural do Brasil que tenha considerado sua característica plural e a importância, no seu conjunto, da contribuição das culturas de origem não europeia impossibilitou uma ampla compreensão do problema da identidade cultural. Dados fundamentais do processo histórico foram omitidos e produziram apenas uma versão unilateral, a partir de uma visão ideológica eurocêntrica. Consequentemente, a versão divulgada da história do Brasil é pouco representativa dos seus construtores reais, uma vez que não encara a realidade da escravidão e da dominação dos diferentes grupos aqui existentes. Ela se esconde sob o mito da democracia racial.[7]

---

em: Martins, *História da inteligência brasileira*; Saldanha, *O pensamento político no Brasil*; Rodrigues, *História e historiadores do Brasil*, e Oliveira (coord.), *Elite intelectual e debate político nos anos 30*. Sobre a análise e orientação ideológica da pequena burguesia, ver Carone, Coleção azul: crítica pequeno-burguesa à crise brasileira depois de 1930, *Revista Brasileira de Estudos Políticos*, n.25/26, 1968, p.249-295.

4 Para trabalhos recentes com diferentes interpretações do problema, ver Ianni, *A ideia de Brasil moderno*, Barbosa; Santos, op. cit.; Ortiz, *Cultura brasileira e identidade nacional*; Squeff; Wisnik, *O nacional e o popular na cultura brasileira*; Leite, *O caráter nacional brasileiro*; Contier, *Brasil novo*; Chaui, *Conformismo e resistência*; Brandão, *Identidade e etnia*, e DaMatta, *Carnavais, malandros e heróis*.

5 Munanga, Mestiçagem e experiências interculturais no Brasil. In: Siqueira (org.), *Negras imagens*, p.180.

6 Sobre o indivíduo, a pessoa, as relações entre ambas, ver DaMatta, op. cit.

7 Sobre a persistência do mito da democracia racial, o descaso pelo estudo das relações raciais no Brasil, a baixa repercussão das vozes que se insurgiram contra as teses assimilacionistas e a ideologia do branqueamento no século XX, ver Skidmore,

Pode-se mesmo dizer que a identidade cultural foi quase sempre compreendida como um fato político, uma determinação ideológica das elites governantes. Como explica Renato Ortiz, a cultura brasileira se relaciona com o poder, em que

> a luta pela definição do que seria uma identidade autêntica é uma forma de se delimitar as fronteiras de uma política que procura se impor como legítima. Colocar a problemática dessa forma é, portanto, dizer que existe uma história da identidade e da cultura brasileira que corresponde aos interesses dos diferentes grupos sociais na sua relação com o Estado.[8]

Os ideólogos de tais grupos atribuíam determinada definição e um dado escopo que tinha vigência nos documentos oficiais, na elaboração de estratégias educacionais, nas informações veiculadas, sem maior consideração pelos desdobramentos efetivos no mundo das maiorias populacionais. Esse processo é notado fundamentalmente com o advento da República, quando se passa a projetar o país como nação.[9]

Éramos, com efeito, ao terminar o século 19, uma *nação inconclusa*, o Exército, como corpo profissional, orgânico, presente em todo o território, só se constituiu entre 1865 e 1870. A escravidão, que deixava a maioria esmagadora da população fora da cidadania, só se aboliu em 1888. O voto universal – salvo para analfabetos – é de 1891. A Federação idem. O que, desde então, se convencionou chamar *unidade nacional*, se concluíra – com um rastro de sangue sem paralelo em toda a América – apenas em 1845, com a liquidação da república farroupilha. E, enfim, só com a lavoura cafeeira, por volta de 1860, demos o primeiro passo na direção de uma economia cuja *renda gerada* se acumulasse, em maior parte, no interior do país.

Aquilo que os militares positivistas e os bacharéis republicanos chamavam de *nação*, era, pois, um mero projeto. Contavam, é verdade, com al-

---

Fato e mito: descobrindo um problema racial no Brasil, *Cadernos de Pesquisa*, n.79, São Paulo, nov. 1991, p.5-16.
8 Ortiz, op. cit. Sobre alguns dos principais pensadores que representaram fases da construção de uma ideologia brasileira, suas relações entre os campos político e cultural à época, ver Andrade, A problemática cultural brasileira, *Cadernos de Ciências Sociais*, v.4, n.5, p.25-42.
9 Sobre a trajetória da ideologia nacionalista e as propostas na Primeira República, ver Oliveira, *Ilha de Vera Cruz, Terra de Santa Cruz, Brasil*.

guns elementos indispensáveis: um território, forças armadas (sobretudo Marinha), ponderável unidade linguística, uma tênue e incipiente *consciência nacional*, que a guerra fizera nascer, uma classe proprietária relativamente homogênea e solidária. Faltava, no entanto, o *povo* – no sentido histórico de população que vivendo num território dado mantém sobre ele uma *relação de apropriação*, sobre a qual assenta o *direito de cidadania*. A população eram negros escravos e índios despossuídos; os primeiros despossuídos até mesmo de seu próprio corpo. Por outras palavras, o desafio da elite republicana era construir uma nação com uma população que *estava aqui* mas *não era daqui*.[10]

Assim colocado, o problema demonstra que, historicamente, o modo de conceber o país como nação só poderia ser, após quase quatro séculos de colonialismo, como a *grande família patriarcal escravista*,[11] que, no limiar dos anos 1930, tinha ainda uma nação vista à semelhança da família senhorial. Com efeito, pode-se afirmar que, pela própria contradição do regime escravista, enraizado este na consciência da elite, em confronto com a realidade social do Brasil, o resultado possível seria uma crise de identidade. Tal fato se nota ainda hoje, em pleno século XXI.

Portanto, o conceito de identidade nacional no caso brasileiro só pode ser compreendido à luz da perspectiva ideológica, de um mito criado a partir da necessidade de se atingir objetivos específicos, impostos pelas necessidades do grupo dominante.

No caso do Varguismo, inúmeros foram os mecanismos que, em nome da formação da nacionalidade,[12] se usou para a cooptação da massa. Esta, para ser inserida, deveria estar representada. O samba foi um dos pilares para que isso ocorresse.

---

10 Santos, Para que serve o negro?, *Revista Padê*, n.1, Rio de Janeiro, jul. 1989, p.65.
11 Assim não o fosse, teríamos o problema resolvido através da solução de Joel Rufino, na qual entende-se que, contrapondo-se à matriz da concepção brasileira, tem-se a *"família alargada*, em que a *tia*, ou *iyá*, para usar o termo nagô, ocupa o centro, e na qual a agregação de parentes se faz de preferência por adoção e não por consanguinidade, havendo poucos papéis prévios e lugares fixos". Ibid., p.69.
12 A questão nacional na década de 1930 teve inúmeros ideólogos, cada qual com soluções voltadas aos interesses próprios de suas posições e grupos sociais. O consenso se limitava à ênfase no nacional e na ideologia nacionalista, sem atingir o seu conteúdo. Análise sobre muitos daqueles pensadores pode ser encontrada em Oliveira, *Elite intelectual...*

O governo Vargas, ideologia e mecanismos de difusão da sua doutrina

O governo de Getúlio Vargas, instalado com a chamada Revolução de 1930, inseria-se em um contexto de circunstâncias sociopolíticas favoráveis. Valeu-se das condições objetivas da conjuntura internacional e, logo, da Segunda Guerra Mundial, com a emergência e o fortalecimento de Estados Nacionais e regimes autoritários.[13]

Na esfera econômica, a ideia de nacionalização tomou vulto desde 1930. Expressou liderança de grupos da pequena burguesia, com correntes oligarco-governistas. Sua materialização não apresentou o sentido radical defendido então pelo movimento operário. Naquele momento, nacionalismo significaria restrição à iniciativa estrangeira, tanto política como econômica.[14]

Entretanto, o Varguismo contou com um grupo de ideólogos que elaborou habilidoso projeto político-ideológico nacional. Foi capaz, inclusive, de convencer a opinião pública com uma "nova ordem", centralizada esta no fortalecimento do Estado. Nesse projeto político de controle e manipulação da população, visivelmente inspirado nas táticas e modelos fascistas, a "dimensão ideológica" com vistas à integração nacional continha metas. Estas buscavam estabelecer o consenso dos agentes sociais e da população:

> [...] em relação às forças sociais, o Estado realiza duplo movimento: procura restringir o núcleo decisório, ao mesmo tempo que realiza um esforço para ampliar as suas bases de sustentação, incorporando certas demandas das camadas populares urbanas. É nítida, portanto, a tentativa do regime no sentido de estabelecer uma nova relação Estado-sociedade. Configuram-se novas estratégias de poder, que preveem uma ampliação considerável das funções estatais. O Estado penetra nos domínios da sociedade civil, assumindo claramente o papel de direção e organização da sociedade. Assim, se autoelege o educador mais eficiente junto às classes trabalhadoras, argumentando ser o "bem público" o móvel de sua ação.[15]

---

13 Ver Skidmore, *Brasil*; Carone, *A República Nova*.
14 Carone, Economia e nacionalismo. In: *O Estado Novo*, p.72-88.
15 Velloso, Cultura e poder político: uma configuração do campo intelectual. In: Oliveira (org.). *Estado Novo: ideologia e poder*, p.72.

Assumindo dessa forma as atribuições de outros setores da sociedade, a cultura, entendida como foco da educação cívica, é organizada politicamente. Criam-se mecanismos de difusão da "nova concepção do mundo" para toda a sociedade, com propósitos cívicos, propósitos de "elevação do nível da cultura brasileira" e de fundamentar a "grandeza da Nação" no valor intelectual do indivíduo e na "educação profissional apurada".[16]

Em 10 de maio de 1936, Vargas proferia:

> Precisamos recompor e estruturar solidamente os princípios básicos da nacionalidade [...] empenhando todos os nossos valores morais num movimento profundo e convergente de disciplina e educação, capaz de sobrepor-se aos particularismos e dissensões estéreis e de transformar-se numa corrente poderosa de opinião nacional.[17]

E em entrevista publicada em 1938, mencionava ser necessário formar nas crianças e adolescentes,

> a mentalidade capaz de levar o país aos seus destinos, mas conservando os traços fundamentais da nossa fisionomia histórica, com o espírito tradicional da nacionalidade, que o regime instituído é o único apto a cultuar na sua verdade. A essa necessidade correspondem os artigos da nova Constituição sobre a matéria educativa, orientando-a no sentido essencialmente cívico e nacionalista.[18]

Dentre os mentores do "projeto nacional" varguista, um dos mais importantes ideólogos[19] foi o advogado e jurista Francisco Luís da Silva

---

16 Vide Decreto n. 19.850, de 11 de abril de 1931, que criou o Conselho Nacional de Educação, Lei n. 250, que torna obrigatório a execução do hino nacional em todos os estabelecimentos de ensino e associações educativas, e Lei n. 342, de 12 de dezembro de 1936, que institui o escotismo nas escolas primárias e secundárias do país com a finalidade de aprimorar o desenvolvimento físico e moral das futuras gerações brasileiras, para a intransigente defesa da Pátria e pureza do regime democrático. O Decreto-lei n. 8.072, de 8 de março de 1940, dispunha sobre a obrigatoriedade da educação cívica, moral e física da infância e da juventude, fixa as suas bases e organiza a instituição nacional denominada "Juventude Brasileira".
17 Vargas, *As diretrizes da Nova Política do Brasil*, p.313.
18 Ibid.
19 Medeiros, *Ideologia autoritária no Brasil*. Trata-se de um estudo sobre o pensamento político autoritário de alguns dos ideólogos mais proeminentes do período.

Campos,[20] que, empossado ministro da Justiça dias antes do golpe que levou ao Estado Novo, elaborou a Carta Constitucional de 1937, caracterizada pelo corporativismo, proeminência do poder central sobre os estados e do Poder Executivo sobre o Legislativo e Judiciário.

A essência autoritária e centralista da Constituição de 1937 a colocava em sintonia com os modelos fascistizantes de organização político-institucional então em voga em diversas partes do mundo, vigentes no país. Sua principal característica era a enorme concentração de poderes nas mãos do chefe do Executivo.[21]

A imprensa, o cinema e o rádio

Imprensa e propaganda

Os objetivos de controle cultural e político e sua divulgação para adaptar o homem à nova realidade social estavam se delineando desde a instalação do governo provisório de Vargas,[22] expressos nas leis anteriores ao Estado Novo.[23] O Decreto n. 20.033, de 25 de maio de 1931, criou o Departamento Oficial de Publicidade para atender a conveniência de "dar mais amplitude às informações referentes à boa ordem dos negócios públicos e as diretrizes da tarefa administrativa".[24] E o Decreto n. 20.902-A, de 31 de dezembro de 1931, regulamenta a Imprensa Nacional, com fins de editar jornais e outras publicações oficiais do Governo Federal.[25]

Para substituir o Departamento Oficial de Publicidade, em 1934 foi criado o Departamento de Propaganda e Difusão Cultural, o qual finalmente

---

20 A síntese biográfica sobre Francisco Campos encontra-se disponível em: <http://www.cpdoc.fgv.br/nav_historia/htm/biografias/ev_bio_franc...>. Acesso em: maio 2012.
21 Disponível em: <http://www.cpdoc.fgv.br/nav_historia/htm/anos37-45/ev_poladm...>. Acesso em: maio 2012.
22 Sobre as atribuições da legislação com relação ao controle da imprensa e outros meios de comunicação, ver Guimarães, *Ideologia, propaganda e censura no Estado Novo*, p.147-249.
23 A propósito da interpretação da Revolução de 1930 como o instante fundador e o golpe de 1937 como a conclusão da unidade da obra de transformação do país, ver Castro, O redescobrimento do Brasil. In: Oliveira, *Estado Novo*, p.109-50.
24 *Coleção de Leis da República dos Estados Unidos do Brasil*, p.307.
25 Ibid., p.544.

deu lugar ao Departamento de Imprensa e Propaganda (DIP) em 1939, que se tornaria o mais importante meio de controle e difusão instituído pela ditadura varguista. Era um órgão específico, chefiado por Lourival Fontes segundo o modelo nazista, cujo papel foi não apenas doutrinar, mas também controlar as manifestações do pensamento do país. Criado pelo Decreto-lei n. 1.915, de 27 de dezembro de 1939, o DIP era subordinado diretamente ao presidente da República, com objetivos de difundir a imagem do Estado Novo. Tinha na imprensa seu setor mais eficiente, pois de um lado exercia a censura e de outro a propaganda do regime. Para os estados, o Decreto-lei n. 2.557, de 4 de setembro de 1940, criou o Departamento Estadual de Imprensa e Propaganda (Deip). Juntos, fiscalizavam serviços relativos à imprensa, radiodifusão, diversões públicas, propaganda, publicidade e turismo.

Dentre suas finalidades estavam

> centralizar, coordenar, orientar e superintender a propaganda nacional, interna e externa, e servir, permanentemente, [...] na parte que interessa à propaganda nacional [...] fazer a censura do Teatro, do Cinema, de funções recreativas e esportivas de qualquer natureza, da radiodifusão, da literatura social e política, da Imprensa, [...] estimular a produção de filmes nacionais, [...] classificar os filmes educativos e os nacionais para concessão de prêmios e favores.[26]

A preocupação com o vazamento de qualquer notícia era tamanha que o controle de imprensa "destacava censores em cada jornal e nenhum original descia às oficinas sem o 'visto' do fiscal do governo. [...] Os jornais passaram, assim, por gosto ou a contragosto, a servir à ditadura".[27]

Dois dias depois, a 29 de dezembro de 1939, o Decreto n. 5.077 complementaria o que apresentava como a finalidade de elucidação da opinião nacional sobre as diretrizes doutrinárias do regime, em defesa da "cultura", da "unidade espiritual" e da "civilização brasileira". E no dia seguinte, 30 de dezembro de 1939, era determinada a fiscalização das atividades da imprensa pelo Decreto-lei n. 1.949, que expressava o seguinte:

> Artigo 2º: Aos jornais e quaisquer publicações periódicas cumpre contribuir [...] para a obra de esclarecimento da opinião popular em torno dos planos de reconstrução material e de reerguimento nacional. [...]

---

26 Decreto-lei n. 1.915, de 27 de dezembro de 1939. *Lex coletânea de legislação*, p.666-699.
27 Sodré, *A história da imprensa no Brasil*, p.439.

Artigo 14º: [...] nenhum filme pode ser exibido ao público sem um certificado de aprovação, fornecido pelo DIP [...]
Art. 53º: Dependem de censura prévia e autorização do DIP [...]
IV – As execuções de discos falados e cantados;
VI – As apresentações de préstitos, grupos, cordões, ranchos etc. e estandartes carnavalescos.

O DIP mantinha ainda uma discoteca, que teria por incumbência gravar em discos fonográficos e conservar para as futuras gerações a voz dos grandes cidadãos da pátria, os cantos regionais, as interpretações das obras principais de nossos compositores ou quaisquer manifestações que servissem aos fins de propaganda patriótica. No parágrafo único, determinava-se que os fabricantes de discos fonográficos deveriam fornecer à discoteca do DIP uma cópia de cada gravação.

O cinema, o teatro, a música, enfim, todas as formas de expressão cultural e artística ficaram subordinadas ao poder público, que agia no sentido de moldar tais expressões legitimando seu projeto de cultura nacional, fosse através da censura, fosse trazendo a si os agentes culturais que a tal projeto se coadunassem. Nesse sentido, se pode conceber que o DIP foi "criado para difundir a ideologia do Estado Novo junto às camadas populares e, a partir do ideário autoritário do regime, contribuir para a construção da identidade nacional [...]".[28]

As publicações

Durante o Estado Novo foi elaborado não só um sistema de propaganda do governo, como também um discurso de legitimação da necessidade de se realizar aquela propaganda. Para cumprir tal desígnio, o grupo de intelectuais[29] à volta de Vargas criou também as revistas *Cultura Política*, dirigida por Almir de Andrade, e *Ciência Política*. A primeira, direcionada à produção do discurso, mais voltada à reflexão, apresentava a política como ciência que exigia especialização, talento e vocação, e a cultura como um conjunto de manifestações populares tuteladas pelo Estado. *Ciência Política*

---

[28] Disponível em: <http://www.cpdoc.fgv.br/nav_historia/htm/anos37-45/ev_pola-dm>. Acesso em: maio 2012.
[29] Dentre os pontos comuns com o fascismo, a doutrina estadonovista expressava a "ênfase no significado da elite como corporificação do gênio do povo". Ibid.

voltava-se para as tarefas práticas da propaganda. No campo da política, propunha a ditadura-republicana como forma definitiva de organização política e social e a socialização da cultura como expansão da educação cívica e militar no conjunto da sociedade.[30]

Cultura Política foi a mais importante das revistas da época.

> [...] exibia seções especializadas, onde os objetivos amplamente culturais se juntava à apologia do ditador. Entretanto, o conteúdo intelectual era de alto nível, e vários escritores representativos escreveram em suas páginas, desenvolvendo a ideia da unidade nacional e justificando o papel do "poder pessoal" nos países do tipo do Brasil.[31]

Cinema

Sobre o papel do cinema no projeto nacional, o próprio discurso de Vargas proferido a 25 de junho de 1934 se faz entender:

> Ora, entre os mais úteis fatores de instrução de que dispõe o Estado Moderno, inscreve-se o cinema. Elemento de cultura, influindo diretamente sobre o raciocínio e a imaginação, ele apura as qualidades de observação, aumenta os cabedais científicos e divulga o conhecimento das coisas, sem exigir o esforço e as reservas de erudição que o livro requer e os mestres, nas suas aulas, reclamam. [...]
>
> Ele aproximará, pela visão incisiva dos fatos, os diferentes núcleos humanos, dispersos no território vasto da República. O caucheiro amazônico, o pescador nordestino, o pastor dos vales do Jaguaribe ou do São Francisco, os senhores de engenho pernambucanos, os plantadores de cacau da Bahia, seguirão de perto a existência dos fazendeiros de São Paulo e de Minas Gerais, dos criadores do Rio Grande do Sul, dos industriais dos centros urbanos; os sertanejos verão as metrópoles, onde se elabora o nosso progresso, e os citadinos, os campos e os planaltos do interior, onde se caldeia a nacionalidade do porvir. [...]
>
> O cinema será, assim, o livro de imagens luminosas, no qual as nossas populações praieiras e rurais aprenderão a amar o Brasil, acrescendo a

---

30 A propósito da análise sobre ambas as revistas publicadas pelo DIP, ver Velloso, Cultura e poder político: uma configuração do campo intelectual, op. cit., e Guimarães, *Ideologia...*, e Apêndice I.
31 Saldanha, op. cit., p.137.

confiança nos destinos da Pátria. Para a massa dos analfabetos, será essa a disciplina pedagógica mais perfeita, mais fácil e impressiva. Para os letrados, para os responsáveis pelo êxito da nossa administração, será uma admirável escola.

Associando ao cinema o rádio e o culto racional dos desportos, completará o Governo um sistema articulado de educação mental, moral e higiênica, dotando o Brasil dos instrumentos imprescindíveis à preparação de uma raça empreendedora, resistente e varonil. E a raça que assim se formar será digna do patrimônio invejável que recebeu.[32]

Vê-se, portanto, que o uso dos modernos meios de comunicação estava na lista dos veículos de divulgação da propaganda oficial na nacionalização de um projeto cultural. Às cidades do interior que não tinham salas próprias, era transportado um projetor e utilizavam-se paredes em praças públicas para exibição dos filmes. O cinema, o teatro, e principalmente o rádio estavam, pois, entre o que os ideólogos do Estado Novo definiam como os "processos de penetração espiritual", utilizados na "difusão cultural entre as massas".[33]

O rádio

No capítulo anterior, apresentou-se de forma esquemática, breve histórico do rádio no Brasil. Viu-se que o modelo de radiodifusão implantado com propósitos educacionais e culturais aderiu ao modelo comercial norte-americano no início dos anos 1930. Este expandiu-se já na primeira metade daquela década.

Em 1936, havia 65 emissoras no Brasil, sendo 12 no Rio de Janeiro e 8 em São Paulo. Naquele ano entrou no ar a Rádio Nacional, que seria responsável pela grande mudança no panorama da radiodifusão. Foi criada por grupo empresarial que possuía, entre outras empresas, a companhia Estrada de Ferro São Paulo-Rio Grande, o jornal *A Noite* e a Rio Editora. Os recursos técnicos e artísticos da Rádio Nacional eram então fabulosos, e ela chegou a ser uma das mais potentes emissoras do mundo.[34]

---

32 Vargas, op. cit., p.344-5.
33 Ver Decreto-lei n. 526, de 1º de julho de 1938, que instituía o Conselho Nacional de Cultura.
34 Sobre a Rádio Nacional, ver Saroldi; Moreira, *Rádio Nacional, o Brasil em sintonia*.

O poder de penetração do rádio,[35] percebido pelos ideólogos em redor do poder, faria do governo Vargas o primeiro na América Latina a usar tal instrumento de difusão nos moldes do nazi-fascismo. A expansão do acesso à recepção das ondas visava ampliar tanto quanto possível o alcance da influência do rádio, particularmente sobre o povo comum. Este, não tendo acesso ao ainda caro aparelho, recebeu do Estado a atenção que se expressou na seguinte mensagem de Getúlio Vargas enviada ao Congresso em 1º de maio de 1937.[36]

> Impõe-se amparar os trabalhos relativos à divulgação, sob os seus diversos aspectos. No interior, torna-se necessário realizar uma obra inadiável de educação cívico-política, reforçando o conhecimento do regime democrático e seu funcionamento, dando a conhecer, em toda a extensão do país, qual a orientação dos seus dirigentes e o alcance das medidas administrativas em curso.
>
> Seria conveniente e oportuno iniciar essa tarefa ainda no corrente ano. O Governo da União procurará entender-se a propósito, com os estados e municípios, de modo que, mesmo nas pequenas aglomerações, sejam instalados aparelhos radiorreceptores, providos de alto-falantes, em condições de facilitar a todos os brasileiros, sem distinção de sexo nem de idade, momentos de educação política e social, informes úteis aos seus negócios e toda sorte de notícias tendentes a entrelaçar os interesses diversos da nação.
>
> A iniciativa ainda mais se recomenda quando considerarmos o fato de não existir no Brasil imprensa de divulgação nacional. São diversas e distantes as zonas do interior e a maioria delas dispõe de imprensa própria, veiculando apenas as notícias de caráter regional. À radiotelefonia está reservado o papel de interessar todos por tudo quanto se passa no Brasil.[37]

Uma vez definido o "papel" do rádio no projeto do Estado Novo, outro acontecimento viria a contribuir para a sua efetivação. Tratava-se do Decre-

---

35 Ver Gurgueira, *A integração pelas ondas*.
36 Embora Sérgio Cabral assim tenha descrito em seu livro *No tempo de Almirante*, em *Diário* de Vargas consta apenas que ele, no dia 30, teria terminado a mensagem que iria à Câmara na abertura da nova legislatura em 3 de maio, a qual teria assinado na noite anterior. Vargas. *Diário*, v.II, p.40.
37 Vargas apud Cabral, Getúlio Vargas e a música popular. In: _____., *Ensaios de opinião*, p.39.

to-lei n. 2.973, de 8 de março de 1940, que criou as Empresas Incorporadas ao Patrimônio da União. Ele transferiu para o controle do governo a Rádio Nacional e o jornal *A Noite*. A primeira era a emissora de maior penetração no país e o segundo, o jornal de maior circulação no Rio de Janeiro.

Para o cargo de superintendente das empresas incorporadas à União, foi designado o coronel Luiz Carlos da Costa Netto; para a Rádio Nacional, foi nomeado o promotor do Tribunal de Segurança, Gilberto de Andrade. Este recebeu "carta branca" para modificar o que fosse necessário na estrutura daquela rádio. Estabelecendo normas e metas, instituiu a seção de estatística da Nacional, contratou diretores, maestros e criou mecanismo eficaz para selecionar novos valores, aliando eficiência à isenção do julgamento, para eliminar o "paternalismo" e o "pistolão".

A nova Rádio Nacional, segundo Saroldi e Virgínia Moreira, seria

[...] produto do Brasil Novo que, segundo Gilberto de Andrade, "não existiria sem o apoio do Superintendente Costa Netto e a clarividência de Getúlio Vargas". Decididamente, a presença à frente da emissora de um membro do Tribunal de Segurança, durante o Estado Novo, era "prova inconteste das injunções políticas que ali se poderiam fazer presentes".[38]

A determinação da administração de Gilberto de Andrade tampouco se preocupou com os altos custos dos programas, objetivando consolidar o prestígio e a influência da emissora no mercado publicitário.

Neste período, foi criada a Orquestra Brasileira, com Radamés Gnatalli, com o objetivo de tratar a música brasileira de forma similar às composições estrangeiras. Uma orquestra nacionalizada, que somava aos instrumentos tradicionais, cavaquinho, violão, e também os sambistas negros na seção rítmica, tocando instrumentos de percussão. Isso daria aos arranjos a "ginga" brasileira e a ideia da integração do negro.

Personagens

No esquema desenvolvido pela direção, o radialista Almirante teve papel central, apresentando ou produzindo alguns dos mais importantes programas da Rádio Nacional. Tais programas buscavam a afirmação do fol-

---
38 Saroldi; Moreira, op. cit., p.29.

clore e da cultura popular. Dentre eles, estão *Instantâneos Sonoros do Brasil* e o *Concurso de Gaitas de Boca* (1940); *A Canção Antiga* (1941); *A História do Rio pela Música* e *Tribunal de Melodias* (1942); *A História da Dança, A História das Orquestras e Músicos* e *O Campeonato dos Calouros* (1944).

Em 1945, *Aquarela do Brasil* confirmava de maneira definitiva a característica verde-amarela de Almirante, aliada a um conhecimento respeitável da história musical do país. Seus programas foram sucesso e receberam a atenção do público ouvinte: era Almirante, entre os produtores da Rádio Nacional daquele período, quem recebia número significativo de correspondência. (Em 1945, a Rádio Nacional recebeu um total de 207.047 cartas.)[39]

Almirante talvez não fosse alinhado ou simpatizante do governo Vargas, mas não há dúvidas de que seu trabalho foi relevante para fundamentar a ideia de nacionalidade através da divulgação da cultura popular no rádio. Ele, assim como outros agentes culturais, possivelmente viam no projeto varguista as condições de estabelecer a nacionalização da cultura que porventura ambicionavam.

A música

Getúlio aproveitou a força comunicativa da música popular para trazê-la a seu favor. Já deputado, em 1928, foi autor do Decreto Legislativo n. 5.492, que "regulava a organização das empresas de diversão e defendia os interesses de quem recebia direitos autorais".[40] Alguns anos depois, o problema viria a causar uma greve no rádio. Adquiriu simpatias entre os sambistas. Mário Reis[41] e o Bando da Lua eram convidados para tocar e cantar em suas recepções.

Autores de sucesso compuseram músicas em sua homenagem, enaltecendo-lhe a política e o Estado Novo. É possível que tenham sido compostas voluntariamente, mas pode-se aceitar essa hipótese como simplista. Isso subestimaria o trabalho do DIP. Indiferentemente se por encomenda

---

39 Ibid., p.35.
40 Severiano, *Getúlio Vargas e a música popular*, p.2.
41 Mário Reis abandonou sua carreira em 1936, para ser oficial de gabinete do prefeito Olímpio de Melo.

daquele órgão ou por vontade própria, o fato é que uma relativa quantidade de músicas de apoio ao Varguismo foi gravada. A veiculação delas denota a percepção do poder comunicativo da música sobre a população, servindo como um instrumento de formação de opinião. Os estilos dessas músicas variavam entre marchas carnavalescas e sambas, dos quais destacaram-se:

- *Onde o céu é mais azul* (João de Barro, Alcir Pires Vermelho e Alberto Ribeiro). Interpretado por Francisco Alves com Radamés e sua Orquestra. Disco Columbia n. 55248-a, gravado em 07.11.40 e lançado em dezembro de 1940. Neste samba, que se inicia com a pergunta de o que tem o Brasil e onde está, a resposta é: "onde o céu azul é mais azul e uma cruz de estrela mostra o sul, aí se encontra o meu país, o meu Brasil grande e tão feliz. Tem palmeiras, seringais, pinheirais, garimpeiros, boiadeiros que trabalham muito pra sonhar depois. Integrando o céu, a terra e o mar, seu povo bom não é menor. É um país tão grande, mas cabe no coração do poeta".
- *É negócio casar* (samba de Ataulfo Alves e Felisberto Martins). Interpretado por Ataulfo Alves com Fon-Fon e sua orquestra. Disco Odeon n. 12047-A, gravado em 12.06.41 e lançado em outubro de 1941. Fala de alguém cuja vida está mudada, que chega em casa alta madrugada. "Faça o que eu fiz porque a vida do trabalhador tem um doce lar e é feliz com seu amor". "O Estado Novo veio para nos orientar. No Brasil não falta nada, mas precisa trabalhar. Tem café, petróleo e ouro. E quem for pai de quatro filhos, o presidente manda premiar".
- *O sorriso do presidente* (samba de Alberto Ribeiro e Alcir Pires Vermelho). Canta Déo, com Chiquinho e seu Ritmo. Disco Columbia n. 55336-A, lançado em maio de 1942. Exalta a natureza brasileira, o céu, o mar, local onde há o sorriso feliz alegrando "o país onde eu nasci".
- *Brasil brasileiro!* (samba de Sebastião Lima e Henrique de Almeida). Canta Carlos Galhardo, com Passos e sua Orquestra. Disco Victor n. 34951-a, gravado em 09.06.42 e lançado em agosto de 1942. "Meu coração é pequeno, mas cabe inteirinho o Brasil, que é moreno." Fala da natureza de um país que é orgulho dos brasileiros e que tem no leme do seu barco um herói por timoneiro. Onde Caxias é herói consagrado padrão do povo, espelha no mundo um Estado Novo.
- *Diplomata* (samba de Henrique Gonçalez). Canta Moreira da Silva, com Garoto e seu Conjunto. Disco Odeon n. 12252-A, gravado

em 01.10.42 e lançado em janeiro de 1943. "Só se vence no mundo com muita diplomacia e os caras lá de fora pensam que é covardia. A bandeira foi desrespeitada. Soldados do sul, do norte, unidos seremos fortes para lutar e vencer; o Brasil espera que cada um saiba cumprir seu dever. Felizmente nestas horas amargas temos um homem de fibra que é o presidente Vargas. Debaixo de suas ordens queremos empunhar o fuzil para lutar, vencer ou morrer pela honra do meu Brasil."

- *Salve 19 de abril!* (samba de Benedito Lacerda e Darci de Oliveira). Canta Dalva de Oliveira, com Benedito Lacerda e seu conjunto. Disco Odeon n. 12306-b, gravado em 01.04.43 e lançado em maio de 1943. Esta foi uma homenagem ao aniversário de Vargas,[42] que diz: "Veio ao mundo porque Deus quis, o timoneiro que está com o leme do meu país".

Tais músicas evidenciam, portanto, a importância da música popular para influenciar a massa populacional, em particular por serem interpretadas por artistas consagrados.

O samba derivado e sua relação com a identidade nacional

A forma perene do samba deu origem a derivações – a que se chamou anteriormente de samba derivado – cada qual com características e grupo de autores distintos.[43] Tanto do grupo da casa da Tia Ciata, quanto do grupo do Estácio, vários foram os compositores que tiveram músicas gravadas como sucessos. Principalmente, mas não unicamente para o carnaval. Sucesso que era obtido pelo poder de penetração na massa da população.

Retoma-se aqui a categoria do samba derivado, sob a perspectiva de seu papel na concretização de uma identidade nacional, pela cultura popular. Busca-se explicar as principais derivações formais do samba com a brasilidade,[44] pela disseminação de uma música que era representativa das necessidades espirituais da comunidade negra. Tal música fora mercantilizada, ou seja, apropriada por artistas brancos, e cooptada pelo Estado.

---

42 O aniversário de Vargas passou a ser comemorado festivamente somente a partir de 1940. Carone, *O Estado Novo*, p.167.
43 Ver capítulo 3.
44 "Brasilidade" significa aqui uma intenção política do Estado para criar um tipo de identidade nacional.

O samba de branco

No primeiro caso, aqui denominado "samba de branco", explica-se que de alguma forma inspirados nos sambas de Donga, Sinhô, Bide, Ismael Silva etc., compositores de outros grupos sociais perceberam o sucesso perante o público[45] e passaram a compor naquele ritmo não só para o carnaval. Houve músicos e cantores que aprenderam a compor naquele estilo musical, ou compravam a autoria dos autores de sambas, como Francisco Alves, Mário Reis e outros.

Por exemplo, nos fins dos anos 1920 e início dos anos 1930, vivia no bairro de Vila Isabel uma camada média emergente, de onde surgiram alguns dos mais famosos artistas do rádio e da música popular. Dentre eles, Almirante, Noel Rosa, João de Barro (Alberto Ferreira Braga, o Braguinha), Cristóvão de Alencar (Armando Reis), Haroldo Barbosa e Nássara. No carnaval, esses jovens se encontravam nos cafés. Também saíam em blocos carnavalescos.

Nesse bairro nasceu, em 1928, o Flor do Tempo, conjunto formado por alunos do Colégio Batista e que ensaiava na casa do empresário Eduardo Dale. O grupo procurava imitar os Turunas da Mauriceia, composto por músicos e compositores nordestinos que chegaram ao Rio de Janeiro em janeiro de 1927. O Flor apresentou-se em festas familiares, nos clubes Tijuca Tênis Clube e Teatro Beira-Mar Cassino, desta feita em uma festa do Rotary Clube. Ou seja, eram locais reservados à classe média daquela sociedade.

A grande demanda da indústria fonográfica por material associada à pequena oferta de grupos e cantores, possibilitou ao Flor do Tempo receber convite para gravar. Os líderes do grupo decidiram então reunir apenas quatro de seus músicos e convidar o jovem violonista Noel Rosa para complementar aquele que ficou conhecido como o Bando de Tangarás.[46]

Ali, Almirante era cantor, compositor e pandeirista. Dentre as primeiras gravações, destacou-se *Na pavuna*, sucesso no carnaval de 1930, de autoria sua e de Candoca da Anunciação (pseudônimo do violoncelista

---

45 A migração para outro estilo que não aquele que lança um artista para o mercado é prática corrente na produção de música para a massa. Haja vista casos como os sertanejos modernos que gravam versões de músicas americanas, forró etc.

46 O grupo teria existido de 1929 a 1931 (Marcondes, op. cit., 2.ed., p.64), mas Sérgio Cabral indica que a última apresentação pública do grupo ocorreu em 1933. Cabral, *No tempo de Almirante*, p.89.

Homero Dorneles). Almirante definiu *Na pavuna* como precursora do uso dos vários instrumentos de percussão da escola de samba em gravações; e responsável pela profissionalização dos ritmistas em estúdios e orquestras.

Almirante foi um dos três vencedores de um concurso de música para o carnaval em 1930. Em 1932, apresentava-se ao lado de Carmen Miranda em espetáculos para promover os discos da Victor. Contratado como cantor exclusivo do *Programa Casé*, da Rádio Phillips do Brasil, em 1933, acumulou as funções da produção e das finanças. Em 1938, iniciou atividades de radialista, onde ganhou o *slogan* de "A mais alta patente do rádio". Noel Rosa foi seu compositor preferido, autor "que compõe num ritmo todo seu e faz versos em linguagem impecável".[47] Acerca deste, escreveu o livro *No tempo de Noel Rosa*.

O mercado fonográfico cresceu no início dos anos 1930, quando eram lançadas grandes quantidades de discos de música popular. A partir de 1932 as músicas de Noel Rosa já faziam sucesso, e em 1933 ele ganhava repercussão nacional.

Famosa se tornou a polêmica de Noel com Wilson Batista[48] sobre a "malandragem" – bastante conhecida e mencionada frequentemente em obras e artigos sobre o samba nesse período. Entretanto, ele próprio vivia de forma boêmia e, segundo seus biógrafos João Máximo e Carlos Didier, "mais do que nunca acredita nos versos que fez para *Capricho de rapaz solteiro*, samba do ano passado (1933) em que fala de sua filosofia de vida":[49]

> Nunca mais esta mulher
> me vê trabalhando.
> Quem vive sambando
> leva a vida para o lado que quer.
> De fome não se morre
> Neste Rio de Janeiro
> ser malandro é um capricho
> de rapaz solteiro.

---

[47] Ibid., p.83.
[48] João Máximo e Carlos Didier explicam que *Rapaz folgado*, escrita para rebater os versos de *Lenço no pescoço*, de Wilson Batista, não diz respeito à malandragem *in loco*, mas sim ao desafeto que lhe levou uma namorada. Pois segundo esses autores, o próprio Noel era amigo dos principais malandros da época. Máximo; Didier, op. cit., p.292. Essa versão é confirmada também por Gomes, *Wilson Batista e sua época*, p.54.
[49] Máximo; Didier, op. cit., p.282.

Em *Noel Rosa e sua época*, Jacy Pacheco recorda que Noel dormia até tarde[50] e não era incomum se atrasar para os programas.

> Quando certa vez o Sr. Casé [apresentador do *Programa Casé*, da Rádio Phillips] o advertiu, rispidamente, por ter chegado com atraso, chamando-o à responsabilidade, Noel Rosa, respondeu este absurdo:
> – Ora Casé! O bonde furou o pneu... e por isso eu cheguei atrasado.[51]

É interessante notar na obra poética de Noel Rosa que ele se inspira na arte do povo do morro, pois a palavra "samba" é usada com frequência em suas letras. Outrossim, é digno de nota que em *Feitiço da Vila*, de 1934, a sua Vila Isabel é transformada no celeiro daquele gênero. Diz a letra:

> [...] Lá em Vila Isabel,
> quem é bacharel
> não tem medo de bamba
> São Paulo dá café,
> Minas dá leite
> e a Vila Isabel dá samba.
> A Vila tem um feitiço sem farofa,
> sem vela e sem vintém,
> que nos faz bem.
> tendo o nome de princesa
> transformou o samba
> num feitiço decente
> que prende a gente.

Sabe-se que Noel tinha grande respeito pelos sambistas do morro, mas a provocação traz um dado que a literatura consultada se eximiu de mencionar. Refere-se ao "feitiço sem farofa" e à "vela", que não deixa de ser afronta deliberada ao rito das religiões afro-brasileiras.

Enfim, Wilson Batista revidou-lhe com conversa fiada, dizendo:

> É conversa fiada
> dizerem que o samba na Vila tem feitiço
> eu fui ver pra crer
> e não vi nada disso [...]

---

50 Pacheco, *Noel Rosa e sua época*, p.64.
51 Pacheco, op. cit., p.74.

Ao que Noel em seguida respondeu:

> Salve Estácio, Salgueiro e Mangueira
> Oswaldo Cruz e Matriz
> que sempre souberam muito bem
> que a Vila não quer abafar ninguém.
> Só quer mostrar que faz samba também.

Justifica-se a inserção do exposto acima, por ser sintomático o que essa aparente querela oferece de problemas para reflexão. Um compositor das camadas médias urbanas apropria-se da forma musical de origem popular para com ela afrontar um indivíduo e uma cultura que pertencem à etnia que criou tal expressão musical. E mostrar que a arte de compor samba não é mais privilégio daqueles "sambistas".

Outro samba de Noel que se relaciona com essa observação é *Eu vou pra Vila*, de 1930. Custódio Mesquita lançou, em 1934, *Doutor em samba*, cujo título dispensa comentários.

E não é só a Vila que quer mostrar que também faz samba. O personagem que talvez tenha sido o protagonista desse samba da cidade e do Brasil foi Ary Barroso. Ele, assim como Noel Rosa e outros compositores, de origem diversa daquela dos negros, aprendeu a fazer samba usando sua musicalidade. Ganhando a vida com isto, obtiveram sucesso pessoal e, em alguns casos, financeiro.

Outro colaborador e importante mediador foi o compositor Heitor Villa-Lobos.[52] Desde 1932, era o contato da prefeitura do Distrito Federal e do Governo Federal com os músicos populares. Organizou um espetáculo com artistas populares em 1939. Promoveu

> dentro da Exposição do Estado Novo, um espetáculo folclórico de jongo, chegança, danças ameríndias, batucada, cateretê, cucumbis, dança da viola, esquinado, miudinha pastoril etc., terminando com uma apresentação das principais escolas de samba cariocas. Para adoçar a boca dos sambistas, o maestro comunicou à União Geral das Escolas de Samba que Getúlio Vargas desejava "vê-los em seu palácio".[53]

---

52 Ver Villa-Lobos, *A música nacionalista no governo Getúlio Vargas*.
53 Cabral, Getúlio Vargas e a música popular, op. cit., p.40. Este artigo traz também muitas letras e exemplos da relação estabelecida por Vargas com a música e os músicos populares que trabalharam de certa forma a seu favor.

Aqueles artistas, que de certa forma serviram ao regime, curiosamente estiveram em contato com o norte-americano Walt Disney. Este,

> chegou ao Brasil em meados de 1941, com o objetivo de lançar a sua superprodução *Fantasia* e recolher subsídios para filmes que atendessem aos interesses da política de boa vizinhança.[54] Não era uma figura muito distante de Almirante, que desde 1938, trabalhava na dublagem dos seus filmes. Eram dele as vozes do "espelho mágico" e dos anões "Mestre" e "Dengoso" na versão brasileira do filme *Branca de Neve e os sete anões* [...] Naquela visita de Disney, Almirante também passou para ele vários dos seus programas sobre o folclore brasileiro. [...] Em decorrência dessa viagem à América do Sul, surgiram, depois, desenhos animados em que o Pato Donald contracenava com o galo mexicano Panchito, o cavalo argentino e o nosso Zé Carioca. E foram aproveitadas músicas brasileiras como *Na baixa do Sapateiro* (Ary Barroso), que nos Estados Unidos, ganhou o nome de *Bahia*.[55]

Das gravações internacionais dessa música, sobrepõe-se a realizada na década de 1960 por um dos mais expressivos músicos do jazz: o saxofonista John Coltrane.

Ary, em particular, foi o compositor que contou uma história do povo. Nela, expressou musicalmente a exaltação nacional. Entretanto, mesmo sendo mineiro e tendo vivido no Rio de Janeiro, suas principais composições falam da Bahia, como se percebe em um dos seus mais célebres sambas, *Aquarela do Brasil*:

---

54 Segundo Lloyd Gardner, "a Política da Boa Vizinhança resultava em parte do reconhecimento de que os Estados Unidos deveriam agir com mais tática em suas relações com vizinhos mais fracos, e em parte da percepção de que a intervenção militar na verdade atrapalhava o uso efetivo do poder político e econômico dos Estados Unidos". Gardner apud Gambini, *O duplo jogo de Getúlio Vargas*, p.36. Neste trabalho de Gambini, particularmente no capítulo 7, o autor estuda as manobras e negociações no plano das relações comerciais entre o Brasil e os Estados Unidos, com a abertura do mercado brasileiro para os norte-americanos, em detrimento das economias europeias. Sobre o papel da radiodifusão sonora no programa de propaganda política desenvolvido pelos Estados Unidos durante a guerra no principal momento da política de boa vizinhança e desempenhado pelo Office of the Coordinator of Inter-American Affairs (OCIAA), ver Sousa, *Semear aos quatro ventos*.
55 Cabral, *No tempo de Almirante*, p.212.

Brasil,
Abre a cortina do passado,
Tira a mãe-preta do cerrado,
Bota o rei-congo no congado,

Quero [...] ver essa dona caminhando,
Pelos salões arrastando
O seu vestido rendado [...]

Terra boa e gostosa,
Da morena sestrosa,
De olhar indiscreto,

Ah, esse Brasil lindo e trigueiro
É o meu Brasil brasileiro,
Terra de samba e pandeiro,

A Bahia é o estado brasileiro com maior densidade de população da etnia negra. Todos esses versos trazem alusões à cultura do negro. A mãe preta, o rei-congo, a dona arrastando seu vestido rendado (típico da baiana), a "morena sestrosa", terra de "samba e pandeiro". Nesse contexto, pode-se entender que o baiano é o símbolo escolhido da brasilidade, que é representada pelo samba. É importante lembrar que após a Abolição, a migração de baianos para o Rio de Janeiro foi intensa.

A apologia nacionalista em suas letras, escrita sobre construção musical do samba já tornado nacional, encaixou-se nas diretrizes ideológicas do Estado Novo. Obra consciente para a obtenção de uma unidade, como expõe Cláudia Matos: "Como o discurso lírico-amoroso, o discurso apologético-nacionalista é uma postura romântica que tende a suprimir as contradições internas, meter no mesmo saco toda a variedade de brasis que existem".[56]

Às questões que tais observações inferem, conclui-se que o samba, que outrora fora apreendido pela polícia, na Vila é o samba aprendido por uma classe média e, como samba devidamente espoliado e apropriado, tornou-se "branco" e música urbana do Rio de Janeiro.

Do grupo de artistas a definir a brasilidade, foi da mesma forma relevante o papel de Carmen Miranda, interpretando aquelas músicas. Basta

---

[56] Matos, *Acertei no milhar*, p.47-48.

lembrar que foi ela quem primeiro aportou nos Estados Unidos com o Bando da Lua, para realizar shows de música brasileira.

O processo de apropriação do samba derivado é semelhante ao que ocorre com as escolas de samba. Nelas, a integração do elemento étnico branco ocupa os pontos de destaque do desfile, legando aos sambistas lugares secundários, resultando na expropriação expositiva do elemento étnico negro. Não é raro, por exemplo, a madrinha da bateria de uma escola de samba do grupo principal do Rio de Janeiro ser uma modelo ou atriz famosa e, via de regra, branca. Embora à etnia negra seja fornecida uma "ideologia de compensação" que, no jogo dos estereótipos das inferioridades e superioridades raciais, a considera superior em uma ou outra atividade, não há, entretanto, perspectivas de mudanças socioeconômicas para aquele grupo, exceto em raros casos, como no futebol ou na indústria do entretenimento.[57]

No âmbito internacional, a imagem que se tem do Brasil em importante guia da música internacional ilustra o caso. Trata-se do guia *World Music*. A parte dedicada ao Brasil tem o título "Meu Brasil Brasileiro – If they had a world cup for music, Brazil would give anyone a game" ["se houvesse uma competição internacional para música, o Brasil não daria chances a ninguém"]. O artigo expõe que o Brasil é um mundo de música própria, embora mais conhecido pelo samba, o "ritmo do carnaval". Em seguida, explica que o título é um verso da canção de Ary Barroso e resume a maneira como a música brasileira rompeu as suas fronteiras nacionais, mas permaneceu verdadeira a sua raiz. Embora o artigo deixe algumas pistas sobre a riqueza musical submersa na parte invisível do *"iceberg"*, que no cenário internacional apenas vende os grandes nomes. A foto que se encontra na primeira página é de Carmen Miranda.[58]

A importância do embranquecimento

Ainda que houvesse dúvidas sobre a conexão entre a negação do papel da cultura negra na formação da cultura brasileira e o embranquecimento do samba, construído ideologicamente pelos autores citados, com a aceitação pelo *status quo*, dá-se o uso do samba como elemento que identifica a *música nacional*. Isso se concretiza quando os principais artistas que a representam são brancos. Ou seja, é inegável que a montagem da usurpação do

---

57 Sobre essa questão, ver Rodrigues, *Samba negro, espoliação branca*.
58 *World Music*, p.557, 569.

samba do negro foi fundamental para a satisfação de uma população que ainda o via como problema.

João Baptista Borges Pereira transcreveu um depoimento de "compositor branco", que aqui ilustrará um exemplo:

> [...] comecei a compor e a cantar em 1928, formando um conjunto, só de brancos. Usei pseudônimo porque tinha vergonha de ver meu nome identificado ao samba e à música popular. Nosso conjunto ajudou na aceitação da nova música, porque nós não tocávamos por dinheiro. Participávamos de festas familiares e dos primeiros salões que iam aparecendo no Rio, porém sempre diletantes. Isto atraiu para nós a simpatia e o respeito do público mais exigente.[59]

Embora não seja citado o depoente, tudo indica que tenha sido Alberto Ferreira Braga, o "João de Barro" ou "Braguinha" – filho do industrial Jerônimo José Ferreira Braga Neto – e o conjunto em questão seria o Bando de Tangarás. E à parte tudo que representam essas palavras para a demonstração do que aqui se pretende, talvez questiona-se a aceitação do público mais exigente: este não teria sido atraído pelo amadorismo do grupo, mas por uma música agora domesticada, apresentada por brancos.[60]

E não seria exagero definir o embranquecimento em duas frentes: a) ideológica e b) econômica, pois sem o acesso dos verdadeiros produtores aos meios de produção e distribuição do samba-mercadoria, o enriquecimento com a música ficaria restrito às camadas média e alta.

Basta observar que os símbolos desse gênero são Noel Rosa, Ary Barroso, Carmen Miranda (Embaixatriz do Samba), enquanto os sambistas negros continuam nos morros, produzindo e reproduzindo geração após geração a sua música, ainda pobres e quase sempre ignorados.

Obviamente, entende-se com Arnaldo Contier, que

> [...] reduzir, por exemplo, obras de Villa-Lobos ou de Ary Barroso à ideologia populista significa negar a obra de arte como objeto específico, passível de análise. Por outro lado, propor a autonomia absoluta desses composi-

---

[59] Pereira, O negro e a comercialização da música popular brasileira, *Revista do Instituto de Estudos Brasileiros*, n.80, p.13.
[60] Observe-se que o mesmo fenômeno deu-se nos EUA com o jazz, com a transformação do blues em *rock'n'roll* e, finalmente, o aparentemente impensável, com o próprio blues.

tores em face dos interesses dos segmentos sociais dominantes no Brasil, durante as décadas de 30 e 40, significa negar *in totum* a própria História.[61]

Até mais ou menos 1930, é o negro favelado ou periférico que compõe os sambas. Depois daí, são jornalistas, poetas, que fazem as letras, e passa a existir uma estrutura comercial. Nela, o rádio divulga o disco e ao mesmo tempo o usa como elemento inerente à difusão das ondas.

Embora aparente curiosidade, vale ressaltar que uma diferença básica reside no fato de que o sambista faz música porque gosta. Ela faz parte dos seus hábitos culturais. Não é porque está no mundo industrial e tem que ganhar dinheiro. Apenas após a conscientização de que alguém está "faturando" com suas músicas é que aqueles sambistas vão tomar consciência do processo mercadológico. Haja vista, como se argumentou, que em geral eles atuavam no setor de serviços, eram sapateiros, biscateiros, pedreiros etc., em síntese, a classe trabalhadora.

O samba do negro

Neste segundo caso, o samba que se configurou como música dos sambistas negros mantém sua forma de origem. No entanto, seu *corpus* poético serve à ideologia do Estado. A escolha daqueles que iriam representar a música nacional se dava sobre os compositores que teciam honras ao nacionalismo, à pátria, ao governo fortalecido, e ao trabalho. Uma vez que o DIP não permitiria a veiculação de ideias contrárias àquelas úteis ao projeto nacional, as opções estavam dadas aos sambistas. Participação pelas regras ou exclusão.

Muitos compositores, mesmo percebendo o uso de sua música pelo poder para o controle da massa, acabam cooptados e aceitam modificações em suas letras, chegando mesmo a anteciparem-se à censura, censurando-se a si mesmos. Nesse caso, na sua lírica, pode-se dizer que o samba passa pelo processo de *subsunção*,[62] em que é transformado para melhor ser dominado.

Mas a concordância em participar daquele esquema não significou que o samba do negro tivesse se transformado em sua essência rítmica. Pelo

---

61 Contier, Música e história, *Revista de História*, p.72.
62 "Subsunção" aqui entendida no sentido dado por Pompeu, *A dialética da feijoada*, p.13.

contrário, do caldeirão em que ferve sua perenidade, outros autores, com uma visão de mundo influenciada desde a cultura de seus antepassados, surgiam, a exemplo de Martinho da Vila, Paulinho da Viola, entre outros. Tratava-se naquele caso, de cuidar da própria sobrevivência.

Nos anos 30, quando Wilson Batista fez o samba que provocou a polêmica com Noel Rosa, o *Lenço no Pescoço*, gravado por Sílvio Caldas e que exaltava a malandragem, a música gerou problemas. Criada pela Confederação Brasileira de Radiodifusão, uma comissão de censura vetou a letra do samba de Wilson [...]. Posteriormente, instigado e apoiado pelo DIP, vendo ali uma vitrine e a chance de ganhar dinheiro, Wilson Batista não teve dúvidas em – malandramente – se adaptar à situação, mudar de posição e, em parceria com Ataulfo Alves, compor (para Cyro Monteiro gravar) o outro lado da moeda, a apologia ao trabalhador, o samba *O bonde São Januário*.[63]

É tão somente mais um mecanismo de sobrevivência e autopreservação cultural. A "regeneração do malandro" é, assim, outro mito, outra invenção, presente somente nas letras de algumas músicas. A propósito, Cláudia Matos afirma que

Há boas razões para supor que o engajamento de vários sambistas no programa ideológico do Estado Novo não tenha resultado simplesmente de uma efetiva adesão ética e política, mas também, em muitos casos, de uma atitude oportunista e artificiosa. Abriam-se novos canais de divulgação para os compositores populares, e os cachês do DIP eram compensadores.[64]

Visto pela dubiedade de se autoenquadrar na forma textual, mas resistir na forma musical do samba, não seria exagero, em uma visão bakhtiniana, supor que há, ao contrário de uma sublevação, uma satirização das instituições e poderes, expressa, por exemplo, na simples possibilidade de que, na letra de *O bonde de São Januário*, Wilson Batista, em lugar de "O bonde São Januário / leva mais um operário", teria escrito "O bonde São Januário / leva mais um otário [...]" e que transformado em deboche pelo povo evidencia

---

63 *História do samba*, p.205.
64 Matos, op. cit., p.91.

a permutabilidade que havia, no espírito popular, entre os termos "otário" e "operário". Assim, o endosso e a ridicularização dos valores oficiais traçam entre si uma fronteira bem tênue, mera questão de palavras, em registro que se presta a interpretações diversas e mesmo conflitantes.[65]

Provocação que se deixa aqui para os especialistas da teoria literária.

Mas o que não se pode negar é o poder do samba, que não se rende e ano após ano traz aos sambódromos, parte de sua mágica musical, transmitida em rede nacional.[66]

Assim, o samba relaciona-se com a identidade em caminho de mão única, no qual serve a ela na produção de uma ideia em que é elemento da música nacional. Enriquece compositores e cantores brancos, as camadas médias e altas da produção fonográfica, da edição de partituras, coleta de direitos autorais e que, em retorno, retira o samba da rua – seu lugar de encontro com o povo – no carnaval e o coloca na "senzala urbana", que denominou-se sambódromo.

Não há, portanto, do *status quo* para o samba ou os sambistas, a relação de reciprocidade[67] no sentido de uma retribuição, seja no reconhecimento oficial de seu papel pelo discurso seja em atos para a melhoria da vida daqueles. Há uma simples relação de apropriação, com a expropriação do outro.

A expressão da identidade

Outro problema a ser tratado é como o samba expressa a identidade.

O samba, saindo do seu ambiente para ganhar as ruas, criou vida própria no comércio musical da cidade. De fato, uma variante da industrialização que gira volumoso capital em suas diferentes esferas de atuação, como

---

65 Ibid., p.92.
66 A cultura da etnia negra não iria se curvar em uma década, depois de sobreviver por quatro séculos. Esse modo de ver o problema, grosso modo, passou despercebido pela literatura. Há um simbolismo nas metáforas daqueles sambistas, que, compreendida pelo seu grupo étnico-social, teria outro significado para a sociedade urbana burguesa. Dito de outra forma, haveria uma aparente adesão para expressar a cultura alheia, externa e que o sujeito, ao voltar ao seu universo, a deixa do lado de fora. A problemática sobre o malandro e o trabalhador nos sambas e sua relação com o Estado Novo foi estudada em ibid., p.77-106.
67 A reciprocidade é aqui entendida como uma categoria social nos termos dados por Baldus; Willems, *Dicionário de etnologia e sociologia*, p.191.

direitos autorais, produção de discos, partituras, instrumentos, o rádio, entre outras. Isso e o seu poder de penetração e movimentação junto ao povo possibilitou que se criasse em seu redor a aura da nacionalidade, espelhada pela cidade e refletida em todo o país pelo rádio e pelo disco – eram as principais mídias de comunicação de massa –, e, em parte, também pelo cinema.

É conveniente esclarecer que não é gratuito encontrar nos pronunciamentos de Getúlio Vargas a relação entre cultura e política. Expressões como "nacionalidade" e "grandeza da Nação" em geral se associam à "cultura brasileira". A ela subentende-se a ideia do apreço paternalista à cultura popular, ao samba, aos sambistas. Isso porque Vargas precisou da força produtiva dos afro-descendentes para elaborar a sua propagada "grandeza da nação", a nacionalidade como tal. A manipulação daquelas forças produtivas era fundamental para o crescimento industrial. Com efeito, o momento histórico em que o samba é definitivamente aceito oficialmente corresponde ao momento em que o negro retorna a operário industrial. E naquele modelo fascista de Estado, pressupõe-se que, com o desenvolvimento das novas gerações, os negros seriam substituídos pelos mestiços.[68] Paradoxalmente, desejava-se, ao mesmo tempo, promover uma "limpeza" racial, que seria operada gradualmente. Ela enfatizava o desenvolvimento "eugênico" da "raça".[69]

Vargas, portanto, afirmava um Estado autoritário e fascista e se apoiava no mito de uma cultura popular. Toda a população teria que ser convocada para "construir a nação". Os sambistas, disciplinados pela censura do DIP, deveriam abstrair da "malandragem" e exortar ao trabalho, agindo no sentido de integrar negros e "mestiços" ao trabalho, ao projeto nacional.

Um parêntese é necessário a título de reflexão. Em seu diário, Vargas, a 11 de abril de 1937, mencionava o convite que "recebera oficiosamente do governo italiano para comparecer às solenidades da criação do império". Segundo a nota de rodapé, tratava-se dos "2 mil anos de fundação do

---

[68] A teoria da mestiçagem de Gilberto Freyre data da década de 1930.
[69] A propósito, vide discurso de 7 de setembro de 1938: "As comemorações da PÁTRIA e da RAÇA deverão ser, daqui por diante, uma demonstração inequívoca do nosso esforço pelo levantamento do nível cultural e eugênico da mocidade, fonte de revigoramento das energias nacionais e penhor seguro do progresso da Pátria. [...] É inacreditável despontar solução ao problema do fortalecimento da raça, assegurando o preparo cultural e eugênico das novas gerações". Vargas, *As diretrizes...*, p.337, 312.

Império Romano", inaugurando também uma exposição das realizações do governo de Mussolini.[70]

Como se sabe, Vargas estava mais próximo do fascismo do que de qualquer outra ideologia da época. Mas isso pode ter ido além na sua relação com aquele mundo. A elite do Império Romano acabou por assimilar e difundir o cristianismo, doutrina que até então houvera combatido ferreamente e a que resistiu por séculos. Vargas salientava em seus discursos, o papel do cristianismo no projeto nacional. De certa forma, há um paralelo nos dois fatos distantes no tempo histórico, mas próximos em essência. A semelhança reside na resistência secular da cultura negra, que acabaria de certa forma por servir ao Estado e identificar culturalmente a nação.

Não podendo eliminar da sociedade os elementos do grupo étnico negro, mas, ao contrário, precisando de sua força de trabalho, sua cooptação regeu-se, atraindo-o através de seu próprio elemento cultural, expresso como samba. Estava-se conclamando o sujeito: você faz samba, gosta de samba, então você é brasileiro, você é bom.

Outro depoimento, do já citado artigo de João Baptista Borges Pereira, é elucidativo do que se afirma acima.

> No início ninguém queria saber de preto, nem como cantor, nem como compositor. Fiz muitos sambas que se perderam por aí. Alguns estão em nome de figurões do rádio, como se tivessem sido eles os compositores. Naquele tempo ninguém ligava pra nada. Samba não dava dinheiro. Ele podia dar "cana" (prisão). Depois nós entramos na moda. Negro de cá, negro de lá. Escola de Samba. Carnaval, música, tudo era de crioulo. Eu participei do 1º desfile oficial de escolas de samba realizado no Rio. Foi feito lá na Praça Onze pelo jornal *Mundo Esportivo*. Na "cabeça" do desfile estavam os compositores brancos. Neste desfile a nossa escola foi a vencedora. No ano seguinte, em 1933, foi a consagração da nossa escola e da música do negro, do samba. O jornal *O Globo* fez o desfile. Quando eu vi aquele desfile de pretos, o povo aplaudindo o nosso samba, foi que percebi como o negro era importante para o Brasil. Depois disso, nós viramos gente importante, requestada [...].[71]

Mas há uma contradição que reside no fato de que, por outro lado, o samba que vende grandes quantidades de disco e faz sucesso no Brasil e

---
70 Id., *Diário*, v.2, p.33.
71 Pereira, O negro e a comercialização da música popular brasileira, op. cit., p.14.

no exterior tem sempre à frente um compositor ou cantor branco – que às vezes havia comprado a autoria da música. Esses fatos, polêmicos por sua natureza, só podem ser explicados à luz de pertencerem a um discurso ideológico. Este não pode dizer o que diz, ou melhor, não diz o que deveria dizer.[72]

A orquestra de Radamés Gnatalli, por exemplo, incluía negros na percussão, instrumentos hipoteticamente inferiores aos demais da orquestra. Portanto, dá-se uma satisfação àquela comunidade e a impressão de que eles estão verdadeiramente incluídos.

O Varguismo percebeu, de forma lúcida, que haveria de negar a cultura da República Velha, pré-industrial. Teria que afirmar algo novo, valorizar a massa, para que ela se percebesse refletida no projeto do Estado. Ao mesmo tempo, tinha consciência da necessidade de criar o nacional no samba como entidade para se contrapor à força colonizadora dos discos que traziam músicas importadas da América do Norte.

Não é que o Varguismo não tenha continuado a idealizar a identidade nacional como uma identidade oficial definida; sua inovação talvez tenha consistido na busca deliberada de uma convergência com uma futura maioria, o operariado industrial e uma elite suposta já dominante, ou seja, a burguesia partidária da industrialização. Buscando-se apoiar nesses dois setores sociais de certa amplitude já à época, o Varguismo situava no plano da opinião pública uma aceitabilidade maior para a sua versão de identidade nacional. Ao mesmo tempo, de forma bonapartista, lançava "atalhos" históricos que tentavam ignorar o processo histórico real, a partir das propostas míticas de um Brasil melhor, no mundo da industrialização. A euforia, a emoção coletiva positiva, o otimismo fácil, eram prontamente identificáveis com a festa da praça pública e o samba. Essa euforia coletiva permitiria trazer o futuro para o presente sob a forma da promessa de uma identidade renovadora. O progresso estaria acessível pelo menos ao mundo urbano, em flagrante ruptura com o passado de desigualdades e até de escravidão. O mito do samba preenchia o mito do Império romano, que faltava ao fascismo local.

O Estado Novo é o primeiro momento em que se tenta dar um sentido mítico ao Estado, personalizado não só no que se denomina Estado Nacional, ou Nação, como também em seus expoentes e chefes. Em momento

---

72 Ver Chaui, op. cit., p.15-38.

nenhum o mito atinge os ápices dos regimes fascistas, mas conteúdo e forma se delineiam dentro do mesmo espírito e intenção. Ao contrário dos movimentos anteriores, a criação mítica é feita conscientemente e durante a existência do novo Estado, numa tentativa de lhe dar caráter e sentido permanente e fundamental. [...] momento em que se conjugam três fatores básicos: a movimentação de massa popular, a confusão de valores das classes dirigentes e a ação do Estado como forma de propaganda e pressão.[73]

A mitologia de tais promessas constrói o novo ideal da cidade, em flagrante desconsideração pelas possibilidades reais de riqueza e de sua redistribuição.

O problema da identidade se situa, assim, no reino das propostas míticas e a sua assunção coletiva deveria efetivar-se preferencialmente enquanto catarse. Daí a potencialidade renovadora da forma musical do samba. Essa ação coletiva, portanto, inscreve-se no reino do efetivo, qual seja, a prática da música-dança permite uma identificação coletiva que justifica o foro da identidade nacional.

O samba derivado, já tornado mercadoria, é, portanto, útil no sentido de criar um mito de identidade nacional. Nele, a massa está representada através desse samba mercadoria. Apresentado como símbolo da brasilidade, o povo negro com ele se identificará, um mito nacional ao qual ele deve aderir, evitando também que o próprio povo criasse seu próprio mito, ao seu estilo, um Antonio Conselheiro.

Quando se diz que "quem é brasileiro faz samba", cria-se um elo entre o sambista e o *status quo*. Portanto o mito da identidade nacional, o uso político do samba-mercadoria, samba urbano, samba que serve, inclusive, como um dos elementos novos a definir o perfil de urbanidade na industrialização pré e pós-1930. Ele se origina no negro, mas não se reduz a tal.

Dessa forma, reiterando, não foi por acaso que o negro produz samba e ascende à condição de operário. Isso ocorre no mesmo período histórico porque apenas o indivíduo que pode produzir mercadorias nas fábricas pode também produzir cultura comercializável. São as duas faces da dignidade que o *status quo* denomina populismo, mas que o Varguismo reconheceu no negro. Ele assim cooptou o negro para a condição de brasileiro. Mitificou coisas do negro, atribuindo-lhe a presença numa conjuntura de brasilidade. E isso só é possível em uma leitura estadonovista. A mídia,

---

[73] Carone, *O Estado Novo*, p.166.

controlada pelo Estado através do DIP, foi fundamental no apoio à concretização daquela ideologia.

Portanto, o samba foi instrumento da idealização da identidade nacional, inclusive por suas raízes profundas ancoradas em uma sociedade onde parte expressiva da população não tem grande importância. A cultura negra dá, assim, parâmetros de sociabilidade com a música, ou seja, através dela.

A consolidação do samba derivado

Os "tempos idos" do samba deixaram marcas indeléveis na história da cultura e da música popular brasileiras.

A proeminência desse gênero chegou a tal ponto, que aparentemente não há limites para o seu desenvolvimento. Desde o estabelecimento do samba moderno, o ritmo em compasso 2/4 fez surgir inúmeros sambas, como o samba-canção, o samba de breque, o samba-exaltação, até que, na década de 1950, se chegasse à bossa-nova.

Esses desdobramentos da forma de tocar e dividir o samba estão escritos em nossa história, cristalizados pelas tentativas de se descrever em palavras, nos dicionários e enciclopédias da música, aquelas derivações.

A importância do samba perante a opinião pública é perceptível pelo espaço a ele dedicado nas rádios e TVs no período do carnaval; são horas consecutivas mostrando o "maior espetáculo da Terra".

No sentido de trazer interlocutores a colaborar com o ponto aqui apresentado, o jornalista Sérgio Cabral é representativo, tanto pelo volume de sua obra quanto pelo prestígio que desfruta perante artistas, pesquisadores e demais estudiosos que o citam com frequência.

> Já foi dito que a música popular é uma das raras atividades a levar o Brasil para o Primeiro Mundo. Se considerarmos que o futebol brasileiro, desde 1958, disputa uma posição de liderança mundial, é fácil concluir, mais uma vez, que estão cheios de razão aqueles que chamam a atenção para o fato de que o que houve de mais bem-sucedido em nosso país no século XX ficou por conta do povo e não das nossas elites. Na história destes, infelizmente, o que ficou foi o preconceito contra a música popular e o futebol.[74]

---

74 Cabral, *A MPB na era do rádio*, p.5.

Essas afirmações denotam que o Brasil aproxima-se do mundo dito "civilizado" por algo que foi gerado pela dinâmica social do povo, e não pela cultura letrada.

Outro exemplo obtém-se através da revista *História do samba*. Distribuída em fascículos nas bancas de jornais, atinge público considerável em âmbito nacional. No editorial do primeiro número, lê-se que

> Poucas culturas populares podem se orgulhar de um representante tão rico como a brasileira. Tão grande e magnético que a primeira associação feita no exterior ao nome do Brasil é com o samba. Retrato de um povo alegre, comunicativo e feliz, o samba tem uma história que justifica tal posição, desde seus primórdios como lazer de escravos, até a atualidade, em que sua presença é acatada internacionalmente.[75]

Um terceiro exemplo poupa descrições, pois está contido neste capítulo. Trata-se do guia *World Music*. Lembre-se apenas de sua apresentação: "Se houvesse uma competição internacional para música, o Brasil não daria chances a ninguém". E nesta está o samba.

Nada mais sintomático do que essas declarações.

Concluindo esta argumentação, traz-se o programa comemorativo de 85 anos da IBM no Brasil. Este contém a história da empresa associada à história da música brasileira, com início em 1917, ano de *Pelo telefone*, de Donga, e *Tico-tico no fubá*, de Zequinha de Abreu. Segue com a *Aquarela do Brasil* em 1939, choros de 1926 a 1962, chegando à bossa-nova de Tom e Vinicius, Chico Buarque, João Bosco e o jovem compositor e violonista Guinga.[76] É interessante observar que a história das inovações tecnológicas é representada pelas inovações na música popular. Sendo a IBM uma das maiores empresas de computação do mundo, pode-se inferir que desde as bancas de jornais do Brasil até os escritórios mais sofisticados do planeta, o samba consolida-se como a principal forma musical brasileira. Por que não dizer mundial, ao lado do jazz e da música caribenha?

E não seria surpresa se os interesses que incluem a Floresta Amazônica na área de interesse mundial também incluíssem o samba brasileiro na lista dos bens da humanidade.

---

75 *História do samba*, n.1, contracapa.
76 Programa para série de concertos da Orquestra Sinfônica do Estado de São Paulo, em 2002, em comemoração aos 85 anos da IBM no Brasil.

Conclusão

O problema da identidade, ou de um nacionalismo, atrela-se invariavelmente a ideologias que celebram novas alianças de grupos de classe nos blocos de poder. Em geral atendem a necessidades de legitimação.

No caso estudado, a simbologia utilizada pela ideologia do poder foi encontrada nas manifestações populares, visando cooptar a grande massa para o trabalho de construção da nação.

A sociedade brasileira na época em questão constituía-se de forma heterogênea. Cada segmento cultural podendo ser entendido como um sistema, com identidade própria e certa homogeneidade interna. Ou seja, essa sociedade caracterizava-se por conjugar a convivência de diferentes culturas quase autônomas, cada qual com suas particularidades e buscando se estabelecer enquanto tal. Uma sociedade objetivamente multicultural.

A óptica da multiculturalidade, como se sabe, tem por princípio a abolição do conceito de assimilação cultural. Isso significa que um determinado indivíduo da cultura A não pode se transformar em um membro integral da cultura B, como se fosse uma página em branco. Fenômeno contrário ao observado a partir da óptica colonialista.

Multiculturalidade significa então que, mesmo existindo a dominação, existem várias outras culturas ocupando o mesmo espaço. Elas concorrem entre si, com soluções próprias. Elas se oferecem à população de cada segmento ou ao conjunto da sociedade.

A massa étnica negra, recém-egressa da escravidão no final do século XIX, por seu lado, via-se inviabilizada para desenvolver adequadamente formas de sociabilidade naquele ambiente. Não há como negar que mesmo dentro de um "universo sociocultural" comum, não havia possibilidades de ajustamento do negro à vida produtiva e às normas de convivência social da cidade, ou seja, a multiculturalidade era observada exclusivamente de modo objetivo, pela existência física dos diferentes "estoques étnicos" que aqui se encontravam. Quanto às antes estabelecidas relações sociais, elas não se alteravam, no significado da distância entre as classes e as etnias.

O confronto cultural era evidente. O negro possuía uma prática religiosa de caráter amplo, que incluía a dança e a música. O colonizador não respeitou a alteridade do negro e determinou que suas práticas sagradas fossem confinadas a local fechado, fazendo com que, fora dele, tudo fosse proibido. Assim foi com a capoeira e outras formas de jogo ou dança.

Entretanto essas práticas religiosas detinham internamente uma dinâmica que as fizeram evoluir no sentido de se aproximar das forças de entretenimento, lúdicas, daquela população que não era apenas negra, pois também constituída de brancos pobres. Deu-se o desenvolvimento do que ficou conhecido como samba-de-roda, maxixe etc., uma série de gêneros musicais que vieram ao encontro das necessidades na crescente urbanização da capital da República.

A própria constituição da cidade exigia atividades de entretenimento e a única camada social capaz de criar constantemente as músicas para tal era a comunidade negra. A cultura dominante não tinha como resolver os problemas do comportamento social, de festa, de lazer, do bem-estar, característicos de uma sociedade urbanizada. As soluções existentes foram dadas por outra cultura que não a europeia, foram dadas pela cultura dos ex-escravos e indígenas. Oprimida e segregada, acabou por tornar-se o principal elemento musical da cidade do Rio de Janeiro e, posteriormente, do país.

Naquele ambiente citadino, o choque entre o prazer da população média, que ansiava por lazer, e o conservadorismo da elite manteve aquela cultura sob repressão, o famigerado "caso de polícia". Portanto, um abrandamento possível deu-se através de biombos dos nomes dados às músicas para dança e com o confinamento de determinadas atividades. Exceções puderam ser observadas, mas submissas a interesses de políticos, autoridades e homens ricos.

Essa constatação ocorre sob o horizonte absurdo de que essas culturas foram convocadas como força de trabalho. O negro veio ao Brasil para trabalhar e, pode-se afirmar sem exagero, para trabalhar até morrer, único caminho real para a liberdade.

A contradição *samba negro* e *samba brasileiro* é entendida quando se observa que, apesar da função subalterna imprimida ao negro, paradoxalmente é ele que cria a cultura mais dinâmica do trópico. Por seu número populacional, pela força de sua cultura, domínio do corpo e sua associação com o indígena local. Ao ser levado aos cantos do espaço geográfico brasileiro, carregou e disseminou os seus costumes. Funde-se e se mistura com o indígena e assim controlam tudo. De tal maneira que o colonizador, elemento dominante, passa a dominar sobre uma cultura de negros, o que se mostraria um contrassenso ao modo de ver europeu.

Não é sem efeito que os trabalhos de ideólogos da Antropologia e Sociologia brasileira, já antes de Nina Rodrigues, têm como premissa a negação do negro. Está-se diante de um problema insolúvel, que pode ser observado em toda parte, quer fisicamente, quer pelo espraiamento da cultura. A negação do papel criador do negro na cultura brasileira por esses intelectuais e pesquisadores da cultura em geral se deveu a necessidades globais do processo de dominação. Buscou-se, paralelamente, embranquecer sua cultura.

Para unificar os interesses da construção do país, nacionalizou-se o samba já "desenegrecido" ou "embranquecido", domesticado através do processo de apropriação. O samba, de forma espontânea, com o advento primeiramente do disco e posteriormente do rádio, acabou por tornar-se mercadoria e, nesse processo, foi se tornando branco. Compositores da classe média aprendem sua forma e a reproduzem, a classe média dela se apropria para o entretenimento dos seus. Não é por acaso que Noel Rosa e outros compositores brancos e mulatos de Vila Isabel tornaram-se conhecidos como os responsáveis pela "época de ouro" do samba.

O hiato entre a repulsa à cultura dos ex-escravos e a sublimação do samba – criação dos mesmos ex-escravos – como emblema da brasilidade poucos anos depois se deu devido à rápida expansão demográfica e urbana, que exerceu grande pressão sobre o sistema de poder, exigindo do Estado – em fase de múltiplos desafios – a necessidade de adquirir credibilidade junto aos amplos setores sociais dos excluídos e deserdados. Esses setores deveriam de alguma forma se identificar com o poder. O caminho mais curto obviamente seria o de sua possível identidade cultural.

A disseminação dessa cultura no ambiente urbano pode ser assim explicada:

(a) A classe média era ainda incipiente e a sociedade dividia-se em populações díspares. De um lado, brancos, ricos donos das propriedades e do grande comércio e, de outro, pobres negros, índios e imigrantes.

(b) Não havia nas cidades, locais para festas e, portanto, estas realizavam-se em casas de particulares, tanto entre os ricos quanto entre os pobres. Num extremo, as festas caracterizavam-se por apresentar a cultura da elite, dos salões; no outro, a cultura do negro, caracterizada por suas abundantes festas. Segundo se lê em depoimentos e em vasta literatura, duravam dias, com fartura de comida, bebida, dança. Uma vez que eram proibidos de praticar o candomblé, a capoeira e o samba, os organizadores das festas realizavam bailes na sala de visitas – em geral abrilhantados pelo choro –, deixando o samba raiado para os fundos e o batuque no terreiro.[1]

(c) Com o crescente encontro dos negros que vinham dos extremos da cidade, a "festa do samba" aos poucos ganhava o espaço público, associando-se a festas religiosas católicas. Caso, por exemplo, da Festa da Penha. Nesta, após as comemorações tradicionais, os negros se apoderavam do espaço e lá desenvolviam sua maneira de ser, comendo, bebendo, tocando, cantando e dançando. Lá também era o local onde novas músicas ganhavam o interesse do público e o sucesso.

(d) A classe pobre constituída de não negros e a incipiente classe média em formação, impossibilitadas de frequentar o ambiente excludente das elites, acabam por se inserir junto aos negros, que apresentavam uma cultura includente, não racista.

(e) O crescimento demográfico ocorrido pelas condições oferecidas nos centros urbanos gerava novas demandas e desenvolveram-se centros de entretenimento que deram nova forma à cidade do Rio de Janeiro.[2]

(f) Eram em larga escala dos negros e os próprios negros a música e os músicos que iriam dar relevo aos espaços nascentes, e os rumos que essa cultura seguiu foram determinados pelo poder que exercia sobre as pessoas. O sucesso dela foi inevitável, gerou enorme riqueza à indústria fonográfica e ganhou repercussão nacional com o advento da radiodifusão.

---

[1] Pereira, O negro e a comercialização da música popular brasileira, p.9.
[2] Sobre esse assunto ver Moura, *Tia Ciata e a pequena África no Rio de Janeiro*, p.51-56; Velloso, *As tradições populares na* Belle Époque *carioca*.

(g) Nesse processo, o samba ir-se-ia tornando fonte de lucros e seus compositores – pobres, trabalhadores de serviços gerais –, procurados por cantores e intermediadores, passaram a vender suas músicas como forma de ganho adicional.

(h) O novo passo é dado por "indivíduos brancos", da classe média em expansão, que têm poder aquisitivo para adquirir os discos da época: eles aprendem a forma do samba e passam a compor e a gravar. Nesse processo, ocorre o embranquecimento do samba e sua consequente apropriação pela burguesia nacional.

(i) O samba composto e cantado por artistas brancos ou mesmo mestiços, uma vez *domesticado*, pode dessa forma ser aceito como música de todos e ganhar uma máscara com a qual todos podem se identificar.

(j) De outro lado, ocorre a cooptação do samba original da etnia negra para o sistema, buscando inserir o negro no processo industrial necessário à modernização do país. Não foi por acaso que a inserção do negro na indústria coincide com a aceitação de sua música.

As assertivas acima implicam que:

(1) Opera-se uma transformação nas relações campo/cidade, que inverteu os papéis de ambas as partes. A área rural foi até esse período (década de 1930), a detentora do poder econômico e político-ideológico do país. A partir de então, a cidade deixa de ser um escoadouro de mercadorias para o exterior. A crise do sistema capitalista em fins da década de 1920 faz da cidade uma exportadora de produtos fabricados na própria cidade, que se industrializa em curva crescente. A produção agrícola teve um crescimento para o mercado interno, tornando-o maior do que o exportador.

> Podemos considerar os anos trinta como importante etapa na definição dos rumos do capitalismo industrial no país, observando-se, no plano econômico, o deslocamento do eixo da economia do polo agroexportador para o polo urbano-industrial e, no plano político, o esvaziamento da influência e do poder dos interesses ligados à preservação da preponderância do setor externo no conjunto da economia. O Estado Novo é um momento neste processo, representando a reafirmação das tendências autoritárias presentes desde o início, não só

no ideário político, como também na atuação concreta de expressivos setores da liderança revolucionária.[3]

(2) O samba gerou e movimentou vultosa quantidade de lucros, mas não inseriu os sambistas. O mercado comprava sua música e a tornava mercadoria, alienando o sujeito da sua criação. Transformou o samba, de sujeito da história no fim da Guerra do Paraguai, em samba-mercadoria, objeto do mercado.

A alienação do sambista negro resolvia os problemas da limitação de ganhos e de espaço a ele conferido, impossibilitando sua ascensão social, a apropriação dos recursos gerados por aquele mercado para enriquecimento de uma parte dos artistas e intermediadores brancos e o isolamento daqueles personagens no cenário artístico. Sua aparição dava-se quando muito, tocando instrumentos de percussão no rádio e no disco.

Outro fenômeno ocorrido, e consequente a isso, foi a gradual intelectualização da cidade, que se transforma no grande cérebro, capaz de comandar o campo e o país. Transformação instrumentalizada pelo poder do rádio e da imprensa, que veicula o novo papel da cidade.

A função educadora inicial do rádio concedeu-lhe caráter único. Quer dizer, o rádio ensinava e gerava instrução, educação e dessa forma "dizia a verdade". A imprensa escrita também recebe essa alcunha e ambos difundem a cidade e sua cultura, como o "nacional", o "brasileiro".

Em um contexto onde condições objetivas e reais da vida material e a correlação entre as forças das classes às quais pertenciam os compositores negros (pobres) e os compradores do samba (burguesia), determinaram que, embora houvesse sido o agente da mudança histórica, ao negro fosse subtraída a grandeza do seu papel, para ser dada a outrem. A tradição de um samba nacional é, portanto, criada, como as "tradições inventadas", descritas por Eric Hobsbawm e Terence Ranger.[4]

---

[3] Diniz, O Estado Novo: estrutura de poder e relações de classe. In: Fausto (org.), *História geral da civilização brasileira*, v.3, p.89.
[4] Hobsbawm; Ranger (orgs.), *A invenção das tradições*.

Foram hipóteses adotadas no início deste trabalho:

(a) que o período conhecido como "época de ouro" do samba compreende a convergência da criação dos mercados fonográfico, de indústria de espetáculos e da radiofonia, permitindo por meios espontâneos a formação de novos mitos e novas heroicidades compatíveis com o ideário industrial de uma sociedade de massas;

(b) que o processo de industrialização, dando consistência à intensa urbanização que ocorria no Brasil, criou as precondições para uma renovação da identidade nacional, montada desta feita sob paradigmas da sociedade industrial e da cultura de massas;

(c) que a ambiência internacional de crise do capital industrial e de manipulação da sociedade de massas por meio do Estado forneceu ao contexto brasileiro meios para a reprodução, em base local, dos referidos processos manipulatórios;

(d) que o Varguismo, como núcleo da política do Estado, utilizou-se da expressão popular urbana do samba para, por meio deste, construir uma identidade nacional.

De forma geral, a argumentação referente às hipóteses encontra-se nos dois capítulos finais.

No capítulo V, argumentou-se sobre a hipótese (a), que o desenvolvimento tecnológico das gravações e dos discos, associado à "comercialização" do rádio, foi elemento importante na contribuição de um crescente mercado. A disseminação e a abrangência do raio de ação das emissoras permitiram desenvolver-se elementos específicos dos meios de massa. No capítulo seguinte, tratou-se como o mercado, por sua vez, haveria de se beneficiar com o sucesso de artistas que se tornariam ídolos nos programas de rádio. Esse fenômeno, ocorrido desde a década de 1930, teve como "heróis" da música brasileira, Francisco Alves, Mário Reis, Carmen Miranda, Ary Barroso, Noel Rosa e Almirante, entre outros, este último considerado "a mais alta patente do rádio".

Em relação à hipótese (b), o processo de industrialização foi observado no capítulo IV. As precondições criadas por tal processo, implícitas desde o capítulo III, estão também mencionadas no capítulo VI, em que se tratou da renovação da identidade nacional. No caso da hipótese (c), os meios de manipulação foram os expressos nas seções referentes à imprensa, ao cinema e ao rádio. A quarta e última hipótese permeia as páginas deste livro desde o capítulo III e conclui-se no capítulo VI.

A transfiguração do samba proibido em samba nacional se deu por ser ele o elemento catalisador de cooptação da massa trabalhadora, branca e negra. No processo histórico, curiosamente, a etnia negra foi a única que pôde atender às necessidades da embrionária indústria do entretenimento, a ela fornecendo música e músicos. Só os negros podiam à partida despojar-se da privacidade de seus sentimentos, expondo-os para a ironia e/ou a aprovação públicas.

Intensificada a aproximação da população às manifestações dos negros na Festa da Penha, nas praças e durante o carnaval, já na década de 1930 havia uma estrutura comercial que possibilitou a expansão do mercado musical. Atraindo um setor social médio ávido por novas fontes de acumulação, essa expansão demandou novos personagens: artistas, empresários, produtores, técnicos.

A riqueza do samba perene não estava apenas – como se poderia supor – em sua forma enquanto música. De sua condição de *prece*, intermediação primeiro coletiva e mais tarde individual junto a Deus, transforma-se ele gradualmente (1870-1914) em elemento profano, capaz de expor a alma, os desejos de alguém, tornado por isso passível de ridículo. Essa criatura ridicularizável só pode ser oriunda do mundo dos negros, um negro ou um mestiço. No entanto, no intervalo entre o lançamento de *Pelo telefone* (1916) e *A malandragem* (1928), dá-se a Semana de Arte Moderna, em que importantes elementos da "cultura brasileira" são tornados referenciais para a *agora* cultura brasileira. Isso já no contexto crescentemente revolucionário de 1918-1930 (Hermismo, Tenentismo, Revolução de 1930). Esse contexto, no qual urbanização, industrialização e rebeldia convergem, prepara o caldo de cultura de um novo Estado, projetado no pró-1930 com as cores nacionais do Varguismo.

A modernização do país, desejada por Getúlio e seus ideólogos, deveria contar com o esforço coletivo de toda a população. Ao mesmo tempo, o alinhamento do Brasil ao grupo aliado contra o fascismo e contra o comunismo, exigia o enquadramento dos imigrantes italianos e alemães em tal empreitada. A colônia italiana, por exemplo, era significativa, principalmente em São Paulo.

Nesse ínterim, as táticas absorvidas daqueles antigos parceiros dão ao Estado as condições de se apropriar de um aparato repressor e outro formador de opinião, intentando controlar toda e qualquer informação dirigida à população. O Estado autoritário, necessidade de várias camadas da população, beneficiou-se do desenvolvimento tecnológico daqueles meios de comunicação de massa e instaurou e propagou sua ideologia, um patriotismo, como ideário nacional. De posse dos meios para difundir sua doutrina, haveria agora que estabelecer os signos, os instrumentos de conciliação.

Vargas precisava desvincular-se da República Velha, seus mitos e valores, obrigando-se a construir novos símbolos que moldassem um só Brasil. Estavam assim dadas as condições para a elaboração, pelos ideólogos do Estado, de uma identidade edificada sobre supostos consensos, dentre os quais a música popular, que fazia grande sucesso nacional. A música mostrava-se e podia se mostrar como própria do talento do povo. Novos artistas surgiam eventualmente das camadas dominadas nos programas de auditório.

Mas aquela música tinha de fato duas faces:

(1) a de um samba do negro, que cooptasse ao trabalho o pobre afro-descendente, aliás, maioria da população;
(2) a de um samba tornado branco, que legitimasse a diversão coletiva já adotada pelas camadas médias.

Essa passagem possibilitou o sucesso obtido junto a toda a nação por meio do disco e do rádio e o processo de embranquecimento. O grau de tolerância daquela sociedade quanto às influências da cultura negra não permitia que o negro ascendesse socialmente e que se pudesse oficialmente identificar a cultura com "coisa de preto".

No processo de branqueamento, viu-se que músicos e compositores amadores dos bairros médios aprendiam a tocar, cantar e compor dentro da rítmica dos negros.

Uma das características marcantes do samba é o uso dos instrumentos de percussão. Nos recortes mostrados na argumentação, viu-se que a inclusão da percussão[5] nas gravações deu-se, segundo Almirante, em *Na Pavuna*, graças a uma iniciativa sua. Mas este o fez não porque o houvesse idealizado, e sim porque ouvia os grupos de músicos do Estácio tocarem o samba daquela forma. Tanto que a percussão foi tocada por músicos negros na gravação. A letra da música diz a certa altura que, na Pavuna, tem também macumba, tem mandinga e candomblé. Melhor seria dizer que, da

---

5 Esta versão, entretanto, é rebatida por Luiz Antonio Giron, que afirma existir percussão nas gravações de cenas cômicas anteriormente à gravação de *Na Pavuna*.

maneira como toca o atabaque, *Na Pavuna* mais se assemelha a um ponto de macumba. Crê-se que faltou humildade à "mais alta patente do rádio" para dar os créditos a quem de direito.

Ary Barroso, com seu oportunismo, logo percebeu o inusitado da percussão em *Na Pavuna*, gravada em dezembro de 1929 e, em fevereiro e março de 1930, gravou, respectivamente, *Ô-ba* e *Eu vô*, cuja percussão, também tocada por músicos negros, as transformou em algo que o talento até então demonstrado não havia ousado realizar.

Outro dado que merece atenção é que *Aquarela do Brasil* adquiriu o *status* internacional pela orquestração e arranjo de Radamés Gnatalli. Este usou as figuras rítmicas do acompanhamento percussivo do samba nos naipes, ou seções, da orquestra, ou seja, o samba contém, em si, os elementos da transformação que foi efetivada na obra que deu identidade ao Brasil no mundo.

Portanto, o poder se apropriou da música originalmente de uma etnia que se desejava excluir, fazendo-a sua. Seria um excesso de otimismo crer que as classes populares, ou melhor, os negros, pudessem mesmo alcançar dominar a música na sua produção. Na verdade eles não viviam em uma sociedade estruturada para tolerá-los, sendo de fato o contrário o que acontecia e acontece. Que se houvesse obtido uma certa participação popular em tal mitificação musical, é o máximo que se poderia esperar.

A transformação não se operou casualmente. Deu-se pelo desenvolvimento da vida material da sociedade. O samba foi aceito quando embranqueceu, quando o trabalhador negro foi para a fábrica, domesticado e transformado, havia sucumbido ao capital e serviu assim aos ideais do Estado.

Os visionários dessa realidade tornaram-se resistências, como Assis Valente, Wilson Batista, Geraldo Pereira, Moreira da Silva e outros. Estes embutiam uma psicologia em seus sambas, jogando duplamente, pois buscavam driblar a censura do DIP. Veja-se o caso da música *Recenseamento* de Assis Valente, de 1940, gravada por Carmen Miranda.

> Em 1940 lá no morro
> começou o recenseamento
> E o agente recenseador
> esmiuçou a minha vida que foi um horror
> Quando viu a minha mão sem aliança
> encarou com a criança que no chão dormia
> E perguntou se meu moreno era decente,
> se era do batente ou era da folia.

E o já citado *O bonde de São Januário*, de Wilson Batista e Ataulfo Alves:

> Quem trabalha é que tem razão
> Eu digo e não tenho medo de errar
> O bonde São Januário
> Leva mais um operário:
> Sou eu que vou trabalhar

Como muito já se disse, o "operário" substituiu "mais um otário", evitando a censura. Isso foi compreendido pela comunidade à qual a música era destinada. Não pela compra de disco, mas por ouvir no rádio. Esses dados evidenciam o argumento de certa resistência ao sistema, embora aqueles sambistas fossem vistos como aliados do governo. Afinal, aceitavam os ganhos que minoravam seus problemas financeiros.

Assim, configurou-se a identidade musical do Brasil como uma construção mítica, inventada pela então ideologia política dominante a serviço da luta pela industrialização.

Grande parte dos problemas que o Brasil enfrenta deve-se ao papel a ele designado na divisão internacional do trabalho e nas relações entre centro e periferia do sistema em que ele se insere.

A falta de um elo unificador do povo impede que o mesmo se identifique com algo que possa implicar atitudes pró-mudanças, em particular na estrutura social. Embora alguns exemplos recentes possam dar uma pseudoideia dessa união, caso do movimento "Diretas Já" ou da eleição do presidente Luiz Inácio "Lula" da Silva. Um caminho que vislumbre uma alteração nesse panorama teria necessariamente que passar pela união do povo em torno de um elo identificador, criado por ele próprio.

Temos muitas identidades e esta é a nossa face. A de um mosaico cultural. O que se pretende é um dia ver cada parte do mosaico dignamente representada e respeitada.

Em país de tão extensa diversidade cultural, a identidade nacional deve obrigatoriamente levar em conta o princípio da multiculturalidade, do respeito à cultura do outro. Buscar conter a representatividade de todas as etnias que para cá se deslocaram, mas principalmente aquelas que transformaram o Brasil no que ele é, ou deveria ser, após séculos de produção de riqueza.

Referências consultadas

Referências bibliográficas

ACQUARONE, F. *História da música brasileira*. Rio de Janeiro: Francisco Alves, 1944.
ADORNO, T. *Teoria estética*. Lisboa: Martins Fontes, 1982.
AGUIAR, F. *O samba e sua história*. Rio de Janeiro: Cátedra, 1991.
ALBIN, R. C. *MPB, a história de um século*. Rio de Janeiro: Funarte, 1997.
ALENCAR, E. de. *O carnaval carioca através da música*. Rio de Janeiro/Brasília: Francisco Alves/INL, 1979.
_____. Sinhô do samba. *Guanabara em revista*, n.117, Rio de Janeiro, 1968, p.31-33.
ALMEIDA, R. A música americana. *Movimento*, Rio de Janeiro, n.3, dez., 1928, p.9-13.
_____. *Compêndio de história da música brasileira*. 2.ed. Rio de Janeiro: F. Briguiet & Cia., 1958.
_____. *História da música brasileira*. 2.ed. Rio de Janeiro: F. Briguiet & Cia., 1942.
ALTUNA, P. R. R. de A. *Cultura tradicional banto*. Luanda: Secretariado Arquidiocesano de Pastoral, 1985.
ALVARENGA, O. *Música popular brasileira*. Rio de Janeiro: Globo, 1950.
_____. *Música Popular Brasileña*. México-Buenos Aires: Fondo de Cultura Económica, 1947.
ALVES, H. L. *Sua Excelência o Samba*. São Paulo: I.L.A. Palma, 1968.
ANDRADE, M. de. *Ensaio sobre a música brasileira*. Brasília: INL, 1972.
_____. *O banquete*. São Paulo: Duas Cidades, 1977.
ANUÁRIO Estatístico do Brasil. Instituto de Geografia e Estatística – Conselho Nacional de Estatística.
ARAÚJO, A. *As escolas de samba:* um episódio antropofágico. Rio de Janeiro: Vozes/SEEC, [s.d.].

ASSIS, M. de. *Onze contos de Machado de Assis*. 2.ed. São Paulo: Núcleo, 1995.
AUGRAS, M. *O Brasil do samba-enredo*. Rio de Janeiro: FGV, 1998.
_____. *O duplo e a metamorfose*: a identidade mítica em comunidade nagô. Petrópolis: Vozes, 1983.
ATAS do Congresso Agrícola. Coleção de Documentos. Rio de Janeiro, 1978.
AZEVEDO, C. M. M. de. *Onda negra, medo branco*: o negro no imaginário das elites – século XIX. Rio de Janeiro: Paz e Terra, 1987.
AZEVEDO, F. de. *A cultura brasileira*. 5.ed. São Paulo: Melhoramentos/Edusp, 1971.
BAKHTIN, M. *A cultura popular na Idade Média e no Renascimento*. São Paulo/Brasília: Hucitec/Fundação Universidade de Brasília, 1996.
BALDUS, H. *Bibliografia crítica da etnologia brasileira*. São Paulo: Comissão do IV Centenário da cidade de São Paulo, 1954.
BALDUS, H.; WILLEMS, E. *Dicionário de etnologia e sociologia*. São Paulo/Rio de Janeiro/Recife/Porto Alegre: Companhia Editora Nacional, 1939.
BALLOU, G. (Ed.). *Handbook for sound engineers*: the new audio cyclopedia. Indianápolis: Howard W. Sams & Company Audio Library, 1987.
BARBOSA, N. S.; GUEDES, L. O. *Catálogo do acervo sonoro da Agência Nacional*. Rio de Janeiro: Arquivo Nacional, 1987.
BARBOSA, O. *Samba*: sua história, seus poetas, seus músicos, e seus cantores. 2.ed. Rio de Janeiro: Funarte, 1978.
BARBOSA, W.; SANTOS, J. R. dos. *Atrás do muro da noite*: dinâmica das culturas afro-brasileiras. Brasília: Ministério da Cultura/Fundação Cultural Palmares, 1994.
BARBOSA, W. N. *A acumulação de capital no Brasil*. São Paulo: Departamento de História, FFLCH-USP, 2003.
_____. *O negro no Brasil*. Rio de Janeiro, 1987.
BARRETO, L. *Obras completas*. São Paulo: Brasiliense, 1956.
BELLO, J. M. *História da República*. São Paulo: Nacional, 1983.
BENJAMIN, W. *Magia e técnica, arte e política*. Obras escolhidas. 6.ed., v.1. São Paulo: Brasiliense, 1993.
BERND, Z. *Introdução à Literatura Negra*. São Paulo: Brasiliense, 1988.
BIROU, A. *Dicionário de Ciências Sociais*. Lisboa: Dom Quixote, 1973.
BLOCH, M. *Introdução à História*. Lisboa: Publicações Europa-América, 1965.
BOBBIO, N.; MATTEUCCI, N.; PASQUINO, G. *Dicionário de Política*. 5.ed. México/Argentina/Espanha/Colômbia: Siglo Veintiuno, 1988.
BORGES, B. *Samba-canção*: fratura e paixão. Rio de Janeiro: Codecri, 1982.
BOSI, A. *Cultura brasileira*: temas e situações. São Paulo: Ática, 1987.
_____. *Dialética da colonização*. 2.ed. São Paulo: Companhia das Letras, 1994.
_____. *História concisa da literatura brasileira*. São Paulo: Cultrix, 1985.
BOSI, E. *Cultura de massa e cultura popular*. Petrópolis: Vozes, 1981.
BOULOS JÚNIOR, A. África, africanos e o brasileiro em Casa-Grande & Senzala de Gilberto Freyre. Dissertação (Mestrado) – São Paulo: Departamento de História, FFLCH-USP, 2001.
BRANDÃO, A. Os negros na história de Alagoas. In: MELLO, J. A. G. *Estudos afro-brasileiros*. Recife: Editora Massangana, 1988, p.55-91.

BRANDÃO, C. R. *A festa do Santo de Preto.* Rio de Janeiro/Goiânia: Funarte/INF/Universidade Federal de Goiás, 1985.
_____. *Identidade e etnia:* construção da pessoa e resistência cultural. São Paulo: Brasiliense, 1986.
_____. *O que é folclore.* 4.ed. São Paulo: Brasiliense, 1984.
BRAUDEL, F. *Escritos sobre a História.* São Paulo: Perspectiva, 1978.
BRELET, G. *Le Temps Musical:* essai d'une esthétique, nouvelle de la musique. Paris: PUF, 1949. 2v.
BRITO, J. M. de. *Contradições do homem brasileiro.* Rio de Janeiro: Tempo Brasileiro, 1964.
BROWNING, B. *Samba:* resistance in motion. Bloomington: Indiana University, 1995.
BURKE, P. *A cultura popular na Idade Moderna – Europa, 1500-1800.* São Paulo: Companhia das Letras, 1989.
CABRAL, S. *A MPB na era do rádio.* São Paulo: Moderna, 1996.
_____. *As escolas de samba:* o quê, quem, como, quando e por quê. Rio de Janeiro: Fontana, 1974.
_____. *No tempo de Almirante:* uma história do rádio e da MPB. Rio de Janeiro: Francisco Alves, 1990.
CAMPOS, A. D. S. de et al. *Um certo Geraldo Pereira.* Rio de Janeiro: Funarte/INM, 1983.
CANDEIA FILHO, A.; ARAÚJO, I. *Escola de samba:* árvore que esqueceu a raiz. Rio de Janeiro: Lidador/SEEC-RJ, 1978.
CANDIDO, A. *Formação da literatura brasileira:* momentos decisivos. 6.ed. Belo Horizonte: Itatiaia, 1981.
CAPARELLI, S. *Comunicação de massa sem massa.* São Paulo: Cortez, 1980.
CARDOSO JÚNIOR, A. *Carmen Miranda:* a cantora do Brasil. Edição particular do autor, 1978.
CARNEIRO, E. (Org.). *Antologia do negro brasileiro.* Porto Alegre: Globo, 1950.
_____. *Capoeira.* Cadernos de Folclore. 2.ed. Rio de Janeiro: MEC/Funarte, 1977.
_____. *Folguedos tradicionais:* Clássicos – Etnografia e Folclore I. 2.ed. Rio de Janeiro: Funarte, 1982.
_____. *Negros Bantus:* notas de ethnographia religiosa e de folk-lore. Rio de Janeiro: Civilização Brasileira, 1937.
_____. *Religiões Negras:* notas de etnografia religiosa; Negros Bantos: notas de etnografia religiosa e de folclore. 2.ed. Rio de Janeiro: Civilização Brasileira, 1981.
_____. *Samba de umbigada.* Rio de Janeiro: MEC/Campanha de Defesa do Folclore Brasileiro, 1961.
CARNEIRO, G. *História das revoluções brasileiras.* Rio de Janeiro: O Cruzeiro, 1965.
_____. *Revolucionário Siqueira Campos:* a epopeia dos 18 do forte e da coluna Prestes na biografia do lendário tentador do impossível, herói do tenentismo. Rio de Janeiro: Graf Record, 1966.

CARONE, E. *O Estado Novo (1937-1945)*. Rio de Janeiro/São Paulo: Difel, 1977.
_____. *A República Nova (1930-1937)*. 2.ed. Rio de Janeiro/São Paulo: Difel, 1976.
_____. (compilador). *O pensamento industrial no Brasil (1880-1945)*. Rio de Janeiro: Difel, 1977.
_____. *A evolução industrial de São Paulo (1889-1930)*. São Paulo: Senac, 2001.
_____. *A Primeira República (1889-1930)*. São Paulo: Difel, 1969.
_____. *O tenentismo:* acontecimentos, personagens, programas. São Paulo: Difel, 1975.
_____. *Revoluções do Brasil contemporâneo (1922-1938)*. São Paulo: Difel, 1965.
CARPEAUX, O. M. *Uma nova história da música*. Rio de Janeiro: Ediouro, [s.d.].
CARVALHO, J. C. M. de. *Metacanção:* figuras de tradição na música popular brasileira. Dissertação (Mestrado) – Departamento de Letras, FFLCH-USP, 2001.
CARTA do Samba. Aprovada pelo I Congresso Nacional do Samba, 28 de novembro / 2 de dezembro de 1962. Campanha de Defesa do Folclore Brasileiro. Rio de Janeiro: MEC, 1962.
CASCUDO, L. da C. *Antologia do folclore brasileiro*. São Paulo: Martins, 1956.
_____. *Dicionário do folclore brasileiro*. 6.ed. Belo Horizonte/São Paulo: Itatiaia/Edusp, 1988.
CHALHOUB, S. *Visões da liberdade*. São Paulo: Companhia das Letras, 1990.
CHAPPEL, W. *Popular Music of The Olden Time*. Nova York: Dover Publications, Inc., 1965.
CHAUI, M. *Conformismo e resistência:* aspectos da cultura popular no Brasil. São Paulo: Brasiliense, 1986.
_____. *Cultura e democracia:* o discurso competente e outras falas. São Paulo: Moderna, 1980.
_____. *Seminários – O nacional e o popular na cultura brasileira*. São Paulo: Brasiliense, 1983.
COELHO, M. dos S. *Methodo de guitarra portugueza*. Rio de Janeiro: Bevilacqua, 1909.
COLEÇÃO de Leis da República dos Estados Unidos do Brasil. Rio de Janeiro: Imprensa Nacional, 1932-1937.
COLLINGWOOD, R. G. *A ideia de História*. Lisboa: Presença.
COMBARIEU, J. *Histoire de la musique*. Tome I. Paris: Armand Colin, 1913.
CONTIER, A. D. *Brasil Novo – Música, nação e modernidade:* os anos 20 e 30. Tese de Livre-Docência. São Paulo: Departamento de História, FFLCH-USP, 1988.
_____. *Música e ideologia no Brasil*. São Paulo: Novas Metas, 1978.
CORAZZA, A. *Methodo de aperfeiçoamento ao estudo da divisão rythmica*. São Paulo, [s.n.]. 1920.
COSTA, H. *Salgueiro:* academia de samba. Rio de Janeiro: Record, 1984.
CRULS, G. *Aparência do Rio de Janeiro*. Rio de Janeiro: José Olympio, 1949.
CUNHA, E. da. *Os Sertões*. São Paulo: Brasiliense, 1985.
CUPERTINO, F. *Classes e camadas sociais no Brasil*. Rio de Janeiro: Civilização Brasileira, 1978.

DAMATTA, R. *Carnavais, malandros e heróis:* para uma sociologia do dilema brasileiro. 6.ed. Rio de Janeiro: Rocco, 1997.
DAVIS, K.; MOORE, W. E. *Some principles of stratification*. Nova York: Free Press, [s.d.].
DEBRET, J. B. *Viagem pitoresca e histórica ao Brasil*. Tomos I e II. São Paulo: Martins Editora/Edusp, 1972.
DICIONÁRIO de Folclore Brasileiro. 6.ed. Belo Horizonte/São Paulo: Itatiaia/Edusp, 1988.
DIEGUES Jr., M. B. P. Danças negras no Nordeste. In: CARNEIRO, E. (Org.). *Antologia do negro brasileiro*. Porto Alegre: Globo, 1950, p.289-295.
DUTRA, A. P. *Festa da cultura, uma ação integrada, novembro 1978*. Rio de Janeiro: Secretaria Municipal de Educação e Cultura; Departamento Geral de Cultura, 1978.
_____. *Ranchos, estilo e época:* contribuição ao estudo dos ranchos no carnaval carioca. Rio de Janeiro: Instituto Estadual do Patrimônio Cultural; Divisão de Pesquisa da Manifestação Cultural, 1985.
EDMUNDO, L. *O Rio de Janeiro do meu tempo*. Rio de Janeiro: Imprensa Nacional, 1938, 3v.
EFEGÊ, J. *Maxixe:* a dança excomungada. Coleção Temas Brasileiros. Rio de Janeiro: Conquista, 1974.
_____. *Figuras e coisas da música popular brasileira*. Rio de Janeiro: Funarte, 1978. 2v.
ENCICLOPAEDIA of the Social Sciences. Vários volumes. Nova York: Mac Millan Cia. & Free Press, 1935.
ENCICLOPEDIA de Antropologia. Barcelona: Ediciones Bellaterra, 1981.
ENCICLOPEDIA Internacional de las ciencias sociales. Vários volumes. Madri: Aguillar S/A Ediciones, 1974.
ERNANI, F. *O incrível Padre Landell de Moura*. Porto Alegre: Globo, 1960.
ÉRNICA, M. *Batucada de bamba, cadência do samba:* a formação de uma brasilidade crítica-conservadora. Dissertação (Mestrado) – Campinas: Departamento de Antropologia do IFCH, Unicamp, 1999.
ESTUDOS Afro-Brasileiros. Trabalhos apresentados no 1º Congresso Afro-Brasileiro reunido no Recife em 1934. Rio de Janeiro: Ariel, 1935.
EWBANK, T. *Vida no Brasil*. Belo Horizonte/São Paulo: Itatiaia/Edusp, 1976.
FAUSTO, B. (Dir.). *História geral da civilização brasileira*. Tomo III. O Brasil Republicano. v.3 e v.4. São Paulo: Difel, 1981.
FEBVRE, L. *Exame de consciência de uma história e de um historiador*. In: Combates pela História. v.1. Lisboa: Presença, 1933.
FEDERICO, M. E. B. *História da comunicação:* rádio e TV no Brasil. Petrópolis: Vozes, 1982.
FERNANDES, F. *O folclore em questão*. 2.ed. São Paulo: Hucitec, 1989.
FISCHER, E. *A necessidade da arte*. 9.ed. Rio de Janeiro: Zahar, 1983.
FOLCLORE – Comissão Parl. de Folclore. Centro de Pesquisa "Mário de Andrade" n.3, 1952.
FOOT, F. *História da indústria e do trabalho no Brasil:* das origens aos anos vinte. São Paulo: Global, 1982.

FRANCESCHI, H. M. *A Casa Edison e seu tempo*. Rio de Janeiro: Sarapuí, 2002.
_____. *Registro sonoro por meios mecânicos no Brasil*. Rio de Janeiro: Studio HMF, 1984.
FREYRE, G. *Casa-grande & senzala*. Rio de Janeiro: Record, 1992.
_____. *Sobrados e mucambos*. Rio de Janeiro Record 1996.
FUNARTE. *Discografia brasileira 78 RPM: 1902-1964*. Rio de Janeiro: Funarte, 1982. 5v.
FURTADO, C. *O longo amanhecer:* reflexões sobre a formação do Brasil. Rio de Janeiro: Paz e Terra, 1999.
GAGLIARDI, J. M. *O indígena e a república*. São Paulo: Hucitec/Edusp, 1989.
GALLET, L. *Estudos de folclore*. Rio de Janeiro: Carlos Wehrs & Cia, 1934.
GAMBINI, R. *O duplo jogo de Getúlio Vargas:* influência americana e alemã no Estado Novo. São Paulo: Símbolo, 1977.
GARCIA, T. da C. *O "it verde e amarelo" de Carmen Miranda (1930-1946)*. Tese (Doutorado) – Departamento de História, FFLCH-USP, 2001.
GARDNER, L. *Economic Aspects of New Deal Diplomacy*. Madison: The University of Wisconsin Press, 1964.
GAY, P. *O estilo na História*. São Paulo: Companhia das Letras, 1974.
GEERTZ, C. *A interpretação das culturas*. Rio de Janeiro: LTC S/A, 1989.
GOLDFEDER, M. *Por trás das ondas da Rádio Nacional*. Rio de Janeiro: Paz e Terra, 1980.
GOLDMANN, L. *Dialética e cultura*. Rio de Janeiro: Paz e Terra, 1967. (Rumos da Cultura Moderna, 6)
GOMES, B. F. *Wilson Batista e sua época*. Rio de Janeiro: Funarte, 1985.
GRAÇA, F. L. *Bases teóricas da música*. Lisboa: Cosmos, [s.d.].
GRAMSCI, A. *Os intelectuais e a organização da cultura*. 2.ed. Rio de Janeiro: Civilização Brasileira, 1978.
GRUPIONI, L. D. B. (Org.). *Índios no Brasil*. Brasília: MEC, 1994.
GUIDES, R. *World Music – The Rough Guide*. Rough Guides Limited, 1994.
GUIMARÃES, F. *Na roda do samba*. 2.ed. MPB Reedições, 2. Rio de Janeiro: Funarte, 1978.
GUIMARÃES, S. G. *Ideologia, propaganda e censura no Estado Novo:* o DIP e o DEIP. Dissertação (Mestrado) – Departamento de História, FFLCH-USP, 1984.
GUIMARÃES, M. L. L. S.; SÁ, P. S. M. de; ESTEVÃO, S. N. de M.; ASCENSÃO, V. L. da. *A revolução de 30. Textos e documentos*. Brasília: Editora da Universidade de Brasília, 1982.
GURGUEIRA, F. *A integração pelas ondas:* o rádio no Estado Novo. Dissertação (Mestrado) – Departamento de História, FFLCH-USP, 1995.
HABERMAS, J. *O discurso filosófico da modernidade*. Lisboa: Dom Quixote, 1990.
HAUSER, A. *História social de la literatura y del arte*. Barcelona: Labor/Punto Omega, 1988.
HAUSSEN, D. F. *Rádio e política:* tempos de Vargas e Perón. Tese (Doutorado) – Departamento de Comunicação, ECA-USP, 1992.
HEGEL, F. *Hegel's Science of Logic*. Londres/ Nova York: Allen & Unwin/Humanities Press, 1969.

HELLER, A. *Teoria da História*. Rio de Janeiro: Civilização Brasileira, 1993.
HERF, J. *O modernismo reacionário*. São Paulo: Ensaio, 1993.
HESS, D. J. *Samba in the Night – Spiritism in Brazil*. Nova York: Columbia University Press, 1994.
HOBSBAWM, E.; RANGER, T. (Orgs.). *A invenção das tradições*. São Paulo/Rio de Janeiro: Paz e Terra, 1997.
HOBSBAWN, E. J. *História social do jazz*. Rio de Janeiro: Paz e Terra, 1990.
HOLANDA, S. B. de. *Raízes do Brasil*. Rio de Janeiro: José Olympio, 1956. (Documentos brasileiros 1)
HOLLANDA, S. B.; FAUSTO, B. *História geral da civilização brasileira*: O Brasil Republicano. 6.ed. São Paulo: Bertrand Brasil, 1996.
IANNI, O. *A ideia de Brasil moderno*. São Paulo: Brasiliense, 1992.
INSTRUMENTOS Musicais Brasileiros. São Paulo: Rhodia S.A., 1988.
JOAQUINA, M. S. *Construção da identidade negra*. São Paulo/Rio de Janeiro: Educ/Pallas, 2001.
JOHNSTON, H. H. Sir. *A comparative study of the Bantu and Semi-Bantu languages*. Oxford: The Clarendon Press, 1919-22.
JUREMA, A. *Insurreições negras no Brasil*. Recife: Edições da Casa Mozart, 1935.
KARASCH, M. C. *A vida dos escravos no Rio de Janeiro (1808-1850)*. São Paulo: Companhia das Letras, 2000.
KATZ, E.; SHINAR, D. *The role of broadcasting in national development. Brazil case study*. Jerusalem: Communications Institute; Hebrew University, 1975.
KIEFER, B. *A modinha e o lundu*: duas raízes da música popular brasileira. Porto Alegre: Movimento/UFRGS, 1977.
_____. *Música e dança popular: sua influência na música erudita*. Porto Alegre: Movimento, [s.d.].
KONSTANTINOV, F. V. *El Materialismo Histórico*. México: Editorial Grijalbo, 1957.
KREHBIEL, H. E. *Afro-American Folksongs:* a study in racial and national music. Nova York/Londres: [s.n.], 1914.
LA NUEVA enciclopedia della musica Garzanti. Itália: Garzanti Editore s.p.a., 1983.
LACERDA, M. B. Textura instrumental na África Ocidental: a peça agbadza. *Revista Música*, v.1, n.1, São Paulo, maio 1990, p.18-27.
LACOUE-LABARTHE, P.; NANCY, J. *O mito nazista*. São Paulo: Iluminuras, 2002.
LANG, P. H. *Music in Western Civilization*. Nova York: W.W. Norton & Company Inc., 1940.
LEITE, D. M. *O caráter nacional brasileiro:* história de uma ideologia. 5.ed. São Paulo: Ática, 1992.
LEX: coletânea de legislação e jurisprudência. São Paulo: Lex, [s.d.].
LIMA, F. C. P. Música popular brasileira. *Revista Brasileira de Folclore*, n.3, 1952, p.74-94.
LIMA, M. de O. *Aspectos da história e da cultura do Brasil*. Lisboa: Clássica, 1923.
_____. *Dom João VI no Brasil (1808-1821)*. Rio de Janeiro: José Olympio, 1945. 3v.

LINDLEY, T. *Narrativa de uma viagem ao Brasil*. São Paulo: Companhia Editora Nacional, 1969.

LOPES, M. D. C. Informações básicas sobre música tradicional negro-africana. *Revista Brasileira de Música*, v.XVI. Rio de Janeiro: Escola de Música da UFRJ, Editora da UFRJ, 1986, p.118-9.

LOPES, N. *Bantos, malês e identidade negra*. Rio de Janeiro: Forense Universitária, 1988

_____. *Dicionário banto do Brasil*. Rio de Janeiro: Prefeitura Municipal de Rio de Janeiro, 1996.

_____. *O negro no Rio de Janeiro e sua tradição musical:* partido-alto, calango, chula e outras cantorias. Rio de Janeiro: Pallas, 1992.

_____. *O samba, na realidade...* A utopia da ascensão social do sambista. Rio de Janeiro: Codecri, 1981.

LUDWIG, P.; BRIGGS, F. G. *Brazilian Souvenir*. Rio de Janeiro, 1846-49.

LUDWIG JÚNIOR, L. *Getúlio Vargas e o triunfo do nacionalismo brasileiro*. Belo Horizonte/São Paulo: Itatiaia/Edusp, 1986.

LUKÁCS, G. *História e consciência de classe*. Trad. Telma Couto. Lisboa: Publicações Escorpião, 1974.

LUSSY, M. *El Ritmo Musical:* su origen, funcion y acentuacion. Buenos Aires: Ricordi Americana, 1945.

MACHADO NETO, A. L. *Estrutura social da república das letras:* sociologia da vida intelectual brasileira (1870-1930). São Paulo: Edusp/Grijalbo, 1973.

MAGALHÃES, Cel. J. B. *A consolidação da República*. v.118. Rio de Janeiro: Ministério da Guerra–Biblioteca Militar, [s.d.].

MARANHÃO FILHO, L. *Memória do rádio*. Recife: Jangada, 1991.

MARCONDES, M. A. *Enciclopedia da música brasileira:* erudita, folclórica popular. 2.ed. São Paulo: Art/Itaú Cultural, 1998.

_____. *Enciclopedia da música brasileira:* erudita, folclórica e popular. São Paulo: Art, 1977. 2v.

MARTINS, J. B. *Antropologia da música brasileira*. São Paulo: Obelisco, 1978.

MARTINS, W. *História da inteligência brasileira*. São Paulo: Cultrix, 1976-1979.

MARX, K. *O capital*. 3.ed., v.1. São Paulo: Nova Cultural, 1988.

_____. *Teoria de La Plusvalia*. Madri: Alberto Corazon, 1974.

MATOS, C. *Acertei no milhar:* samba e malandragem no tempo de Getúlio. Rio de Janeiro: Paz e Terra, 1982.

MÁXIMO, J.; DIDIER, C. *Noel Rosa:* uma biografia. Brasília: Editora Universidade de Brasília/Linha Gráfica Editora, 1990.

MAYER, A. J. *A força da tradição: a persistência do Antigo Regime*. São Paulo: Companhia das Letras, 1990.

MED, B. *Teoria da música*. Série Musicologia – 17. Brasília: Bohumil Med Edições Musicais, 1996.

MEDEIROS, J. *Ideologia autoritária no Brasil (1930-1945)*. Rio de Janeiro: FGV – Instituto de Documentação, 1978.

MEIHY, J. C. S. B. Definindo história oral e memória. *Cadernos CERU*, n.5, s.2, São Paulo, 1994, p.52-60.

MEIRELES, C. *Batuque, samba e macumba:* estudos de gesto e de ritmo (1926-1934). 2.ed. São Paulo: Martins Fontes, 2003 (1983).
MELLO, J. S. *Emboabas.* 2.ed. São Paulo: Governo do Estado, 1979.
MENDONÇA, R. *A influência africana no português do Brasil.* Rio de Janeiro: Gráfica Sauer, 1933.
MICHELS, U. *Atlas de música.* 7.ed. Madri: Alianza Editorial, 1994.
MORAES, E. de. *História do Carnaval Carioca.* Nova Ed. Ver. e ampliada por Haroldo Costa, Rio de Janeiro: Editora Record, 1987.
MOTTA, C. G. *Ideologia da cultura brasileira (1933-1974).* São Paulo: Ática, [s.d.].
_____. (Org.). *Brasil em perspectiva.* 19.ed. Rio de Janeiro: Bertrand Brasil, 1990.
MOURA, C. E. M. de (Org.). *Candomblé:* desvendando identidades. São Paulo: EMW, 1987.
MOURA, C. *Dialética radical do Brasil Negro.* São Paulo: Anita, 1994.
_____. *Os quilombos e a rebelião negra.* São Paulo: Brasiliense, [s.d.].
_____. *Sociologia do negro brasileiro.* São Paulo: Ática, 1988.
MOURA, F.; VICENTE, A. *Jackson do Pandeiro:* rei do ritmo. São Paulo: Editora 34, 2001.
MOURA, R. *Tia Ciata e a pequena África no Rio de Janeiro.* Rio de Janeiro: MEC/Funarte, 1983.
MUKUNA, K. W. *Contribuição bantu na música popular brasileira.* Rio de Janeiro: Global, [s.d.].
MUNANGA, K. *Construção da identidade negra:* diversidade de contextos e problemas ideológicos. São Paulo: Educ, 1988.
MUNIZ JÚNIOR, J. *Do batuque à escola de samba.* São Paulo: Símbolo, 1976.
MURCE, R. *Bastidores do rádio:* fragmentos do rádio de ontem e de hoje. Rio de Janeiro: Imago, 1976.
NASCIMENTO, B. (Org.). *Bibliografia do folclore brasileiro.* Rio de Janeiro: Biblioteca Nacional, 1971. (Coleção Rodolfo Garcia)
NEEDELL, J. D. Belle époque *tropical.* São Paulo: Companhia das Letras, 1993.
NEVES, J. M. *Villa-Lobos, o choro e os choros.* São Paulo: Musicália S/A Cultura Musical, 1977.
OLIVEIRA, L. L. (Coord.); GOMES, E. R.; WHATELY, M. C. *Elite intelectual e debate político nos anos 30.* Rio de Janeiro: FGV/INL-MEC, 1980.
OLIVEIRA, L. L. (Org.). *Estado Novo:* ideologia e poder. Rio de Janeiro: Zahar, 1982.
OLIVEIRA, L. L. *A questão nacional na Primeira República.* São Paulo: Brasiliense, 1990.
_____. *Ilha de Vera Cruz, Terra de Santa Cruz, Brasil:* um estudo sobre o nacionalismo. Tese (Doutorado) – São Paulo: Departamento de Ciências Sociais da FFLCH-USP, 1986.
OLIVEIRA, M. I. C. de. *O liberto:* o seu mundo e os outros. Salvador: Corrupio, 1988.
ORTIZ, R. *A moderna tradição brasileira:* cultura brasileira e indústria nacional. 2.ed. São Paulo: Brasiliense, 1989.

ORTIZ, R. *A morte branca do feiticeiro negro:* umbanda e sociedade brasileira. 2.ed. São Paulo: Brasilience, 1991.

_____. *Cultura brasileira e identidade nacional.* 2.ed. São Paulo: Brasiliense, 1986 (1985).

_____. *Cultura popular:* românticos e folcloristas. São Paulo: PUC/SP, 1985.

OS PENSADORES. São Paulo: Abril Cultural.

OS 14 sambas-enredos em primeira apresentação. Rio de Janeiro: FUNARJ, 1984.

PACHECO, J. *Noel Rosa e sua época.* Rio de Janeiro: G. A. Penna, 1955.

PARSONS, T. *An Analytical Approach to the Theory of Social Stratificacion.* Nova York: Free Press, [s.d.].

PEDREIRA, E. *Lundus e modinhas antigas – século XIX.* Salvador: Tempo Brasileiro/Fundo Cultural do Estado da Bahia, 1981.

PEIXE, G. *Maracatus do Recife.* São Paulo/Rio de Janeiro: Irmãos Vitale S/A, 1980.

PEREIRA, J. B. B. *Cor, profissão e mobilidade. O negro e o rádio de São Paulo.* São Paulo: Pioneira Editora/Livraria da Universidade de São Paulo, 1967.

PEREYRA, C. *Configuraciones:* teoria e história. México: Edicol, 1979. (Filosofia y Liberación latinoamericana, 21)

PIMENTEL, L. *Wilson Batista:* na corda bamba do samba. Rio de Janeiro: Relume-Dumara, 1996.

PINTO, A. G. *O choro.* Rio de Janeiro: Funarte, 1978.

PINTO, L. A. C. *O negro no Rio de Janeiro:* relações de raças numa sociedade em mudança. 2.ed. Rio de Janeiro: Editora UFRJ, 1998.

PLEKHANOV, G. *A concepção materialista da História.* São Paulo: Escriba/Editorial Vitória, 1956.

POMPEU, R. *Dialética da feijoada.* São Paulo: Vértice, 1983.

POZZOLI, H. *Guia teórico-prático para o ensino do ditado musical.* São Paulo: Ricordi Brasileira, 1983.

PRADO JÚNIOR, C. *Evolução política do Brasil.* 20.ed. São Paulo: Brasiliense, 1993.

_____. *Formação do Brasil contemporâneo.* 22.ed. São Paulo: Brasiliense, 1992.

_____. *História econômica do Brasil.* 40.ed. São Paulo: Brasiliense, 1993.

PRADO, A. A. (Org.). *Libertários no Brasil.* São Paulo: Brasiliense, 1986.

PRADO, P. *Retrato do Brasil:* ensaio sobre a tristeza. São Paulo: Duprat-Mayença, 1928.

QUEIROZ, M. I. P. *Carnaval brasileiro:* o vivido e o mito. São Paulo: Brasiliense, 1992.

QUERINO, M. R. *Artistas bahianos.* Rio de Janeiro: Imprensa Nacional, 1909.

_____. *A Bahia de outr'ora:* vultos e factos populares. 2.ed. Salvador: Livraria Econômica, 1922.

_____. *The African Contribution to Brazilian Civilization.* Tempe: Arizona State University, 1978.

RAMOS, A. *A aculturação negra no Brasil.* São Paulo: Companhia Editora Nacional, 1942.

RAMOS, A. *As culturas negras no Novo Mundo*. Rio de Janeiro: Civilização Brasileira S.A., 1937.

_____. *O folclore negro do Brasil: demopsicologia e psicanálise*. 2.ed. Rio de Janeiro: Civilização Brasileira S.A., 1954.

_____. *O negro brasileiro*: ethnographia religiosa e psychanalyse. Rio de Janeiro: Civilização Brasileira S.A., 1934.

RANGEL, L. *Sambistas e chorões: aspectos e figuras da música popular brasileira*. São Paulo: Francisco Alves, 1962.

RAYMUNDO, J. *O negro brasileiro e outros escritos*. Rio de Janeiro: Record, 1936.

REGO, J. C. *Dança do samba exercício do prazer*. Rio de Janeiro: Aldeia, 1994.

REICH, W. *Psicologia de massa do fascismo*. Porto: Publicações Escorpião, 1974.

REIS, E. de A. *Mulato*: negro-não-negro e/ou branco-não-branco. São Paulo: Altana, 2002.

REIS, J. J. (Org.). *Escravidão e invenção da liberdade*: estudos sobre o negro no Brasil. São Paulo: Brasiliense, 1988.

REIS, J. C. *As identidades do Brasil*: de Varnhagen a FHC. Rio de Janeiro: FGV, 2002.

REIS, L. V. de S. *Na batucada da vida*: samba e política no Rio de Janeiro (1889-1930). Tese (Doutorado) – Departamento de Antropologia, FFLCH-USP, 1999.

RENAUT, D. *Rio de Janeiro:* a vida da cidade refletida nos jornais. Rio de Janeiro: Civilização Brasileira, 1978.

REZENDE, R. M. *O samba dos vagalumes*. Rio de Janeiro: José Olympio, 1999.

Rhythmic Music Education: jazz, rock, world music. *IMC of Unesco Congress*. Copenhagen, 5-8 July 1996.

RIBAS, O. *Ilundo*: divindades e ritos angolanos. Luanda: Museu de Angola, 1958.

RIBEIRO, D. *O povo brasileiro*: a formação e o sentido do Brasil. São Paulo: Schwarcz, 1995.

_____. *Os brasileiros*: 1. Teoria do Brasil. Petrópolis: Vozes, 1980.

RIBEIRO, S. S. G. *Formação da música brasileira*. Rio de Janeiro: Associação dos Educadores de Música do Estado da Guanabara (AEMEG), [s.d.], datilografado.

ROCCA, E. *Ritmos brasileiros e seus instrumentos de percussão*. Rio de Janeiro: Escola Brasileira de Música, [s.d.].

RODRIGUES, A. M. *Samba negro, espoliação branca*. São Paulo: Hucitec, 1984.

RODRIGUES, H. *História e historiadores do Brasil*. São Paulo: Fulgor, 1965.

RODRIGUES, J. H. *Teoria da História do Brasil*. 5.ed. São Paulo: Companhia Editora Nacional, 1978.

RODRIGUES, N. *Os africanos no Brasil*. 6.ed. Brasília: Companhia Editora Nacional/Editora Universidade de Brasília, 1982.

ROMERO, S. Introdução à história da literatura brasileira (caps. 1, 2 e 3). *Revista Brasileira*, 8: 323-328, 15 de maio de 1881; 9: 160-169, 15 de julho 1881; 9: 194-210, 1 agosto 1881.

ROQUETTE-PINTO, E. *Ensaios brasilianos*. v.190. São Paulo: Companhia Editora Nacional, 1943.

RUIZ, R. *Araci Cortes:* linda flor. Rio de Janeiro: Funarte/INM/Divisão de Música Popular, 1984.
SAES, D. *A formação do estado burguês no Brasil (1888-1891)*. Rio de Janeiro: Paz e Terra, 1985.
_____. *Classe média e sistema político no Brasil*. São Paulo: T. A. Queiroz, 1985.
_____. *O civilismo das camadas médias urbanas na primeira república brasileira (1889-1930)*. Campinas: Universidade Estadual de Campinas, 1973.
SALDANHA, N. N. *O pensamento político no Brasil*. Belo Horizonte/Rio de Janeiro: Forense 75, 1979.
SANDRONI, C. *Feitiço decente:* transformações do samba no Rio de Janeiro (1917-1933). Rio de Janeiro: Jorge Zahar/Editora UFRJ, 2001.
SANTA ROSA, V. *O sentido do tenentismo*. 3.ed. São Paulo: Alfa Omega, 1976.
SANTOS, A. C. M. dos (Coord.). *O Rio de Janeiro de Lima Barreto*. Rio de Janeiro: Rioarte, 1983. 2v.
SANTOS, J. R. dos. *Que é racismo?* São Paulo: Brasiliense, 1985.
_____. *Zumbi*. São Paulo: Moderna, 1985.
SAROLDI, L. C.; MOREIRA, S. V. *Rádio Nacional, o Brasil em sintonia*. Rio de Janeiro: Funarte/INM, 1984.
SARRAUTTE, J.-P. Três formas de influência portuguesa na música popular do ultramar: o samba, a morna e o mando. *Gazeta Musical e de todas as artes*, Lisboa, set/out. 1960, p.145-160.
SCHUSKY, E.; CULBERT, T. P. *Introducing Culture*. Nova Jersey: [s. n.], 1967.
SCHWARCZ, L. M.; QUEIROZ, R. da S. (Orgs.). *Raça e diversidade*. São Paulo: Edusp, 1996.
SCHWARCZ, L. M.; REIS, L. V. de S. (Orgs.). *Negras imagens:* ensaios sobre cultura e escravidão no Brasil. São Paulo: Edusp, 1996.
SEIDEL, W. *Il Ritmo*. Bologne: Il Mulino, 1987.
SEVERIANO, J.; MELO, Z. H. de. *A canção no tempo:* 85 anos de músicas brasileiras (v.1: 1901-1957). São Paulo: Editora 34, 1997.
_____. *Getúlio Vargas e a música popular*. Rio de Janeiro: FGV/CPDOC, 1983.
SHAFFER, K. *O berimbau-de-barriga e seus toques*. Rio de Janeiro: MEC/Funarte, 1977.
SHAW, L. *The Social History of Brazilian Samba*. Aldershot/Brookfield: Ashgate, 2000.
SHWARTZMAN, S.; BOMENY, H. M. B.; COSTA, V. M. R. *Tempos de Capanema*. Rio de Janeiro/São Paulo: Paz e Terra/Edusp, 1984.
SILVA, H. *O ciclo de Vargas*. Rio de Janeiro: Civilização Brasileira, 1964. 10v.
SILVA, M. R. N. da. *O lazer, a contraface do dever:* as linguagens do poder na cidade do Rio de Janeiro na Primeira República. Tese (Doutorado) – São Paulo: Departamento de História, FFLCH-USP, 1995.
SILVA, M. T. B.; OLIVEIRA FILHO, A. L. de. *Cartola:* os tempos idos. Rio de Janeiro: Funarte, 1997.
_____. *Silas de Oliveira:* do jongo ao samba-enredo. Rio de Janeiro: Funarte, 1981.
_____. *Filho de Ogun Bexiguento*. Rio de Janeiro: Funarte, 1979.

SILVA, V. R. *Raízes do samba:* letras musicais inéditas. Caruaru: Harmony, 1998.
SIQUEIRA, B. *Origem do termo samba.* Rio de Janeiro: Ibrasa/INL, 1978.
SIQUEIRA, M. B. *The Samba.* Copenhagen: Libra Music APS, 1983.
SKIDMORE, T. *Brasil:* de Getúlio Vargas a Castelo Branco (1930-1964). 12.ed. São Paulo: Paz e Terra, 2000.
SOARES, M. T. M. *São Ismael do Estácio:* o sambista que foi rei. Rio de Janeiro: Funarte/INM, Divisão de Música Popular, 1985.
SODRÉ, M. *Claros e escuros:* identidade, povo e mídia no Brasil. Petrópolis: Vozes, 1999.
_____. *Samba:* o dono do corpo. Rio de Janeiro: Codecri, 1979.
SODRÉ, N. W. *As classes sociais no Brasil.* Rio de Janeiro: Instituto Superior de Estudos Brasileiros, 1957.
_____. *A história da imprensa no Brasil.* Rio de Janeiro: Civilização Brasileira, 1966.
SOROKIM, P. A. Que é uma classe social? In: BERTELLI, A. R. et al. (Orgs.). *Estrutura de classes e estratificação social.* Rio de Janeiro: Zahar, 1966, p.77-84.
SOUSA, M. B. de. *Semear aos quatro ventos:* o uso do rádio pela propaganda política dos Estados Unidos durante a Segunda Guerra – os casos do Brasil e do México. Dissertação (Mestrado) – São Paulo: Unidade PROLAM – INTERUNIDADES EM INTEGRAÇÃO DA AMÉRICA LATINA, 2002.
SOUZA, A. C. de M. e. *Literatura e sociedade.* São Paulo: Companhia Editora Nacional, 1965.
SOUZA, M. das G. N. de; PANTOJA, S. A.; PEDROSA, H.; CECHINE, S. G. *Patápio:* músico erudito ou popular? Rio de Janeiro: Funarte, 1983.
SPIX, J. B. von; MARTIUS. K. F. P. von. *Viagem pelo Brasil:* 1817-1820. Belo Horizonte/São Paulo: Itatiaia/Edusp, 1981.
SQUEFF, E.; WISNIK, J. M. *O nacional e o popular na cultura brasileira.* São Paulo: Brasiliense, 1982.
STEIN, S. J. *Grandeza e decadência do café.* São Paulo: Brasiliense, 1961.
TANAKA, B. *A história de Chico Rei:* tradição afro-brasileira. Rio de Janeiro: Rio Fundo, 1990.
TATIT, L. *O cancionista.* São Paulo: Edusp, 1996
TCHERTKOV, V. P. et al. *Materialismo dialético.* Rio de Janeiro: Editorial Vitória, 1955.
THE NEW Grove Dictionary of Jazz. Londres/Nova York: Macmillan Press/ Grove's Dictionaries of Music, 1988.
THERBORN, G. *Cómo domina la clase dominante? Aparatos de Estado y poder estatal em el feudalismo, el socialismo y el capitalismo.* Madri: Siglo Veintiuno de España Editores S.A., 1979.
_____. *The ideology of power and the power of ideology.* Londres/Nova York: Verso, 1988.
TINHORÃO, J. R. *História social da música popular brasileira.* Rio de Janeiro: Editora 34, 1998.
_____. *Música popular:* do gramofone ao rádio e TV. São Paulo: Ática, 1981.
_____. *Música popular:* os sons que vêm da rua. Rio de Janeiro: Tinhorão, 1976.
_____. *Pequena história da música popular.* Petrópolis: Vozes, 1974.

TINHORÃO, J. R. *Os sons negros no Brasil*. Cantos, danças, folguedos: origens. São Paulo: Art Editora, 1988.
TÔRRES, J. C. de O. *Estratificação social no Brasil*. São Paulo: Difel, 1965.
TUPY, D. *Carnavais de guerra*: o nacionalismo no samba. Rio de Janeiro: ASB, 1985.
VARGAS, G. *As diretrizes da Nova Política do Brasil*. Rio de Janeiro: José Olympio, 1942.
_____. *Diário* (1930-1942). São Paulo/Rio de Janeiro: Siciliano/FGV, 1995. 2v.
VASCONCELOS, A. *Raízes da música popular brasileira*. Rio de Janeiro: Rio Fundo, 1991.
VELLOSO, M. P. *As tradições populares na* Belle Époque *carioca*. Rio de Janeiro: Funarte/Instituto Nacional do Folclore, 1988.
VERGER, P. F. *Fluxo e refluxo do tráfico de escravos entre o golfo do Benim e a Bahia de Todos os Santos dos séculos XVII a XIX*. São Paulo: Corrupio, 1987.
_____. *Notas sobre o culto aos orixás e voduns*. São Paulo: Edusp, 1999.
_____. *Notícias da Bahia:* 1850. 2.ed. Salvador: Corrupio, 1999.
_____. *Orixás:* Deuses Iorubás na África e no Novo Mundo. 6.ed. Salvador: Corrupio, 2002.
_____. *Os libertos:* sete caminhos para a liberdade de escravos da Bahia no século XIX. São Paulo: Corrupio, 1992.
VIANNA, H. *O mistério do samba*. Rio de Janeiro: Jorge Zahar/Editora UFRJ, 2002.
_____. Nascimento e vida do samba. *Revista Brasileira de Folclore*, Rio de Janeiro, n.35, jan./abr., 1973.
VIANNA, O. *Ensaios inéditos*. Campinas: Editora da Unicamp, 1991.
VILLA LÔBOS, H. *A música nacionalista no governo Getúlio Vargas*. Rio de Janeiro: DIP, [s.d.].
WAGNER, R. *A arte e a revolução*. Lisboa: Antígona, 1990.
WISNIK, J. M. *O coro dos contrários:* a música em torno da semana de 22. 2.ed. São Paulo: Duas Cidades, 1983.
ZAMACOIS, J. *Teoria de la musica*. Barcelona: Labor, 1979. 2v.
ZAN, J. R. *Do fundo de quintal a vanguarda:* contribuição para uma história social da música popular brasileira. Campinas: IFCH, 1996.
ZEA, L. *A filosofia americana como filosofia*. Trad. Werner Altmann. São Paulo: Pensieri, 1994.

Fontes discográficas

ALMIRANTE; ANUNCIAÇÃO, C. *Na Pavuna* (samba). Almirante [Compositor]. Almirante e o Bando de Tangarás [Intérpretes]. 12/29.
ALMIRANTE; PIXINGUINHA. *Pelo telefone*. Donga; M. de Almeida [Compositores]. Rio de Janeiro: Sinter, 1955.
BAHIANO. *O malhador* (samba). Donga; Pixinguinha; M. de Almeida [Compositores]. 121.442. Rio de Janeiro: Odeon, 1918.

BAHIANO. *O veado à meia-noite* (samba). Donga [Compositor]. 121.443. Rio de Janeiro: Odeon, 1918.

BAHIANO. *Pelo telefone* (samba). Donga e M. de Almeida [Compositores]. 121.322. Odeon: 1917.

BAHIANO. *Você me acaba* (samba). Donga [Compositor]. 121.534. Rio de Janeiro: Odeon, 1919.

BAHIANO; MARTINS, J. *A viola está magoada* (samba). 120.445. Rio de Janeiro: Odeon, 1913.

BAIANO. *Chora, chora, choradô.* (samba). Luiz Moreira [Compositor]. 121.057. Rio de Janeiro: Odeon, 1916.

BARCELOS, A.; SANTOS, J. dos. *Não quero mais mulher* (samba). Francisco Alves e Simão Nacional Orquestra [Intérpretes]. 08.29, 13008B. Rio de Janeiro: Parlophon, 1929.

BASTOS, N. *O destino é Deus quem dá* (samba). M. Reis e Orquestra Pan American [Intérpretes]. 04.29, 10357B. Rio de Janeiro: Odeon, 1929.

BASTOS, Nilton. *O dinheiro faz tudo* (samba). J. de Oliveira; Gaó; Jonas; Petit; Zezinho; A. Grany e Jararaca [Intérpretes]. 03.30, 5184. São Paulo: Columbia, 1929.

BATISTA, Wilson. *Lenço no pescoço* (samba). S. Caldas e Diabos do Céu [Intérpretes]. 10/33.

BATISTA; ALVES, *Bonde de São Januário,* (samba). Cyro Monteiro [Intérprete]. Vic 34691, 1940

BIDE; ALVES, A. *Mulher fingida* (samba). O. Silva e Diabos do Céu [Intérpretes]. 12/36, 34136. São Paulo: Victor.

BIDE; ALVES, F. *A malandragem* (samba). Bide e Francisco Alves [Compositores]. 02/28 RPM, 10113 B. Rio de Janeiro: Odeon.

BIDE; MARÇAL, A. *Agora é cinza* (samba). M. Reis e Diabos do Céu [Intérpretes]. 33728. São Paulo, Victor, 1933.

BIDE; ROSA, N. *Fui louco* (samba). M. Reis e Grupo da Guarda Velha [Intérpretes]. 12/32 RPM, 33645. São Paulo: Victor.

CARTOLA; CACHAÇA, C. *Quem me vê sorrir* (samba). Cartola e Coro da Mangueira [Intérpretes].

GONÇALVES. (ZÉ DA ZILDA). *Pelo telefone* (samba). Donga; M. de Almeida; José Gonçalves (Zé da Zilda) [Intérpretes].

NAPOLITANO, J. *Aristides sai da toca,* (samba). José Napolitano [Compositor]. 121.920. Rio de Janeiro: Odeon, 1920.

NEVES, E. *Bolidô* (samba). 121.522. Rio de Janeiro: Odeon, 1919.

NEVES, E. *Lalu de ouro* (samba). Eduardo das Neves [Compositor]. 121.523. Rio de Janeiro: Odeon, 1918.

PIXINGUINHA; CHINA. *Já te digo* (samba) Bahiano [Intérprete]. 121.535. Rio de Janeiro: Odeon, 1919.

SILVA, J. B. *Confessa meu bem* (samba). Eduardo das Neves [Compositor]. 121.528, Rio de Janeiro, 1919.

SILVA, J. B. *Deixe deste costume* (samba). Eduardo das Neves [Compositor]. 121.529. Rio de Janeiro: Odeon, 1919.

SILVA, M. da; MORRO, Gente do. É batucada caninha [Compositor]. 22194. São Paulo: Columbia, 1933.

SINHÔ. *Só por amizade* (samba). E. das Neves [Intérprete]. 121.530. Rio de Janeiro: Odeon, 1919.

VALENTE, A. *Recenseamento* (samba). Carmen Miranda [Intérprete]. Odeon 11712B – maio 1939

Músicas de Ary Barroso

BARROSO, A. *Amizade* (samba-canção). F. Alves e Orquestra Pan American [Intérpretes]. 10366. Rio de Janeiro: Odeon, 1929.

BARROSO, A. *Aquarela do Brasil* (cena brasileira). F. Alves [Intérprete]. 11768. Rio de Janeiro: Odeon, 1939.

BARROSO, A. *Bahia* (samba). S. Caldas e Orquestra [Intérpretes]. 33446-B. São Paulo: Victor, 1931.

BARROSO, A. *É do outro mundo!* (samba). Almirante [Intérprete]. 13290-A. Rio de Janeiro: Parlophon, 1931.

BARROSO, A. *Eu vô!* (samba). F. Alves; N. Bastos e P. Teixeira [Intérpretes]. 10572. Rio de Janeiro: Odeon, 1930.

BARROSO, A. *Faceira* (samba). S. Caldas e Orquestra [Intérpretes]. 33446-A. São Paulo: Victor, 1931.

BARROSO, A. *Não faz assim meu coração* (samba). S. Caldas [Intérprete]. 33491-A. São Paulo: Victor, 1931.

BARROSO, A. *Nosso amô veio d'um sonho* (samba). C. Miranda [Intérprete]. 33537-A. São Paulo: Victor, 1932.

BARROSO, A. *Ô-ba* (samba característico). F. Alves; côro e orquestra [Intérpretes]. 10578. Rio de Janeiro: Odeon, 1930.

BARROSO, A. *Pobre e esfarrapada* (samba). S. Caldas e M. Caldas [Intérpretes]. 33517-B. São Paulo: Victor, 1931.

BARROSO, A. *Sonhei que era feliz* (samba). C. Miranda e Z. de Oliveira [Intérpretes]. 33508-A. São Paulo: Victor, 1931.

BARROSO, A. *Tenho saudade* (samba-canção). Elisa Coelho [Intérprete]. 33480-A. São Paulo: Victor, 1931.

BARROSO, A. *Tu queres muito* (samba). A. Castro [Intérprete]. 12887-A. Rio de Janeiro: Parlophon, 1928.

BARROSO, A. *Vá cumprir o teu destino* (samba). A. Cortes e Orquestra Pan American [Intérpretes]. 10505. Rio de Janeiro: Odeon, 1929.

BARROSO, A. *Vai tratar da tua vida* (samba). S. Caldas [Intérprete]. 33491-B. São Paulo: Victor, 1931.

BARROSO, A. *Vou à Penha* (samba). M. Reis [Intérprete]. 10298-A. Rio de Janeiro: Odeon, 1928.A 1.2)

BARROSO, A.; FRANÇA, A. *Você não era assim* (samba). A. Cortes [Intérprete]. 10619-A. Rio de Janeiro: Odeon, 1930.

BARROSO, A.; MACHADO, C. F. *Outro amor* (samba). Mário Reis [Intérprete]. 10528-A. Rio de Janeiro: Odeon, 1930.

BARROSO, A.; MARIANO, O. *Nêga bahiana* (samba). E. Coelho e Bando de Tangarás [Intérpretes]. 13321-A. Rio de Janeiro: Parlophon, 1931.
BARROSO, A.; MARIANO, O. *Tú qué tomá meu home* (samba). A. Cortes e Orquestra Pan American [Intérpretes]. 10446. Rio de Janeiro: Odeon, 1929.
BARROSO, A.; OLIVEIRA, C. de. *Não posso acreditar* (samba). Jonjoca e C. Barbosa [Intérpretes]. São Paulo: Victor, 1932.
BARROSO, A.; PEIXOTO, L. É bamba (samba). E. Coelho [Intérprete]. 33480-B. São Paulo: Victor, 1931.
BARROSO, A.; PEIXOTO, L.; PORTO, M. *Juramento* (samba). A. Cortes [Intérprete]. 10553-B. Rio de Janeiro: Odeon, 1930.
BARROSO, A.; PEIXOTO, L.; PORTO, M. *O nêgo no samba* (samba). C. Miranda [Intérprete]. 33285-B. São Paulo: Victor, 1929.
BARROSO, A.; PEIXOTO, L.; PORTO, M. *Samba de São Benedito* (samba). Aracy Cortes [Intérprete]. 10553-A. Rio de Janeiro: Odeon, 1930.

Músicas sobre Getúlio Vargas

ALVES, A.; MARTINS, F. É negócio casar! (samba). A. Alves; Fon-Fon e sua Orquestra [Intérpretes]. 12047-a. Rio de Janeiro: Odeon, 1941.
BARRO, J. de; VERMELHO, A. P.; RIBEIRO, A. *Onde o céu azul é mais azul* (samba). F. Alves; Radamés e sua Orquestra [Intérpretes]. 55248-a. São Paulo: Columbia, 1940.
GONÇALEZ, H. *Diplomata* (samba). M. da Silva; Garoto e seu Conjunto [Intérpretes]. 12252-a. Rio de Janeiro: Odeon, 1943.
LACERDA, B.; OLIVEIRA, D. de. *Salve 19 de abril!* (samba). D. de Oliveira; B. Lacerda e seu Conjunto [Intérpretes]. 12306-b. Rio de Janeiro: Odeon, 1943.
LIMA, S.; ALMEIDA, H. de. *Brasil brasileiro!* (samba). Carlos Galhardo; Passos e sua Orquestra [Intérpretes]. 34.951-a. São Paulo: Victor, 1942.
RIBEIRO, A.; VERMELHO, A. P. *O sorriso do Presidente* (samba). Déo, Chiquinho e seu Ritmo [Intérpretes] 55336-a. São Paulo: Columbia, 1942.

Partituras:

A malandragem – Bide e Francisco Alves, Rio de Janeiro.
SANTOS, Ernesto. *Pelo telefone*. Rio de Janeiro, 1916.
Transcrições das músicas da fita cassete *Candomblé Aché Ilê Obá*, Caritas, São Paulo, número 422.502.

Discografia

Berimbau e Capoeira – BA. Rio de Janeiro: MEC/Funarte/INC, 1948. 1 disco sonoro. 33 RPM estéreo, 12 pol. (Documento Sonoro do Folclore Brasileiro 46).

Candomblé Aché Ilê Obá. 422.502. São Paulo: Caritas, [s.d.]. 1 fita cassete.
CAPOEIRA ACARBO. *Salve Deus! Salve a Pátria!* Bahia: Santo Amaro da Purificação, 2001. 1 CD.
Capoeira. Caritas 422516. Fita cassete.
COSTA, M. F. da. *Anduê... Anduá...* (macumba). J. B. de Carvalho; A. Filho [Intérpretes]. 13382B. Rio de Janeiro, 1932.
Eu, Ataulfo Alves. Depoimento gravado no Museu da Imagem e do Som, lançado em disco pela Polydor, Rio de Janeiro, 1969. LPNG 44.031 LP MIS 012.
FILHO, A. É minha sina (samba). J. B. de Carvalho e A. Filho [Intérpretes]. 13382A. Rio de Janeiro: Parlophon, 1932.
História das escolas de samba, Som Livre Rio Gráfica e Editora Ltda.
Macumba. Heitor dos Prazeres, Rádio Fonográfica Brasileira, 1955, LP 10" 0035V.
Mestre Pastinha Eternamente. São Paulo: Editora D+T Ltda., [s.d.]. 1 CD – (Revista Praticando Capoeira Especial, 4).
Native Brazilian Music. Vol. One, Set C-83 e Vol. Two, Set C-84, Columbia Records, EUA, grav. em agosto de 1940 no navio *SS Uruguay* sob a supervisão de Leopold Stokowisky.
O rádio no Brasil. BBC Serviço Brasileiro, World Service Publicity Design, Londres, 1989, 10 LPs.
Os grandes sambas da História. Rio de Janeiro: Editora Globo, BMG Brasil Ltda., 1997. (40 fascículos)

Gravações diversas até 1927, com denominação de samba:

(?) *Vamos até lá?* (samba carnavalesco). Grupo do Moringa [Intéprete]. 121.963. Rio de Janeiro: Odeon, 1921.
A Garota (Samba). Grupo do Moringa [Intérprete]. 121.962. Rio de Janeiro: Odeon, 1921.
BRANDÃO, N. *Braço de cera* (samba) Frederico Rocha [Intérprete]. 123.224. Rio de Janeiro: Odeon, 1927.
CARVALHO, L. de. *Dança do urubu* (canção carnavalesca). Baiano [Intérprete]. 121.321. Rio de Janeiro: Odeon, 1917.
CHINA. *Meu passarinho* (samba carnavalesco). Baiano [Intérprete]. 122.145. Rio de Janeiro: Odeon, 1922.
CIRINO, S.; DUQUE. *Cristo nasceu na Bahia* (maxixe). Arthur Castro [Intérprete]. 123.124. Rio de Janeiro: Odeon, 1926.
COSTA, J. F. *Deixa disso baiano* (samba). Grupo de Moringa [Intérprete]. 121.964. Rio de Janeiro: 1921.
DIAS, M. *Morro da mangueira* (samba). P. Celestino [Intérprete]. 123.029. Rio de Janeiro, 1926.
DONGA. *O Veado à meia-noite* (samba carnavalesco). Baiano [Intérprete]. 121.433. Rio de Janeiro: Odeon, 1918.

DONGA. *Sai Exu* (jongo). Baiano [Intérprete]. 122.144. Rio de Janeiro: Odeon, 1922.
DONGA. *Você me acaba* (samba carnavalesco). Baiano [Intérprete]. 121.534. Rio de Janeiro: Odeon, 1919.
FREIRE JR. *Bumba meu boi* (samba). Baiano [Intérprete]. 121.975. Rio de Janeiro: Odeon, 1921.
JACOMINO, A. *Só na Bahia é que tem* (samba). Canhoto Canta [Intérprete]. 123.226. Rio de Janeiro: Odeon, 1926.
JACOMINO, A. *Só na Bahia que tem* (samba). F. Alves [Intérprete]. 123.281. Rio de Janeiro: Odeon, 1927.
MIRANDELLA; REZENDE, J. *Rolinha do sertão (assim é que é)* (samba carnavalesco). Baiano [Intérprete]. 121.531. Rio de Janeiro: Odeon, 1919.
MORAIS, J. L. de. *Que vizinha danada!* (samba carnavalesco). Grupo do Moringa [Intérprete]. Rio de Janeiro: Odeon, 1921.
MORAIS, J. L. *Esta nêga qué me dá* (samba). Baiano [Intérprete]. 121.958. Rio de Janeiro: Odeon, 1921
MORAIS, J. L. *Esta nêga qué me dá* (samba). Grupo do Moringa [Intérprete]. 121.958. Rio de Janeiro: Odeon, 1921
MORAIS, J. L. *Quem vem atrás fecha a porta* (samba carnavalesco). Baiano e Iazltina [Intérpretes]. 121.729. Rio de Janeiro: Odeon, 1920.
MORAIS, J. L. *Vou morar no Estácio* (samba). Fernando [Intérprete]. 122.986. Rio de Janeiro: Odeon, 1926.
NAPOLITANO, J. *Aristides, sai da toca* (samba). Baiano [Intérprete]. 121.920. Rio de Janeiro: Odeon, 1920.
NAPOLITANO, J. *Aristides, sai da toca* (samba). Grupo do Moringa [Intérprete]. 121.849. Rio de Janeiro: Odeon, 1920.
NAPOLITANO, J. *Quem não for bom não se meta* (samba carnavalesco). Baiano [Intérprete]. 122.922. Rio de Janeiro: Odeon, 1920.
NAPOLITANO, J. *Tia Chica deixa disso* (samba carnavalesco). Grupo do Moringa [Intépretes]. 121.959. Rio de Janeiro: Odeon, 1921.
OLIVEIRA, A. J. *Passo preto* (samba carnavalesco). Baiano [Intérprete]. Rio de Janeiro: Odeon, 1921.
PERNAMBUCO, J. *Cuscuz de Sinhá Chica* (toada alagoana; samba nortista). Baiano [Intérprete]. 122.103. Rio de Janeiro: Odeon, 1922.
PIMENTEL, E. *Gavião de muletas* (samba). Grupo do Pimentel [Intérpretes]. 121.884. Rio de Janeiro: Odeon, [s.d.].
PIXINGUINHA; CHINA. *Já te digo* (samba carnavalesco). Baiano [Intérprete]. 121.535. Rio de Janeiro: Odeon, 1919.
ROLHA, F. da. *Quem chupa o meu sangue é morcego* (samba carnavalesco). Grupo do Moringa [Intérprete]. 121.965. Rio de Janeiro: Odeon, 1921.
SAMPAIO, L. N. *Ba-be-bi* (samba). Baiano [Intérprete]. 121.722. Rio de Janeiro: Odeon, 1920.
SAMPAIO, L. N. *Casaco da mulata* (samba). Baiano e Maria Marzulo [Intérpretes]. 122.639. Rio de Janeiro: Odeon, 1924.

SAMPAIO, L. N. *Um, dois, três* (samba carnavalesco). Baiano [Intérprete]. 122.344. Rio de Janeiro, 1923.
SANTOS, F. A. *Ai, como é bom!* (samba). Bahiano [Intérprete]. 122.346. Rio de Janeiro: Odeon, 1923.
SANTOS, F. A. *Macaco, olha o teu rabo* (samba). Baiano [Intérprete]. 122.347. Rio de Janeiro: Odeon, 1923.
SILVA, J. B. da *Confessa meu bem* (samba). E. das Neves. [Intérprete]. 121.528. Rio de Janeiro: Odeon, 1919.
SILVA, J. B. da. *Papagaio no poleiro* (samba). A. Castro [Intérprete]. 123.032. Rio de Janeiro: Odeon, 1926.
SILVA, J. B. da. *Quem são eles?* (Bahia boa terra) (samba). Baiano [Intérprete]. 121.445. Rio de Janeiro: Odeon, 1918.
SILVA, J. B. da. *Só por amizade* (samba carnavalesco). E. das Neves [Intérprete]. 121.530. Rio de Janeiro: Odeon, 1919.
SILVA, J. B. *Pegue na cartilha* (samba carnavalesco). Baiano [Intérprete]. 122.422. Rio de Janeiro: Odeon, 1923.
SILVA. J. B. da. *Deixe deste costume* (samba). E. das Neves [Intérprete]. 121.529. Rio de Janeiro: Odeon, 1919.
SOBRINHO, J. N. S. *Samba dos caiçaras* (canção carnavalesca). Baiano [Intérprete]. 121.444. Rio de Janeiro: Odeon, 1918.
SOUTO, E. *Farofa amarela* (samba). Baiano [Intérprete]. 122.345. Rio de Janeiro: Odeon, 1923.
SOUTO, E. *Tatu subiu no pau* (samba carnavalesco). Baiano [Intérprete]. 122.333. Rio de Janeiro: Odeon, 1923.
THOMAZ, J. *Rosa, meu bem* (samba). Fernando [Intérprete]. 123.019. Rio de Janeiro: Odeon, 1926.
TUIÚ. *Maricota de tamancos* (samba). Arthur Castro [Intérprete]. 123.125. Rio de Janeiro: Odeon, 1926.

Músicas de Alcebíades Barcelos (Bide)

AYMBERÊ, J. *Sacy Pererê* (canção). H. Vogeler e G. Formenti [Intérpretes]. 12938. Rio de Janeiro: Parlophon, 1929.
GOMES, A. *Numa noite serena* (samba). C. Galhardo e conjunto RCA Victor. 34378. São Paulo: Victor, 1938.
LOBO, H. *Vou-me embora, amor* (samba). F. Alves e Orquestra Odeon [Intérpretes]. 11744. Rio de Janeiro: Odeon, 1939.
MARÇAL, A. *A primeira vez* (samba). O. Silva [Intérprete]. 34544. São Paulo: Victor, 1939.
MARÇAL, A. *Ama-se uma vez* (samba). F. Alves e Diabos do Céu [Intérpretes]. 33884. São Paulo: Victor, 1935.
MARÇAL, A. *Dou-te um adeus* (samba). C. Galhardo; B. Lacerda e seu conjunto [Intérpretes]. 11389. Rio de Janeiro: Odeon, 1936.
MARÇAL, A. *Meu primeiro amor* (samba). F. Alves e Orquestra Odeon [Intérpretes]. 11669. Rio de Janeiro: Odeon, 1939.

MARÇAL, A. *Não diga a minha residência* (samba). C. Galhardo [Intérprete]. 800226. São Paulo: Victor, 1944.
MARÇAL, A. *Nosso romance* (samba). M. Reis e Diabos do Céu [Intérpretes]. 33861. São Paulo: Victor, 1934.
MARÇAL, A. *Quanto eu sinto* (samba). S. Caldas; B. Lacerda e seu conjunto [Intérpretes]. 11291. Rio de Janeiro: Odeon, 1935.
MARÇAL, A. *Que bate-fundo é esse* (samba). Anjos do Inferno; B. Lacerda e seu conjunto [Intérpretes]. 55300. São Paulo: Columbia, 1941.
MARÇAL, A. *Sorrir* (samba). C. Galhardo e Bohemios da Cidade. 34252. São Paulo: Victor, 1937.
MARTINS, R. *Ando sofrendo* (samba). F. Alves. 11547. Rio de Janeiro: Odeon, 1937.
MARTINS, R. *Ele vem chorando* (samba). A. de Almeida e Reis do Ritmo. 34106. São Paulo: Victor, 1936.
MARTINS, R. *Quem mandou você beber* (samba). F. Alves [Intérprete]. 11701. Rio de Janeiro: Odeon, 1937.
MARTINS, R. *Só sei perdoar* (samba-canção). C. Galhardo e Orquestra Victor Brasileira [Intérpretes]. 34306. São Paulo: Victor, 1937.
SANTOS, J. dos. *Não quero mais mulher* (samba). F. Alves [Intérprete]. 13008-B. Rio de Janeiro: Parlophon, 1929.

Músicas de Nilton Bastos

O destino é Deus quem dá (samba). Mário Reis e Orquestra Pan American [Intérpretes]. 10357-B. Rio de Janeiro: Odeon, 1929.
O dinheiro faz tudo (samba). Januário de Oliveira; Gaó e outros [Intérpretes]. 5184. São Paulo: Columbia, 1930.

Gravações de Francisco Alves

ABREU, Z. de. *Pé de elefante* (sambinha choroso). F. Alves [Intérprete]. 10004B. Rio de Janeiro: Odeon, 1927.
AGUIAR, J. M. *Curió* (samba carnavalesco). F. Alves [Intérprete]. 10131A. Rio de Janeiro: Odeon, 1928.
ALCÂNTARA, A. J. *Lavadeira* (samba). F. Alves [Intérprete]. 10132B. Rio de Janeiro: Odeon, 1928.
ALVES, F. CHAMECK, L. *Nêgo D'Angola* (embolada). F. Alves [Intérprete]. 10091A. Rio de Janeiro: Odeon, 1927.
BANDOLIM, J. *Falando assim não estou errado* (samba). F. Alves [Intérprete]. 10116B. Rio de Janeiro: Odeon, 1928.
BANDOLIM, J. *Não zombes de mim* (samba). F. Alves [Intérprete]. 123277. Rio de Janeiro: Odeon, 1927.
BIDE; ALVES, F. *A malandragem* (samba). F. Alves [Intérprete]. 10113B. Rio de Janeiro: Odeon, 1928.

BORGES, R. *Cabrocha* (maxixe). F. Alves [Intérprete]. 10135B. Rio de Janeiro: Odeon, 1928.
BORORÓ, C. *Aí pirata!* (maxixe). F. Alves [Intérprete]. 10115B. Rio de Janeiro: Odeon, 1928.
CAMPOS, E. de. *Mau olhado* (maxixe paulista). F. Alves [Intérprete]. 123284. Rio de Janeiro: Odeon, 1927.
CAMPOS, E. de. *Pombinhos* (sambinha). F. Alves [Intérprete]. 123279. Rio de Janeiro: Odeon, 1927.
CAMPOS, E. *Mágoa sertaneja* (samba regional). F. Alves [Intérprete]. 10056B. Rio de Janeiro: Odeon, 1927.
CARVALHO, J. de. *Jurity* (canção brasileira). F. Alves [Intérprete]. 10078A. Rio de Janeiro: Odeon, 1927.
CORRÊA, S. *Samba da madrugada* (samba). F. Alves [Intérprete]. 123271. Rio de Janeiro: Odeon, 1927.
CORRÊA, S. *Samba da madrugada* (samba). F. Alves [Intérprete]. 123271. Rio de Janeiro: Odeonette, 1927.
COSTA, J. F. F. *Dois amores é mentira* (marcha carnavalesca). F. Alves [Intérprete]. 10130B. Rio de Janeiro: Odeon, 1928.
COSTA, J. F. F. *Não se meta* (samba carnavalesco). F. Alves [Intérprete]. 10132A. Rio de Janeiro: Odeon, 1928.
DUQUE. *Eu não era assim* (samba). F. Alves [Intérprete]. 10090A. Rio de Janeiro: Odeon, 1927.
DUQUE. *Passarinho do má* (samba). F. Alves [Intérprete]. 10001. Rio de Janeiro: Odeon, 1927.
DUQUE. *Vou te buscar* (samba). F. Alves [Intérprete]. 123281. Rio de Janeiro: Odeon, 1928.
FIÚZA, M. D. *Dê no que der* (samba). F. Alves [Intérprete]. 10011B. Rio de Janeiro: Odeon, 1927.
FREIRE JÚNIOR. *Morena do Sertão* (canção brasileira). F. Alves [Intérprete]. 108A. Rio de Janeiro: Odeonette, 1927.
FREIRE JÚNIOR. *Nosso Jahú* (canção popular). F. Alves [Intérprete]. 104A. Rio de Janeiro: Odeon, 1927.
GENTE, J. da. *Sou do meu bem* (samba). F. Alves [Intérprete]. 10147B. Rio de Janeiro: Odeon, 1928.
GENTE, J. da. *Vou te deixar* (samba). F. Alves [Intérprete]. 10090B. Rio de Janeiro: Odeon, 1927.
GUIMARÃES. A. *Sete flechas* (samba). F. Alves [Intérprete]. 10111A. Rio de Janeiro: Odeon, 1928.
GUIMARÃES. D. *Tentação* (samba). F. Alves [Intérprete]. 10112B. Rio de Janeiro: Odeon, 1928.
HALLIER, P. L. *Cateretê dos almofadinhas* (cateretê). F. Alves [Intérprete]. 10155. Rio de Janeiro: Odeon, 1928.
JACOMINO, A. *Só na Bahia que tem* (samba). F. Alves [Intérprete]. 123281. Rio de Janeiro: Odeon, 1927.
JESUS, A. R. de. *Beijos a bessa* (samba). F. Alves [Intérprete]. 10133B. Rio de Janeiro: Odeon, 1928.

KERNER, A. *Xô canarinho* (sambinha). F. Alves [Intérprete]. 10127B. Rio de Janeiro: Odeon, 1928.
KOLMAN, I. *Língua de prata* (samba). F. Alves [Intérprete]. 10116A. Rio de Janeiro: Odeon, 1928.
LAGO, A. *Não quero saber* (samba). F. Alves [Intérprete]. 10087. Rio de Janeiro: Odeon, 1927.
MACHADO, J. *Ai Balbina* (samba). F. Alves [Intérprete]. 10097A. Rio de Janeiro: Odeon, 1928.
MACHADO, J. *Cangote raspado* (maxixe). F. Alves [Intérprete]. 10088B. Rio de Janeiro: Odeon, 1927.
MARTINS, J. *A verdade e a mentira* (canção). F. Alves [Intérprete]. 10078. Rio de Janeiro: Odeon, 1927.
MARTINS, J. *Ciúme louco* (maxixe). F. Alves [Intérprete]. 10099B. Rio de Janeiro: Odeon, 1928.
MIGUEL JÚNIOR. *Vem cá Jahú* (maxixe). F. Alves [Intérprete]. 10011A. Rio de Janeiro: Odeon, 1927.
MORAES, J. L. de. *Deixa ela* (samba carnavalesco). F. Alves [Intérprete]. 10098B. Rio de Janeiro: Odeon, 1928.
MORAES, J. L. de. *Não quero saber mais deles* (maxixe carnavalesco). F. Alves [Intérprete]. 10099A. Rio de Janeiro: Odeon, 1928.
MORAES, J. L. de. *Nêga no fogão* (samba carnavalesco). F. Alves [Intérprete]. 10098A. Rio de Janeiro: Odeon, 1928.
MORAIS, J. L. *O que é nosso* (samba). F. Alves [Intérprete]. 123270. Rio de Janeiro: Odeon, 1927.
NEVES, S. S. *Geladeira* (samba carnavalesco). F. Alves [Intérprete]. 123280. Rio de Janeiro: Odeon, 1927.
NEVES, S. S. *Miúdo* (samba carnavalesco). F. Alves [Intérprete]. 122649. Rio de Janeiro: Odeon, 1927.
NEVES, S. S. *Olgarina* (samba). F. Alves [Intérprete]. 10056A. Rio de Janeiro: Odeon, 1927.
NEVES, S. S. *Pesadelo* (samba). F. Alves [Intérprete]. 10120B. Rio de Janeiro: Odeon, 1928.
NEVES, S. S. *Trepadeira* (samba carnavalesco). F. Alves [Intérprete]. Rio de Janeiro: Odeon, 1927.
NEVES, S. S., MATA A. *Caridade* (samba). F. Alves [Intérprete]. 10120A. Rio de Janeiro: Odeon, 1928.
OLIVEIRA, B. *Não posso comer sem molho* (maxixe). G. Formenti e F. Alves [Intérpretes]. 10133A. Rio de Janeiro: Odeon, 1928.
PEREIRA, S. *Cuscuz* (maxixe). F. Alves [Intérprete]. 10096B. Rio de Janeiro: Odeon, 1928.
PERY. *Sogra versus central* (samba). F. Alves [Intérprete]. 10030B. Rio de Janeiro: Odeon, 1927.
PERY. *Uma noite de festa na roça* (cateretê paulista). F. Alves [Intérprete]. 10030A. Rio de Janeiro: Odeon, 1927.

PRAZERES, A. *Esfregado* (samba). F. Alves [Intérprete]. 10131B. Rio de Janeiro: Odeon, 1928.
PRAZERES, A. *Piscando o olho* (maxixe). F. Alves [Intérprete]. 10112A. Rio de Janeiro: Odeon, 1928.
ROCHA, F. A. da. *É no Leblon* (samba). F. Alves [Intérprete]. 10115A. Rio de Janeiro: Odeon, 1928.
ROCHA, F. A. *É bebé (não faltava mais nada)...* (samba). F. Alves [Intérprete]. 10134B. Rio de Janeiro: Odeon, 1928.
RONDON, J. C. *Só para gozar* (maxixe brilhante). F. Alves [Intérprete]. 123310. Rio de Janeiro: Odeon, 1927.
SAMPAIO, L. N. *Foi você quem me deixou* (samba). F. Alves [Intérprete]. 123275. Rio de Janeiro: Odeon, 1927.
SANTOS, E. de. *Passarinho bateu asas* (samba). F. Alves [Intérprete]. 10160A. Rio de Janeiro: Odeon, 1928.
SANTOS, E. dos. *Foram-se os malandros* (samba). G. Formenti e F. Alves [Intérpretes]. 10134A. Rio de Janeiro: Odeon, 1928.
SANTOS, E. dos. *Tira canga* (samba). F. Alves [Intérprete]. 10146A. Rio de Janeiro: Odeon, 1928.
SANTOS, E. dos. *Tire o meu nome do meio* (samba). F. Alves [Intérprete]. 10146B. Rio de Janeiro: Odeon, 1928.
SENNA, E. A. *Eu vou chorar* (samba). F. Alves [Intérprete]. 10122B. Rio de Janeiro: Odeon, 1928.
SILVA, B. R. *Por que falas tanto* (samba). F. Alves [Intérprete]. 10135A. Rio de Janeiro: Odeon, 1928.
SILVA, I.; ALVES, F. *Me faz carinhos* (samba). F. Alves [Intérprete]. 10100B. Rio de Janeiro: Odeon, 1928.
SILVA, J. B. *Alivia estes olhos* (samba). F. Alves [Intérprete]. Popular 1010. Rio de Janeiro: Odeon, 1927.
SILVA, J. B. *Casino maxixe* (maxixe). F. Alves [Intérprete]. 1232724. Rio de Janeiro: Odeon, 1927.
SILVA, J. B. da. *A favela vai abaixo* (samba). F. Alves [Intérprete]. 10096. Rio de Janeiro: Odeon, 1928.
SILVA, J. B. da. *Amar a uma só mulher* (samba cantado). F. Alves [Intérprete]. 10119. Rio de Janeiro: Odeon, 1928.
SILVA, J. B. da. *O bobalhão* (charleston carnavalesco). F. Alves [Intérprete]. 10113A. Rio de Janeiro: Odeon, 1928.
SILVA, J. B. da. *Ora vejam só* (samba). F. Alves [Intérprete]. 10128. Rio de Janeiro: Odeon, 1928.
SILVA, J. B. da. *Tesourinha* (samba). F. Alves [Intérprete]. 10147A. Rio de Janeiro: Odeon, 1928.
SILVA, J. B. da.; NEGRA, R. *Não Quero Saber Mais Dela* (samba). F. Alves [Intérprete]. 10100A. Rio de Janeiro: Odeon, 1928.
SILVA, J. B. *Fala meu louro* (samba). F. Alves [Intérprete]. Popular 1009. Rio de Janeiro: Popular, 1920.

SILVA, J. B. *Ora vejam só* (samba). F. Alves [Intérprete]. 10128A. Rio de Janeiro: Odeon, 1927.
SOUTO, E. *Coisinhas* (marcha carnavalesca). F. Alves [Intérprete]. 10121. Rio de Janeiro: Odeon, 1928.
SOUTO, E. *Já sei por que é* (zabumba cateretê). F. Alves [Intérprete]. 10121B. Rio de Janeiro: Odeon, 1928.
SOUTO, E. *Morena* (canção). F. Alves [Intérprete]. 10013. Rio de Janeiro: Odeon, 1927.
TEIXEIRA, P.; DONGA. *Bambo-bambú* (canção nortista). F. Alves [Intérprete]. 107A. Rio de Janeiro: Odeonette, 1927.
THOMAZ, J. *Rosa meu bem* (canção brasileira). F. Alves [Intérprete]. 110A. Rio de Janeiro: Odeonette, 1927.
TUPINAMBÁ, M. *Pião* (canção maxixe). F. Alves [Intérprete]. 10155A. Rio de Janeiro: Odeon, 1928.
VIANNA, A. da R. *Samba do nêgo* (samba). F. Alves [Intérprete]. 10111B. Rio de Janeiro: Odeon, 1928.
VIANNA, A. da. R. *Ai eu queria...* (samba). F. Alves [Intérprete]. 10122A. Rio de Janeiro: Odeon, 1928.
VIANNA, A. da. R. *Festa de branco* (samba). F. Alves [Intérprete]. 10130A. Rio de Janeiro: Odeon, 1928.
VIEIRA, O. *Tua saia é curta* (samba). F. Alves [Intérprete]. 10129B. Rio de Janeiro: Odeon, 1928.
VIOTTI, G. *Quem não chora não mama* (samba). F. Alves [Intérprete]. 10034. Rio de Janeiro: Odeon, 1927.
VOGELER, H. *Puxa-puxa* (samba). F. Alves [Intérprete]. 10128B. Rio de Janeiro: Odeon, 1928.

Participações de Francisco Alves

BARROSO, A.; ALVES F.; BASTOS N. *Eu Vô* (samba). Patricio Teixeira [Intérprete] 10572A. Rio de Janeiro, Odeon, 1930.
LUPERCE, M.; ALVES F. *Xô-Xô (cho-cho)* (samba). Patricio Teixeira [intérprete], 10710B. Rio de Janeiro. Odeon, 1930.

Músicas sobre Getúlio Vargas

ALMEIDA, G. de. *Exortação*. César Ladeira [Intérprete]. Rádio Sociedade Record, 1932. Projeto "Uma Visão Através da Música Popular". Revolução de 32 (DB002 – 1982). Lado B faixa 04.
ALVARENGA; RANCHINHO. *Salada política* (humorismo). Alvarenga; Ranchinho; Rogério e seu Conjunto [Intérpretes]. 12746-A. Rio de Janeiro: Odeon, 1946.
AMERICANO, L. *Tocando P'ra você* (choro). Luiz Americano [Intérprete]. 13367B. Rio de Janeiro, Parlophon.

BABO, L. *G-E-GE (Seu Getúlio)* (marcha). Almirante; Bando de Tangarás e Orquestra de Guanabara [Intérpretes]. 13274-B. Rio de Janeiro: Parlophon, 1931.

BABO, L. *O barbado... foi-se* (marcha). Almirante e Orquestra Guanabara [Intérpretes]. 13242-A. Rio de Janeiro: Parlophon, 1930.

BARRO, J. de. *Hino a Getúlio Vargas* (marcha). G. Milfont; Orquestra [Intérpretes]. 17579-A. São Paulo: Continental, 1958.

BARRO, J. de. *Trem blindado* (marcha). Almirante; Grupo da Guarda Velha [Intérpretes]. 33610-B. São Paulo: Victor, 1933.

BARRO, J. de; ABREU, J. M. de. *Ai! Gegê* (marcha). J. Goulart; J. Paulino e seu Conjunto [Intérpretes]. 16172-A. São Paulo: Continental, 1950.

BARROSO, A. *Anistia* (samba). F. Alves e Orquestra Odeon [Intérpretes]. 11083-A. Rio de Janeiro: Odeon, 1933.

CASTRO, V. de. *Gosto que me enrosco* (paródia sobre o samba *Gosto que me enrosco*, de Sinhô). Coro e Conjunto do Estúdio Eldorado [Intérpretes]. O Ciclo Vargas: Uma visão através da música popular, São Paulo, SESC/Fundação Roberto Marinho, 1983, Edição especial da Série Discografia Brasileira da Fundação Roberto Marinho – MONO DB 005 – 1983. Disco 1, faixa 04, lado A.

CASTRO, V. de. *Ta-í* (paródia sobre a marcha *Pra você gostar de mim*, de Joubert de Carvalho). Coro e Conjunto de Estúdio Eldorado [Intérpretes]. O Ciclo Vargas: Uma visão através da música popular, São Paulo, SESC/Fundação Roberto Marinho, 1983, Edição especial da Série Discografia Brasileira da Fundação Roberto Marinho – MONO DB 005 – 1983. Disco 1, faixa 04, lado A.

DONGA. *Bambo do bambu* (embolada). Jararaca; Ratinho [Intérpretes]. 36.508. 1940.

DONGA. *Passarinho Bateu Asas* (samba). José Gonçalves (Zé da Zilda) [Intérprete]. 36.508 1940.

DONGA. *Que querê que* (macumba carnavalesca). João da Bahiana [Intérprete]. 36.508. 1940.

DONGA. *Seu Mané Luiz* (samba). José Gonçalves (Zé da Zilda) [Intérprete]. 36.508. 1940.

DONGA; DE CASTRO E SOUZA; NASSER, D. *Ranchinho desfeito* (samba-canção). Mauro César [Intérprete]. 36.508. 1940.

DONGA; ESPINGUELA, J. *Cantiga de Festa* (corima). Grupo do Rae Alufá [Intérprete]. 36.508. 1940.

DONGA; ESPINGUELA, J. *Macumba de Iansã*. Grupo do Rae Alufá [Intérprete]. 36.508, 1940.

DONGA; ESPINGUELA, J. *Macumba de Oxossi*. Grupo do Rae Alufá [Intérprete]. 36.508. 1940.

FARIGOUL. *Paris-Belfort* (marcha). Banda Continental sob a direção de Rafael Puglielli [Intérpretes]. 17434-B. São Paulo: Continental, 1932.

FELISBERTO, H. *Coisa Modesta* (Gegê) (samba). A. Gerardi e Conjunto Regional [Intérpretes]. 13213-A. Rio de Janeiro: Odeon, 1951.

FERREIRA, E. *Ele disse* (rojão). J. do Pandeiro e conjunto [Intérpretes]. 5579-A. Rio de Janeiro: Copacabana, 1956.

FREIRE JÚNIOR. *Seu Julinho vem* (marcha). F. Alves e Orquestra Pan American [Intérpretes]. 13073-A. Rio de Janeiro: Odeon, 1929.

JARARACA; RATINHO. *Sapo no saco* (embolada). Jararaca e Ratinho [Intérpretes]. 36.508. 1940

LOBO, H.; PINTO, M. *Retrato do velho* (marcha). F. Alves e Conjunto Regional [Intérpretes]. 13087-A. Rio de Janeiro: Odeon, 1950.

MARINHO, G. *Caboclo do mato* (corima). João da Bahiana [Intérprete]. 36.508, 1940.

MARTINS, H.; SOUZA, C. de. *Palacete no Catete* (marcha). F. Alves; Fon-Fon e sua Orquestra [Intérpretes]. 12646-A. Rio de Janeiro: Odeon, 1945.

MENEZES, L.; DONGA; LOBO, H. *Metralhadora* (samba). A. Miranda e Grupo da Metralhadora [Intérpretes]. 11091-B. Rio de Janeiro: Odeon, 1934.

NASSARA, A.; ALENCAR, C. de. *A menina Presidência* (marcha). S. Caldas e Orquestra Odeon [Intérpretes]. 11450-A. Rio de Janeiro: Odeon, 1936.

NETO, S. *Trabalhadores do Brasil* (samba). S. Neto e coro; Conjunto Regional [Intérpretes]. 5035-B. Rio de Janeiro: Copacabana, 1953.

OLIVEIRA, S. de; VIOLA, M. D. da. *Sessenta e um anos de República* (samba). A. Martins e coro [Intérpretes]. 8.03.401.007. Som Livre, 1976.

Palavras do General Miguel Costa (discurso). Miguel Costa [Intérprete]. Gravadora Victor, 33361-A, nov/1930. Gravação utilizada retirada de discos editados pelo Projeto "Uma Visão Através da Música Popular". Revolução de 30 (DB001 – 1981). Lado A, faixa 8.

Palavras do General Miguel Costa aos brasileiros (discurso do General Miguel Costa em favor das famílias pobres dos que tombaram na luta). 33361-A. São Paulo: Victor, 1930.

PEREIRA, G.; PASSOS, G. *Ministério da Economia* (samba). G. Pereira e Conjunto Regional [Intérpretes]. 0000071-B. Rio de Janeiro: Sinter, 1951.

PIXINGUINHA; JARARACA. *Zé Barbino* (maracatu). Pixinguinha e Jararaca [Intérpretes]. 36.508. 1940.

PRETINHO, Z.; SANTOS, A. G. dos. *Glórias do Brasil* (marcha). N. Roland e Orquestra Odeon [Intérpretes]. 11646-A. Rio de Janeiro: Odeon, 1938.

ROBERTI, R.; MARQUES JÚNIOR, A. *Se eu fosse o Getúlio* (marcha). N. Gonçalves e Orquestra [Intérpretes]. 801248-B. São Paulo: Victor, 1953.

RUSSO. A. de. *Miguel Costa* (marcha) Orquestra Victor Brasileira [Intérprete]. 33361-B. São Paulo: Victor, 1930.

SANTIAGO, O. *Bico de lacre não vem mais* (marcha). Alvinho e Orquestra Copacabana [Intérpretes]. 10722-B. Rio de Janeiro: Odeon, 1930.

SOUTO, E. *É sopa* ("17 X 3") (marcha). F. Alves e Orquestra Pan American [Intérpretes]. 10484-A. Rio de Janeiro: Odeon, 1929.

SOUTO, E. *É, sim senho* (samba). F. Alves e Orquestra Pan American [Intérpretes]. 10312-A. Rio de Janeiro: Odeon, 1929.

SOUTO, E. *Seu doutor* (marcha). F. Alves e Orquestra Pan American [Intérpretes]. 10312-A. Rio de Janeiro: Odeon, 1929.

SOUTO, E.; SANTIAGO, O. *Hino a João Pessoa* (marcha). F. Alves e Orquestra Pan American [Intérpretes]. 10700-A. Rio de Janeiro: Odeon, 1930.
TAVARES, H.; PEIXOTO, L. *Comendo bola* (marcha). J. Redondo e Grupo Regional [Intérpretes]. 5117. São Paulo: Columbia, 1929.
TAVARES, H.; PEIXOTO, L. *Harmonia, harmonia* (marcha). J. Redondo e Grupo Regional [Intérpretes]. 5117. São Paulo: Columbia, 1929.
TUPINAMBÁ, M.; ALMEIDA, G. de. *Passo do soldado* (marcha). M. Puglisi com coro e Orquestra Cruzeiro do Sul [Intérpretes]. 8143. São Paulo: Columbia, 1932.
TUPINAMBÁ, M.; GONÇALVES, P. *Redenção* (hino marcial – Hino das Forças Constitucionalistas M.M.D.C.). Canto acompanhado pela orquestra Columbia. 7036. São Paulo: Columbia, 1930.
VALENÇA, J. de.; BRANDÃO, O. *Hino a Juarez* (hino). V. Felicetto (Ubirajara) e Orquestra Victor Brasileira [Intérpretes]. 33360-B. São Paulo: Victor, 1930.
VILLA-LOBOS, H. *Canidé Ioune*. Orfeão Villa-Lobos [Intérprete]. 36.508. 1940.
VILLA-LOBOS, H. *Teiru / Nozani-ná*. Orfeão Villa-Lobos [Intérprete]. 36.508. 1940.
VOEGELER, H.; CEARENSE, C. da P. *24 de outubro* (hino). G. Formenti e Orquestra Brunswick [Intérpretes]. 10124-A. Rio de Janeiro: Brunswick, 1930.

Músicas de J. B. de Carvalho

CARVALHO, J. B. *Bambaia* (cateretê). J. B. de Carvalho e P. Nascimento [Intérprete]. 33459B. São Paulo: Victor, 1931.
CARVALHO, J. B. *Cadê vira mundo* (batuque). J. B. de Carvalho [Intérprete]. 33459A. São Paulo: Victor, 1931.
CARVALHO, J. B. *Chegou o fim do mundo* (canção). J. B. de Carvalho. [Intérprete]. 33530B. São Paulo: Victor, 1932.
CARVALHO, J. B. *Da cor do meu violão* (marcha). H. Martins e J. B. de Carvalho [Intérpretes]. 33599B. São Paulo: Victor, 1932.
CARVALHO, J. B. *É galo infezado* (choro). A. Neves [Intérprete]. 33597B. São Paulo: Victor, 1932.
CARVALHO, J. B. *E vem o sol* (batuque). J. B. de Carvalho [Intérprete]. 33420A. São Paulo: Victor, 1931.
CARVALHO, J. B. *Espia só...* (samba). M. F. da Costa [Intérprete]. 13390A. Rio de Janeiro: Parlophon, 1931.
CARVALHO, J. B. *Fica no mocó* (samba). J. B. de Carvalho [Intérprete]. 33516B. São Paulo: Victor, 1931.
CARVALHO, J. B. *Foi sem querer* (samba). J. B. de Carvalho [Intérprete]. 33516A. São Paulo: Victor, 1931.
CARVALHO, J. B. *Gente faladeira* (samba). M. F. da Costa [Intérprete]. 13387B. Rio de Janeiro: Parlophon, 1931.
CARVALHO, J. B. *Isto é azar* (marcha) M. F. da Costa [Intérprete]. 13387A. Rio de Janeiro: Parlophon, 1931.

CARVALHO, J. B. *Me dá, me dá* (marcha). P. Pretinho [Intérprete]. 33599A. São Paulo: Victor, 1932.

CARVALHO, J. B. *Minha cabocla serrana* (jongo). J. B. de Carvalho [Intérprete]. 33556A. São Paulo: Victor, 1932.

CARVALHO, J. B. *Mironga de moça branca* (macumba). G. Viana e J. B. de Carvalho [Intérpretes]. 33586B. São Paulo: Victor, 1932.

CARVALHO, J. B. *Na minha terrera* (batuque). J. B. de Carvalho [Intérprete]. 33420B. São Paulo: Victor, 1931.

CARVALHO, J. B. *Não creio...* (samba). M. F. da Costa [Intérprete]. 13390B. Rio de Janeiro: Parlophon, 1931.

CARVALHO, J. B. *Nêgo do pé espaiado* (batuque). J. B. de Carvalho [Intérprete]. 33482A. São Paulo: Victor, 1931.

CARVALHO, J. B. *No terrero de Alibibi* (macumba). G. Viana [Intérprete]. 33586A. São Paulo: Victor, 1932.

CARVALHO, J. B. *O destino há de falar* (samba). J. B. de Carvalho [Intérprete]. 33607A. São Paulo: Victor, 1932.

CARVALHO, J. B. *Palavra de caboclo* (jongo). J. B. de Carvalho [Intérprete]. 33530A. São Paulo: Victor, 1931.

CARVALHO, J. B. *Rei do fogo* (jongo). J. B. de Carvalho [Intérprete]. 33482B. São Paulo: Victor, 1931.

CARVALHO, J. B. *Sacy Pererê* (batuque). J. B. de Carvalho [Intérprete]. 33556B. São Paulo: Victor, 1932.

Músicas afro-brasileiras

AUGUSTO, D.; GLÓRIA, M. da. *Lá na Jurema* (batuque). I. Amaral e os Tocantins [Intérpretes]. 34636B. São Paulo: Victor, 1940.

CEARENSE, S. P. *Cabocla da Caxangá* (batuque sertanejo). E. das Neves; Bahiano; J. Martins; Grupo da Casa Edison [Intérpretes]. 120.521. Rio de Janeiro: Odeon, 1913.

MARINHO, G. *Piso no toco* (ponto de macumba). J. Quilombo e Gente de lá [Intérpretes]. 13400B. Rio de Janeiro: Parlophon, 1932.

MARINHO, G. *Ponto de Inhassam.* 11481B. Rio de Janeiro: Odeon, 1930.

MARINHO, G. *Ponto de Ogum.* 11481A. Rio de Janeiro: Odeon, 1930.

MARINHO, G. *Quilombo* (ponto de macumba). J. Quilombo e Gente de lá [Intérpretes]. 13400A. Rio de Janeiro: Parlophon, 1932.

MARINHO, G.; DIAS, A. *Macumba. Canto de Exu.* 10690. Rio de Janeiro: Odeon.

MARTINS, H.; OTELO, G. *Praça Onze* (samba). Trio de Ouro; C. Barbosa; B. Lacerda e seu conjunto [Intérpretes]. 55.319. São Paulo: Columbia, 1941.

NOZINHO. *Olhar de santa* (lundu). Nozinho [Intérprete]. 108264. Rio de Janeiro: Odeon, 1908.

OLIVEIRA, A. de. *Vem cá, mulata.* Os Geraldos [Intérpretes]. 108.290. Rio de Janeiro: Odeon, 1909.

PEREIRA, P. S. *Suspira, nêga, suspira* (maxixe). Fernando [Intérprete]. 108.264. Rio de Janeiro: Odeon, 1925.
PIXINGUINHA, CARVALHO, L. *Urubú* (samba). Os Oito Batutas [Intérpretes]. 73.827. São Paulo: Victor, 1923.
SILVA, O.; CARDOSO, L. *Auê... Auê...* (macumba). O. Silva e Regional [Intérpretes]. 34636A. São Paulo: Victor, 1940.

Entrevistas

BARÃO do Pandeiro, pseudônimo de Ricardo Martins, músico, cantor e pesquisador da história do choro e do samba.
FARO. Fernando, 13 de Junho de 2000. Produtor musical, criador do antológico programa Ensaio, da TV Cultura.
ROCHA, João Batista Torres, foi gerente de adm., Prog. E Prod. Rádio Cultura AM/FM e professor de Jornalismo na PUC São Paulo.

SOBRE O LIVRO

Formato: 16 x 23 cm
Mancha: 27,5 x 44 paicas
Tipologia: Iowan Old Style 10/14
Papel: Off-set 75 g/m² (miolo)
Cartão Supremo 250 g/m² (capa)
1ª edição: 2012

EQUIPE DE REALIZAÇÃO

Capa
Estúdio Bogari

Imagem de capa
Martins de Porangaba – Carnaval – Óleo sobre tela, 50x40, 1979.

Edição de texto
Dalila Pinheiro (Copidesque)
Vivian Miwa Matsushita (Revisão)

Editoração Eletrônica
Eduardo Seiji Seki (Diagramação)

Assistência Editorial
Alberto Bononi

Impressão e acabamento

psi7 | book7